目　录

SCHOOL VITALITY THEORY

学校活力论

黄晓磊◎著

中西書局

图书在版编目(CIP)数据

学校活力论／黄晓磊著. —上海：中西书局，2023. 10

ISBN 978-7-5475-2131-1

Ⅰ. ①学… Ⅱ. ①黄… Ⅲ. ①学校管理—研究 Ⅳ. ①G47

中国国家版本馆 CIP 数据核字(2023)第 125780 号

学校活力论

黄晓磊 著

责任编辑 侯立华
封面设计 王轶頎
责任印制 朱人杰

出版发行 上海世纪出版集团
中西書局(www.zxpress.com.cn)
地　　址 上海市闵行区号景路 159 弄 B 座(邮政编码：201101)
印　　刷 常熟市兴达印刷有限公司
开　　本 890 毫米×1240 毫米 1/32
印　　张 10.25
字　　数 230 000
版　　次 2023 年 10 月第 1 版 2023 年 10 月第 1 次印刷
书　　号 ISBN 978-7-5475-2131-1/G・732
定　　价 68.00 元

绪　论

学校活力研究是一项政策研究，也是一项理论研究，更是一项实践研究。说它是一项政策研究，主要是因为当前国内出台的教育政策已将激发或释放学校活力作为一项重要目标。在这种背景下，如何理性认识学校活力就成为政策理解和执行的一项重要工作。说它是一项理论研究，主要是因为围绕着“学校活力”这个主题，目前已有的观点和主张主要停留在直觉和经验的层面上，系统的、理性的认识还比较缺乏，有大量的理论问题有待追问和展开。说其是一项实践研究，主要因为学校活力问题是一个客观的、紧迫的实践问题，活力不足甚至缺乏活力的问题困扰着许多一线的教育工作者。同时，活力问题的研究直接目的在于为更好地执行有关教育政策、破解实践中学校活力不足的问题提供理论资源和思想支撑。因此，本研究是一项具有高度综合性的理论研究，具有比较丰富的政策、理论和实践意义，以期推动有关学校活力及其相关问题研究的系统化、理论化和学术化。

一、研究背景与问题

（一）研究背景

1. 政策背景

“活力”概念进入我国公共政策视野包括教育政策视野由来已久。40 多年前改革开放的初衷就是要解决整个社会包括经济领域活力不足的问题。1985 年《中共中央关于教育体制改革的决定》（以下简称《决定》）就提出，“在教育事业管理权限的划分上，政府有关部门对学校主要是对高等学校统得过死，使学校缺乏应有的活力”，并指出“经过改革，高等学校的潜力和活力得到充分的发挥”。高校活力不足的问题在那个时候就得到国家的高度重视，并成为教育体制机制改革所要解决的关键问题。可以说，从这个时期开始，解决各级各类教育活力或学校活力不足问题便成为历次教育改革的一个重要政策目标。

1993 年中共中央、国务院发布《中国教育改革与发展纲要》，从教育体制的角度来审视教育活力不足问题，认为要建立起与社会主义市场经济体制和政治体制、科技体制改革相适应的教育新体制，我国教育体制改革必须要采取“综合配套、分步推进”的方针，加快步伐，改革包得过多、统得过死的体制，只有这样，才能使得整个国家的教育系统增强主动适应经济和社会发展的活力，走出教育发展的新路子。

2010 年《国家中长期教育改革和发展规划纲要（2010—2020)》(以下简称《教育规划纲要》)高度重视教育活力不足问题，“活力”概念多次出现。如在分析我国教育存在的问题时指出，“教育体制机制不完善，学校办学活力不足”；在谈到教育改革创新的工作方针中明确提出，“加快解决经济社会发展对高质量多样化人才需要与教育培养能力不足的矛盾、人民群众期盼良好教育与资源相对短缺的矛盾、增强教育活力与体制机制约束的矛盾，为教育事业持续健康发展提供强大动力”；在谈到教育改革发展的战略目标时，明确要求“健全充满活力的教育体制。进一步解放思想，更新观念，深化改革，提高教育开放水平，全面形成与社会主义市场经济体制和全面建设小康社会目标相适应的充满活力、富有效率、更加开放、有利于科学发展的教育体制机制，办出具有中国特色、世界水平的现代教育。”在这里，“充满活力”已经成为理想的教育体制机制的首要特征。

《教育规划纲要》在探讨深化办学体制改革时提出，“深化公办学校办学体制改革，积极鼓励行业、企业等社会力量参与公办学校办学，扶持薄弱学校发展，扩大优质教育资源，增强办学活力，提高办学效益”。这里的“办学活力”既包括了社会各界举办学校的积极性和主动性，也包括了公办学校尤其是那些薄弱学校自身活力的激发。总的来说，《教育规划纲要》中对教育活力问题的关注是全面、系统的。2017 年中共中央办公厅、国务院办公厅联合发布了《关于深化教育体制机制改革的意见》，该意见再次重申，深化教育体制机制改革的主要目标是“到 2020 年，教育基础性制度体系基本建立，形成充满活力、富有效率、更加开放、有利于科学发展的教育体制机制”。

2020 年教育部等八部门印发了《关于进一步激发中小学办学活力的若干意见》，从“保障学校办学自主权”“增强学校办学内生动力”“提升办学支撑保障能力”“健全办学管理机制”等方面提出了激发中小学办学活力的众多新举措。学校活力已经正式成为了教育高质量发展的核心要义。

可以看出，从 1985 年《决定》颁布以来，教育活力问题，包括学校活力问题，始终是我国教育改革发展所要解决的一个关键问题，同时，也是一个比较难以解决的问题。这其中除了有政策执行过程中的原因外，也存在对教育活力认识不够的问题，或者说，与对“活力”“教育活力”“学校活力”等相关问题的理论认识和理论准备不足有关。逻辑上，虽然国家的有关教育政策已经注意到教育活力问题并希望加以解决，但是如果决策者、管理者和教育者对什么是教育活力、什么是学校活力、为什么学校会出现活力问题等基本问题都缺少系统性和理论性的认识，那么政策制定也就会失去根本方向，制定之后找不到解决问题的有效路径。从各个角度看，理论思考不足恐怕是造成改革开放四十多年来教育活力问题常常提却一直未能得到有效解决的一个重要原因。

2. 实践背景

与政策层面对活力问题的重视相关，学校层面上广泛存在活力不足的现象。在一定意义上，我们可以说，政策层面上对教育活力问题的重视根本上源自实践层面上学校活力的不足，因为学校是一个国家制度化教育系统的基本组织。学校缺少教育活力，反映在整个教育系统中，必然是整个教育系统缺少活力。前述的教育体制机制活力不足，最终也会在学校教育层面体现出来。

学校活力不足通过各种形式表现出来，最直接的表现就是教师职业倦怠、学生厌学和校长职业倦怠，缺少应有的教育教学活力、学习活力和学校管理活力。这些问题广泛地存在于各级各类学校，尤其是那些普通校和薄弱校当中。据辛星对上海小学教师的调查发现，“教师的职业倦怠在教师生涯的最初几年就开始出现，而且随着教学时间的增加开始不断加重”。① 学生厌学同样也是学校教育中长期存在的一个现象。在知网上搜索有关“学生厌学”的研究报告，发现在各级各类学校中都一直存在学生厌学现象。有研究者对辽宁省的 353 名小学生进行调查，发现“212 名（60.1%）的小学高年级学生厌学，有 141 名（39.9%）的小学高年级学生不厌学。212 名的厌学学生中有 88.8% 的学生轻度厌学，9% 的学生中度厌学，2.4% 的学生重度厌学”。② 叶澜在 1997 年就指出，造成学生厌学、教师厌教的根本原因在于忽视了课程教学中人的因素，教师和学生的生命活力得不到发挥，并由此发出“让课堂焕发出生命的活力”的呼吁。③

校长是学校的核心和灵魂。校长的职业倦怠问题这些年也引起研究者的关注，这里面既包括一些普通学校和薄弱学校的校长，甚至也包括一些优质学校的校长。有的校长为追求高升学率，极力压制和管束教师，使得二者关系紧张，以致校长把大量时间用在教师管理上，缺少对学校内涵发展和改革的自主思考。一些校长反映，中小学校名义上实行校长负责制，但是校长手中的自主权少得可怜，有关教育法规中承诺的人权、物权、财权等学校办学自主权出现落空现象，导致学校管理和服务乏力，但是办学责任和压力又不减。一些地方在促进义务教

---

① 辛星：《上海市小学教师职业倦怠现状调查及思考——以对上海市 365 名小学教师的调查研究为例》，华东师范大学硕士论文，2005 年，第 24 页。

② 赵琳：《小学高年级学生厌学成因及教育对策研究——以辽宁省某市某区为例》，辽宁师范大学硕士论文，2016 年，第 24 页。

③ 叶澜：《让课堂焕发出生命的活力——论中小学教学改革的深化》，《教育研究》1997 年第 9 期。

育均衡发展政策背景下，提出集团化办学的新思路，学校集团化使得一些优质学校校长又背负了许多政府的职能与政策目标。但由于思想认识上有困难，校长们的实际办学成就感低，常常会力不从心。此外，还有其他的一些因素影响了学校的活力，比如一些学校远离“立德树人”的根本任务，在一些不合理的外部评价体制驱使下，热衷于报项目、做改革、开大会，导致老师们把大量的时间和精力用来从事与教育教学关系不是非常密切的工作，从而抱怨不断，产生厌烦情绪。对于上述教育实践中学校活力不足的种种问题及其危害，近些年来人们从不同的方面给予了高度的关注，但还是缺乏深入和系统的研究，也未能得到有效的解决方法。学校活力不足的问题依然困扰着从基础教育到高等教育阶段、从普通教育到职业教育类型的各级各类学校。

综上所述，包括学校活力在内的教育活力问题是一个我国长期存在的政策问题与实践问题，因而也是一个亟待从教育理论角度开展研究的学术性问题。如果理论上缺乏对活力问题尤其是学校活力的本质认识和系统认识，那么在政策决策和实践改进中只能陷入“头疼医头、脚疼医脚”的境地，很难从根本上认清和解决学校活力乃至整个教育系统不足的问题。正是基于这样的教育政策与实践背景，本文聚焦在作为教育系统基本组织单位的学校活力问题研究上，希望从理论上系统解释学校活力不足的现象，把握学校活力的本质内涵，并为有效解决学校活力不足的问题提供理论基础和实践路径。

（二）研究问题

学校活力问题是一个比较新的学术领域，也是一个比较宽广的研究领域，有许多问题值得研究。从不同的学段来说，可以研究幼儿园的活力问题、义务教育阶段中小学的活力问题、高等院校的活力问题；从比较的角度，可以研究中国某一阶段的学校活力与国外某国家相同阶段的学校活力问题；从实证的角度而言，可以研究学校活力的评价指标体系及其适用性问题等等。本研究则主要从教育基本理论的角度来研究学校活力的概念、历史及其生成问题，希望能够为其他领域的学校活力研究乃至更为宏观的教育活力研究提供概念和理论的基础。主要的研究问题如下：

1. 学校活力的概念问题

活力、学校活力都是教育生活中人们常用的概念，每个人对于这些概念都有一些常识性的、感性的认识。有时候，人们还交叉使用“教育活力”“办学活力”“学校活力”“课堂活力”等概念。如何从理论上认识活力与学校活力的概念，如何澄清学校活力与教育活力、体制机制活力以及课堂活力等相互之间的关系，这是本研究首先要回答的问题。

2. 学校活力的历史认识问题

人类学校发展有很长的历史，几千年前东西方都出现了学校。自从学校诞生之后，客观上就有学校活力的问题。一些教育史的材料也表明，历史上教育家们进行学校变革的一个重要原因就是彼时的学校失去了活力。从这个角度而言，对学校活力的认识也有一个历史发展的问题。中外教育史中对学校活力的认识是怎样的？基于这些认识，不同时期的教育家们又提出了哪些激发学校活力的主张？在知识论或话语形态上有些什么样的特点？对于今天的学校活力研究能够提供什么样的启示？对学校活力历史认识问题的分析将给予本研究以一种深度的历史感，同时也能够为构建学校活力理论提供思想基础。

3. 学校活力的本体问题

学校是学校活力的本体，学校活力是“学校”的活力，不是“企业活力”“社会组织活力”或“军队活力”。学校活力的特性与源泉只能到学校活动中去寻找，唤醒或释放学校活力的各种政策也必须建立在对学校特性的充分认识和准确把握上，否则，就不可能取得预期的成效。从这个意义上说，对“学校”的认识，是对“学校活力”认识的一个前提和基础。学校究竟是一种什么样的社会组织，这个组织的特性何在？学校与教育是一回事情还是两回事情？无论是历史上还是现实中，不同的学校观如何影响到对学校活力问题的认识与解决？今天应该建立什么样性的学校观以及相应的学校活力观？这些本体论问题的思考将为学校活力的生成研究打下坚实的理论基础。

4. 学校活力的生成问题

研究学校活力问题，最关键的是要明确学校活力是如何生成的？生成的基础、逻辑、机制和路径是什么？这些问题是学校活力由理论研究走向实践改进的关键问题。

总的来说，本研究的核心问题是要建立一种学校活力观以及如何从理论上对学校活力的生成进行解释。

二、研究目的与意义

（一）研究目的

本研究试图通过解决上述系列问题，明确学校活力研究的对象、立场及其所在的问题域，澄清学校活力概念的内涵、外延及概念关系，梳理历史上有关学校活力的认识及其变化过程，深入分析学校活力的本体基础，形成学校活力生成的理论构型，为新时代我国教育体制机制改革和学校活力问题的有效解决提供坚实的概念和理论基础。

（二）研究意义

1. 理论意义

该研究从性质上说，属于教育基本理论的研究。其研究意义首先就在于可以聚焦学校活力问题，建构比较系统的学校活力理论，拓展教育学界有关教育活力、学校活力、课堂活力等已有研究，为人们深入认识和解决学校活力乃至更为广泛的教育活力问题提供可资借鉴和批评的概念和理论基础。

2. 实践意义

学校活力问题从根本上说是一个实践问题，学校活力问题的存在极大地影响了学校教育教学功能的实现，影响到青少年学生的健康成长，也影响到国家科教兴国战略目标的实现。因此，学校活力问题的理论研究，有助于理解和解释政府和学校有关部门出台的旨在激发或提升学校活力的政策的有效性，有助于更好地执行有关学校活力的政策措施，也有助于矫正当前一些学校频频出现的“瞎折腾”现象，引导学校回归自身的本质，走出一条真正反映教育规律、体现学校特性并有助于实现学校可持续发展的道路。

三、文献综述

（一）教育学科对学校活力问题的研究

通过对“活力”（vitality）、“学校活力”（school vitality）、

“教育活力”（educational vitality）等作为关键词的中英文检索，研究者发现了一些研究文献，尽管这些文献并不算丰富，但是也反映了近些年教育研究领域和实践领域对学校活力问题及相关问题的认识进度和水平。在这方面，我国学者还是做出了不懈的努力。现将到目前为止主要的研究综述如下。

1. *有关课堂活力方面的研究*

可以说，对课堂活力的关注还是比较早的，也是一线的教育工作者最为关注的。早在20世纪90年代，叶澜就曾对课堂活力进行过深入讨论。她通过对不同学科、不同视角和不同理论的课堂教学认识的分析，得出以往的认识并没有形成“课堂教学作为一个整体的师生交互作用着的动态过程的研究”。[①] 通过对传统课堂教学模式大框架的批判和分析，叶澜指出作为特殊认识活动的课堂教学认识其根本的缺陷就是把课堂教学从“整体的生命活动中抽象、隔离出来”[②]，从而忽视了处于不同状态的教师和学生以及他们在课堂教学过程中的多边多重、多种形式的交互作用和创造能力。叶澜认为，这是“忽视课堂教学过程中人的因素之突出表现，它使课堂教学变得机械、沉闷和程式化，缺乏生气和乐趣，使师生的生命力在课堂中得不到充分发挥”。[③] 为此，叶澜提出“从更高的层次，生命的层次，用动态生成的观念，重新全面地认识课堂教学，构建新的课堂教学观，它所期望的实践效应就

① 叶澜：《让课堂焕发出生命的活力——论中小学教学改革的深化》，《教育研究》1997年第9期。

② 同上。

③ 同上。

是：让课堂焕发出生命的活力”。[①] 这种新的课堂教学观认为，课堂教学是师生人生中的一段重要的生命经历；课堂教学目标的实现是师生共同创造、参与以及在此过程中相互作用的结果，师生的生命活力在课堂中得到发挥，并“使过程本身具有生成新因素的能力，具有自身的、由师生共同创造出的活力”。[②] 叶澜的这篇文章在教育实践和理论界均产生了很大的影响，其“让课堂充满生命活力”的呐喊激发了成千上万的一线教师开展课堂教学改革，同时也提出了一系列有待分析和解答的理论问题。

2. 有关教育活力方面的研究

比起课堂活力的研究，有关教育活力的研究是最近几年才开展起来的，因而算是比较新的研究领域。石中英在这个领域作了比较系统的分析。他将教育活力定义为“教育系统或组织在一定社会和历史背景下按照系统或组织特性运行时所表现出来的生命力、适应性和可持续发展状态和能力”。[③] 他从“人的生命状态”、教育系统的“主动性、积极性和创造性”及其“现状对未来发展的支持程度”等方面来解释教育活力的具体表现。王兆璟从广义和狭义两方面对教育活力进行分析，并将教育活力概括为“在特定的自然-社会中，处于其间的教育有机体与人自适应与自发展的能力，它表现为教育的生命力、应变力、发展力和创造力，具有持续的开放性

① 叶澜：《让课堂焕发出生命的活力——论中小学教学改革的深化》，《教育研究》1997 年第 9 期。

② 同上。

③ 石中英：《如何建设富有活力的学校》，《现代教育报》2018 年 1 月 10 日第 1 版。

和强烈的实践感”。① 教育活力可以从宏观、中观和微观三个层次来认识，其中“创新能力、自我调节能力和教育自由”是教育活力的特征。关于教育活力的源泉与形成机制，石中英从教育哲学的角度将其概括为对教育内在目的性的追求、对教育规律的反映与遵循以及对实现教育内在目的的条件创设等三个方面。王兆璟则从良性的制度设计、教育创新、人的精神活力的提升以及人的自由性的发挥等方面来构建教育活力的形成机制。此外，石中英还曾经分析过教育活力与教育质量、教育公平三者之间的关系，明确了三者之间的界限和联系，并提出了“没有教育活力，就没有教育质量和教育公平”的重要认识。

3. 关于学校活力方面的研究

对学校活力的已有研究主要包括以下几个方面：第一，学校活力的概念研究。蒲蕊将学校自身的活力看作“学校的素质及其内在的生命力，是学校生存与发展的源泉，是学校作为一个‘活’的系统的生命力的体现，是学校各种素质、能力的综合表现”。② 学校自身的活力是学校自主性的概念内涵之一，它具体包括“教育能力，组织能力，与环境互动能力，认识、学习与创新变革能力”，它们分别构成了学校活力的“生成与发展的基础，源泉，判断标志，提升基础、关键”等。③ 许一铭从学校与环境的关系出发，将学校活力看作是学校“进行实践

① 王兆璟、戴莹莹：《论教育活力》，《教育研究》2017 年第 9 期。

② 蒲蕊：《学校的自主性问题研究》，华中师范大学博士论文，2003 年，第 68 页。

③ 同上。

活动的能动力量，也就是适应环境、改变环境的作用和能力”。[1] 他强调学校活力虽然是一种实践力量，但是这种实践力量要能够使学校的内部结构与外部环境达到某种协调平衡的机制和力量，这一点就是学校活力的本质特征。

雷克昌从学校体制的开放程度来认识学校活力，认为学校活力是学校体制内外的一种互通关系。[2] 石中英认为，在内涵上学校活力是“对积极、自主和创造性学校办学氛围的一种直观描述”，可以反映一个学校组织的健康状况。[3] 在外延上，它则包括“校长的活力、教师的活力以及学生的活力”等三个方面。王熙等基于对教师访谈资料的文本分析，探寻教师口中的“学校活力”，并由此形成对学校活力的认识，“在教师口中，‘学校活力’虽然指向学校的整体意象，却在很大程度上是对自身精神状态的描述和评价”。[4] 他们认为，学校活力的概念带有生命的色彩，指向组织细胞（每一位组织成员）的生命质量，并将学校组织看作是一个有机体。学校活力概念的“独特之处在于它传递出一种教育组织的生命观，将每位学校成员视作鲜活且与整体密切联系的细胞”。[5]

马瑞恩·霍比（Marian Hobbie）认为学校活力就是“组织健康的技术层面；教师的集体效能（efficacy）；精神或创新行为

---

① 许一铭:《增强高等学校的活力》,《化工高等教育》1988 年第 1 期。

② 雷克昌:《对增强高校“活力”的几点议论》,《南昌水专学报》1986 年第 1 期。

③ 石中英:《学校活力的内涵和源泉》,《河北师范大学学报（教育科学版）》2017 年第 2 期。

④ 王熙、王怀秀:《教师视域中的“学校活力”——基于教师访谈资料的文本分析》,《教育学报》2017 年第 1 期。

⑤ 同上。

的机能（the faculty）”，并认为学术影响力是学校活力的重要基础。① 达尔塔·凯夫纳（Delta Cavner）通过词典对“vitality”及其动词形式“vitalize”和“revitalize”的词义考察认为，“活力是一种活动力，精神或身体上的力量，活泼和能量”。活力就是存在的本质，就是给予事物生命、能量和力量的本质。因此，他认为教师活力就是教师给予课堂的一种能量，使教师一直保持精力充沛的那种事物的本质。②

第二，学校活力的源泉与表现研究。对于学校活力的源泉，不同学者从不同的角度对其进行了分析。展涛从学校内外的体制与机制建设角度来认识，认为学校一方面要全方位地向社会开放，主动适用社会发展的需求；另一方面要向校内开放，打破院系之间的壁垒，故而认为开放式办学是学校活力之源。③王天文则认为学校永葆活力的源泉就是，学校凝练全体师生的共同追求，把核心价值观渗透在学校工作的方方面面，通过不断的知识和思维创新去引领师生个体精神的生成和发展。④ 石中英从组织和组织中的人等两个方面来分析，就组织而言，其源泉则在于学校组织的一切要素（理念、制度、活动、评价、环境等）都应该具有教育性，在价值取向上都应该为学生的健康成长服务。从组织中的人来看，其源泉则在于人的自由自觉

---

① Marian Hobbie. *The Impact of Catholic School Identity and Organizational Leadership on the Vitality of Catiolic Elementary Schools*. Catholic University of America, 2009: 10.

② Delta Cavner. *Teacher Vitality: A Two - Country Multiple Case Study*. Boise State University, 2002: 5.

③ 吴学霆:《开放是学校活力之源》，《文汇报》2002 年 7 月 9 日第 1 版。

④ 王天文、王瑾:《让风范教育成为特色高中建设的活力源泉》，《上海教育科研》2010 年第 3 期。

本性的实现。[①] 张爽基于案例分析，从管理角度，提出学校活力的最主要来源应该是管理的解放，并认为有活力的学校表现为“多样性、自主性和创造性”等方面的特征。[②] 沈幼生等从文化角度看，认为“文化构建是学校活力的源泉所在，一所学校要有生气、有活力，能与时俱进、不断发展，这一切都离不开学校文化的建设和学校精神的熔铸”。[③] 张菊荣则从课程角度提出，创造校本的分布式课程领导实践，以民主、赋权、合作的方式，紧紧围绕课程问题进行实践和探索，能够持续地为学校整体活力提供保证。[④] 马瑞恩·霍比（Marian Hobbie）认为：“学校活力取决于教师对自身学校是模范学校的观念（perception）、完成学校使命、展现友善、提供教学材料和利用专业知识解决问题等原则的坚持。”[⑤]

浦蕊教授基于复杂系统的进化认识指出生命的活力蕴藏在系统之中，本身在简单的规则下运作，会产生丰富的表现型。由此提出“学校的自组织能力是产生、发展其自身活力的源泉”。学校自身的活力表现为对创造性的、独立人格的、自主发展的人的培养，即具有教育性；组织内部具有凝聚力

① 石中英：《学校活力的内涵和源泉》，《河北师范大学学报（教育科学版）》2017年第2期。

② 张爽：《学校活力的表现和提升策略——基于两个案例的分析》，《教育学报》2017年第1期。

③ 沈幼生、杨七平：《文化构建：学校活力的源泉所在》，《现代特殊教育》2010年第1期。

④ 张菊荣：《学校活力的源泉：对分布式课程领导的认识与实践》，《当代教育科学》2015年第24期。

⑤ Marian Hobbie. *The Impact of Catholic School Identity and Organizational Leadership on the Vitality of Catiolic Elementary Schools*. Catholic University of America, 2009: ii.

和秩序性，甚至学校内部各要素能够自主运作；“较高的应变能力、开放能力、批判思维与超越能力以及开发新资源以适应自身生存与发展的需要的能力”；反思、变革学校已有的思维方式的认识能力；促使学校不断变革和自我更新的学习能力；较强的变革和创新能力。① 邓友超研究员则认为学校活力主要表现在“教师胜任力、学生自主性、治理开放度和水平认同感等四个方面”。② 范国睿认为，学校活力体现在生态学校主体的关系上。“学校的‘活力’体现在学校的生态主体及主体间的关系中。其中学生是否健康成长是最重要的指标。”③ 苏航则从学校主体的教育实践活动出发，认为学校活力即“办学有活力、课堂教学有活力、教师专业发展有活力、学生发展有活力。”④

第三，学校活力的增强与评价研究。如何提升和增强教育活力、学校活力是 1985 年以来我国教育界非常关注的一个问题。陶西平从教育体系中的权职关系入手，认为学校缺乏活力主要在于学校内部权力比较集中，外部则是对学校多头领导，办学模式封闭。因此，要增强学校活力就必须“切实简政放权，使学校真正充满自主发展的活力，成为具有创造性的实体。”他认为，有关部门在做教育改革顶层设计时，需要加强统筹，保持对学校改革的目标、措施、要求和评价的

---

① 蒲蕊：《学校的自主性问题研究》，华中师范大学博士论文，2003 年，第 68 页。

② 邓友超：《提升教育内涵式发展的量级》，《中国教育报》2017 年 5 月 11 日第 7 版。

③ 范国睿：《如何营造有活力的学校》，《中国民族教育》2016 年第 2 期。

④ 苏航：《构建开放式活力学校的策略思考》，《长春教育学院学报》2016 年第 11 期。

统一性。①

石中英认为，要增强学校活力“需要加快推进现代学校治理体系的建设”，落实学校的办学自主权，使得学校可以依法自主办学，促进学校的民主化建设，扩大学校向家长和社区的开放程度等。② 赖配根从教育治理的水平角度来思考，认为放权是激发学校活力的关键。③ 张爽则主张从以下三个方面出发来提高学校活力的策略，首先是“解制”，即政校间权力的重新配置，解除学校管理中阻碍学校发展、师生发展的外在和内在的压抑与遮蔽，激发人的主动性、创造性；其次是“治理”，即学校内部治理结构的创新；最后是“文化认同”，即持续保持学校活力的基础，它把随意零散的行动转化为自觉的、长期的、主动的、发挥作用的体制和机制。④ 邓友超则认为增强学校活力就要创新体制机制，增强校长教师实践智慧，建立新型教与学关系，推进学校治理现代化。⑤

关于学校活力评价方面。已有研究主要通过德尔菲法来确定学校活力的评价指标体系，提出了学校活力评价指标体系的四个维度（胜任力、自主性、认同感和开放性）和十二项

---

① 陶西平：《让学校充满活力》，《中小学管理》2014 年第 8 期。

② 石中英：《守住规律才能找到教育活力的密码——访北京师范大学教育学部教授石中英》，《中国教育报》2017 年 5 月 2 日第 4 版。

③ 赖配根：《教育治理水平越高，学校越有活力》，《人民教育》2016 年第 6 期。

④ 张爽：《学校活力的表现和提升策略——基于两个案例的分析》，《教育学报》2017 年第 1 期。

⑤ 邓友超：《提升教育内涵式发展的量级》，《中国教育报》2017 年 5 月 11 日第 7 版。

指标。①

综上所述，教育学科中对活力问题研究的上述三个方面，反映了当前教育学领域对活力的基本认识。首先，教育领域或学校中的活力被看作是一个组织或系统内部的生命力，并表现为内部成员的积极性、主动性、能动性以及内部组织的秩序性。这种观念认识将学校活力定为一种组织活力或系统活力，活力的提升则必然在于组织成员能动性、积极性和自主性的激发，以及组织本身的机制和体制的改革。其次，学校活力被看作是学校机体对内在目的实现的本质力量，即人的自由自觉本性的实现。学校活力的表现是校长、教师和学生的活力释放，并最终表现为学生本性的实现。学校作为组织则需要不断地促使其自身的各个要素具有教育性，为内在目的的实现创造良好的条件和环境。最后，将活力看作是课堂教学的动态生成过程中，师生所呈现出的创造性的生命力，表现为师生共同参与、交互作用。在这种动态生成的过程中课堂不断产生新的因素。

（二）其他学科对活力问题的研究

活力认识是一个具有普遍性的问题，引发诸多学科领域的关注。不同的学科对活力和活力问题有着不同的理解。通过梳理其他学科对活力问题的研究，研究者能够更广泛地理解社会生活中的活力和活力问题。

---

① 黄晓磊、邓友超：《学校活力评价指标体系构建——基于德尔菲法的调查分析》，《教育学报》2017 年第 1 期。

1. 社会学中的活力问题研究

改革开放以来，社会活力的问题引起社会学界的高度关注。社会活力在社会学研究领域中更多被作为社会发展的动力机制和社会客观事实来认识。汪健认为，“社会活力问题的研究，是社会发展动力理论的深化和拓展。社会活力就是指在一定的自然历史环境中，社会系统的生存和发展的自主能力”。[①] 董慧从社会主体的角度谈论社会活力，认为“社会活力是指蕴生于感性实践基础之上社会生活的生命力、社会主体的创造力、社会自主自由的主体性力量。社会活力表现为社会主体由被动的适应性生存向主动的创造性生存的过渡，社会主体由自我意识到意识自我的进化”。[②] 公秀丽则将社会活力看作是一种客观事实和价值判断，认为社会活力具有方向性。她认为社会活力是对社会发展趋势和基于这一事实进行未来发展趋势的价值判断。她从人的需求出发，从社会对人的需求的满足角度出发认为，社会活力的机制就是生产实践，“人就是社会活力的发动者、承担者和实现者”。[③] 基于社会活力的产生机制和活力的基本认识，她认为社会活力具有“整体性”“开放性”“进取性、创新性”“价值性”“民众性”和“相对持久性”，并从社会中人的自由、社会的发展分别来规定社会活力的质与量，并从质与量的统一来规定社会活力的度。

从社会活力的已有研究中可以看出，活力问题在社会领域的研究更多与社会发展的动力机制相关。社会活力可以指社会

---

① 汪健:《社会活力论》，《文史哲》1993 年第 4 期。

② 董慧:《社会活力论》，华中科技大学博士论文，2008 年，第 48 页。

③ 公秀丽:《“社会活力”刍议》，清华大学硕士论文，2006 年，第 9 页。

系统的发展动力，也可以指社会主体的生命力、创造性和自主性等。也就是说，他们对活力研究的出发点是有差异的，一种是直接从系统的整体出发来研究，另一种是从构成社会系统的主体出发来研究社会活力，这体现了社会活力研究的两种路径。不同的研究者倾向于采取不同的研究路径，中间虽然也有人试图综合这两种研究路径，但是对综合的具体内涵和方法则缺乏理论上的充分论述。有的研究者还试图用社会主体的生命力、创造力和自主性等来替代对社会系统活力的研究，这在一定程度上遮蔽了对社会系统活力的认识。

2. 管理学中的活力问题研究

活力问题在管理学的研究中主要表现为人才活力问题和组织活力问题。这些问题近年来也得到管理学界的高度重视。就人才活力研究方面而言，黄钟仪、夏忠等在 2008 年提出："人才活力的概念既考虑人才本身状况，还考虑机制、体制、政策、理念等激发人才活力的环境因素。人才活力是指地区或组织人才系统作为有机体，通过自身的素质和能力在与外界环境交互作用的良性循环中所呈现出的自我发展并促进环境发展的旺盛生命力的状态。"① 在这个定义中，他们从人才系统所具有的促进人才"自我发展"和支持他们"促进环境发展"的维度来定义人才活力。这既凸显了人才活力的本体性，也反映了人才活力的功能性。随后，他们在 2011 年的研究中又对人才活力的定义进行了修改，更加具体地认为人才活力更多的是在自身发展和环境发展的良性循环中所呈现出的"发展力、流动力、风险

① 黄钟仪、夏忠：《"人才活力"概念提出和理论构想》，《重庆工商大学学报（社会科学版）》2008 年第 1 期。

担当力、创新力、生产力等旺盛生命力的状态”。[①] 与此类似，刘军也认为，“城市人才活力”是“由城市经济发展水平、人口结构等多因素决定，反映城市人才学习力、创新力，成长力和竞争力递进内涵的外在‘活跃’程度状态的总体表现”。[②]

人或人才是管理实践中最活跃的因素，人才活力与组织活力是管理学有关活力问题研究的两个主要领域。与社会活力的研究路径类似，管理学中有关人才活力的研究也存在两个不同的路径：从人才系统的机体活力和人才自身的活力这两个不同又相关的方面开展研究。

3. 经济学中的活力问题研究

活力对于经济活动的重要性不言而喻。在我国，改革开放之前经济活动中出现的“干和不干一个样，干多干少一个样，干好干坏一个样”的劳动分配制度从根本上抑制了生产的积极性和整个经济的活力。后来的改革开放政策长期以来都是把激发经济、市场或企业活力作为一个重要目标。

经济学中有关活力问题的研究范围比较广泛，既包括一般意义上的经济活力研究，也包括大量的市场活力与企业活力研究。在经济活力研究方面，陆晓丽、郭万山提出：“一个城市的经济活力与城市社会活力、环境活力以及文化活力共同构成了整个城市活力体系”[③]，将城市的经济活力纳入到整个城市的

---

① 黄钟仪、夏忠：《中国各地人才活力评价：理论、数据及实证》，重庆：重庆大学出版社，2011 年，第 16 页。

② 刘军：《城市人才活力评价与实证研究——以深圳为例》，《中国人力资源开发》2006 年第 1 期。

③ 陆晓丽、郭万山：《城市经济活力的综合评价指标体系》，《统计与决策》2007 年第 11 期。

活力体系中加以认识，具有一种整体性的眼光。从这种整体性方法论出发，陆晓丽、郭万山提出：“城市的经济活力是一个动态概念，随时间的变动而不断变化。其构成概括起来主要包括以下四方面要素：（1）经济成长性；（2）对外来资本和生产要素的吸引力；（3）充分就业和可持续的生活质量；（4）创新能力。”① 这些研究为形成城市经济活力的评价指标体系提供了概念基础。金延杰对“经济活力”的定义是：“所谓经济活力，是指城市经济发展过程中的能力和潜力。”② 这个简洁的定义一方面强调经济活力作为一种现实的经济能力表现，另一方面则强调经济活力作为一种未来经济发展的潜力，是预期未来经济发展的重要指标。

在市场活力和企业活力研究方面，国内的研究非常丰富。对市场活力和企业活力一般理论探讨比较少，绝大多数文献属于规范性和实证性的研究，旨在讨论如何评估与提高市场与企业活力。研究的市场主体既包括一些大型国有企业，也包括一些中小型的民营企业，还有一些当代新型的小微企业。卫兴华等在国家实行经济领域改革开放政策不久，就撰文提出：企业活力就是“企业自我改造和自我发展的能力”，增强企业活力“即增强企业作为商品生产者和经营者的活力”。③ 作为选择性的策略，卫兴华提出想激发企业活力必须要使企业有自己相对独立的目标，并允许企业为实现自己的目标而努力；要将日常

① 陆晓丽、郭万山：《城市经济活力的综合评价指标体系》，《统计与决策》2007 年第 11 期。

② 金延杰：《中国城市经济活力评价》，《地理科学》2007 年第 1 期。

③ 卫兴华、洪银兴等：《论企业活力与企业行为约束》，《学术月刊》1986 年第 4 期。

的经营决策权交给企业；要将建立增强企业活力的激励机制；要完善市场机制，为增强企业活力创造良好环境和条件。刘泉红则从企业家精神的角度讨论了市场活力问题，认为激发与保护企业家精神、理顺企业家精神与制度环境之间的关系，对于激发市场主体的活力至关重要。① 朱宏任则从当前我国经济发展面临的挑战出发，提出要从减轻企业负担入手激发企业活力。他强调政府要深入推进职能转变，简政放权，通过释放改革红利激发市场活力，实现减轻企业负担的目的。他特别强调要通过金融税收等方面的政策支持，扶持小微企业，增强小微企业活力。② 还有许多的研究聚焦在市场与企业活动的某个要素的活力问题，如资本市场的活力问题、劳动力市场的活力问题、原材料市场的活力问题等等。

从上述社会学、管理学、经济学等学科领域中有关活力问题的研究情况来看，首先可以肯定地的是，研究者们都非常关注社会活力、人的活力、经济活力、市场活力或企业活力等问题，认为充满活力的社会、经济、市场或企业，是社会建设、经济活动、市场和企业健康与否的标志；其次，研究者对于"活力"概念本身缺少深入的研究，一般只是在"生命力""生机"这样的感性意义上理解和应用活力概念；再次，研究者都比较关注制度环境、文化建设等对于社会活力、管理活力、经济活力、市场活力或企业活力的影响，赞同这些领域的活力作为各种社会、管理和经济活动要素的因变量存在，并依赖这些

① 刘泉红：《以企业家精神提升市场活力》，《中国物价》2017 年第 12 期。

② 朱宏任：《减轻企业负担，激发企业活力》，《中国经济和信息化》2013 年第 19 期。

经济活动要素的优化配置的观点。总的来说，活力问题不仅仅是教育领域所关注的重大问题，也是一切社会经济领域共同关注的重大问题。教育学科以外的其他社会学科对各自领域活力问题的研究，从概念上、方法上、理论上都有助于教育活力或学校活力问题的研究，能够为我们的研究提供许多的启示和借鉴。

四、研究设计

（一）研究的思路

具体的学校有没有活力，这是一种现象。本研究所关注的并非哪些学校有活力，哪些学校没有活力。这种诊断式的研究将来可以进一步展开。本研究所关注的核心问题是：当人们（决策者、管理者、一线教育者）在谈论学校活力时，他们究竟在谈论什么？他们是如何谈论的？影响他们学校活力观的因素有哪些？如何评价他们的某些特定的学校活力观？作为研究者，我们究竟应该如何看待学校活力的内涵和学校活力的生成问题？为了回答这些问题，本研究的思路是：首先，通过政策文本和教育实践现象中活力问题的描述，说明学校活力或更为广阔的教育活力问题是一个客观存在的教育问题，也是一个亟待从理论上加以研究的教育问题；其次，进入到对学校活力的概念分析部分，从词典定义、日常用法等入手，对"活力""学校活力"等概念进行分析，并对这些概念与相近概念的关系进行辨析，形成关于学校活力的一般认识；再次，从概念分析进入到历史分析，追溯教育史中的学校活力问题以及人们的认识，厘清不同历史阶段人们对学校活力问题认识的话语类型，为下面的论述奠定一个思想基础；然后，重点讨论学校活力的本体-学校-认识问题，试图找到有关学校活力认识和学校认识之间的内在关联，深化有关学校活力的理论研究；最后，就学校活力的生成路径与机制提出系统的、理论的主张，完成有关学校活力生成的理论构型。

（二）研究的方法

1. 知识考古学

知识考古学是一种不同于思想史研究的历史方法，它的目的就是“使思想史摆脱其先验的束缚”①。按照福柯的观点，“所谓考古学的，意指：这种批判②并不设法得出整个认识的或整个可能得到的行为的普遍结构，而是设法得出使所思、所说、所做都作为历史事件来得到陈述的那些话语”。③ 福柯将其看作是“给理论领域，即今日的理论领域的某个部分所起的名字”。④

---

① ［法］福柯著，谢强等译：《知识考古学》，北京：生活·读书·新知三联书店，2010 年，第 225 页。

② 福柯将批判理解为“批判不是以寻求具有普遍建制的形式来进行的，而是通过使建构自身并承认自己是所做、所想、所说的主体的各种事件而成为一种历史性的调查”。这种批判认识就是福柯常说的“问题化”。详见［法］福柯著，顾嘉琛译：《何为启蒙》，汪民安等主编《现代性基本读本》，开封：河南大学出版社，2005 年，第 656 页。

③ ［法］福柯著，顾嘉琛译：《何为启蒙》，汪民安等主编《现代性基本读本》，开封：河南大学出版社，2005 年，第 656 页。

④ ［法］福柯著，谢强等译：《知识考古学》，北京：生活·读书·新知三联书店，2010 年，第 231 页。

知识考古学的研究对象是“话语/文本”①，承认话语实践的存在是进行知识考古的首要前提。在福柯看来，话语就是具有实证性的陈述或陈述群，“话语的形成不具有与意义的流动或者语言的线性相同的历史性模式，它是一种具有本身的连贯和连续形式的实践”。② 实证性就是话语的实践效果，这种实践效果不是科学的，不成体系和系统的，但是却构成了话语实践的存在。在一门学科建立之前，就已经存在关于某种对象或问题域的认识和讨论，这些认识具有某种规则性，或彼此之间存在联系，即具有某种实证性，便构成了话语实践。这些话语之间的构成规则和话语实践本身就是“某门科学建立所不可或缺的成分整体”③，而这种整体则被称为知识。因此，话语实践是一个独立存在的领域，它有着自己的运动规则和规律。在这样一个话语实践领域，话语之间存在着矛盾性、差异性，甚至彼此之间还存在转换的情况，无法像思想史一样，去寻找隐含在这些话语背后的连续性、同一性和总体化趋向。知识考古学的研究内容是关注话语的形成规则或规律以及话语之间的层次、等级、矛盾、转换等问题。具体而言，就是考察话语形成的规律性，即“在实证性、知识、认识论形态和科学形态之间，揭示差别、关系、间隔、差距、独立性、自律性的整个作用和它们各自的历史性彼此连接的

---

① 汤明洁：《福柯知识考学的认知和主体变革——以中西文化差异问题为例》，《哲学动态》2017 年第 5 期。

② ［法］福柯著，谢强等译：《知识考古学》，北京：生活 · 读书 · 新知三联书店，2010 年，第 188 页。

③ 同上。

方式”[1] 总而言之，知识考古学就是要考察在一个话语形成的历史空间中，话语之间的不同运动形式，从而明确不同话语之间的界限、不同话语层次之间的转换，以及这些不同话语界限和层次之间所有关系的整体。

运用知识考古学方法对学校活力认识进行历史考察的合理性大致如下：首先，由于历史上学校活力不足的现象一直存在，所以关于改进学校活力不足的话语实践也就一直就存在，这种话语实践一方面本身就是知识考古学的对象。另一方面，改进学校活力不足的话语实践也是学校活力的话语实践，包含着某种活力观念。对学校活力的历史考察只能从关于学校活力不足的话语实践中来进行。通过对学校活力不足与改进的话语实践的考古学研究，可以寻找到这些话语之间的差异性、等级以及对立，并从这些话语之间的运动形式，来获得话语之间的关系整体。其次，知识型就是人们的认识的形式。通过对学校活力知识型的历史考察，可以获得关于学校活力不同层面的认识形式以及这些认识形式之间的转换，进而从这些认识形式和转换中，找到学校活力内涵的基本定位及其对应的问题域。最后，通过对历史上学校活力话语之间的对立、差异和转换的认识，可以进一步明白学校主体活力和学校活力之间的关系，进一步对学校活力的前提、概念和生成等问题进行思考，对已有话语进行改造，形成学校活力的理论构型。

2. **概念分析**

概念是思想的基本工具。概念分析是教育基本理论研究和

---

① ［法］福柯著，谢强等译：《知识考古学》，北京：生活·读书·新知三联书店，2010 年，第 213 页。

教育哲学研究的基本方法之一。这种方法因为分析教育哲学的努力而变得更加重要。但是，概念分析的重要性其实早在分析教育哲学诞生之前就为人们所意识到。人类思想史上，像苏格拉底、柏拉图、亚里士多德、孔子、老子、孟子以及后来的笛卡尔、莱布尼茨、康德、黑格尔、马克思、杜威、康有为、梁启超、陶行知等，都是概念分析和概念批评的高手。“作为一项工作的一部分，概念分析对于确定研究使用概念的内涵、外延及不同概念之间的相互关系都具有重要的意义，有助于确定一项研究的概念框架，而概念框架是构成一项研究视角的核心内容。”① 因此，概念分析是进行理论研究的前提性基础工作。概念分析不是创造概念的新内涵，而是澄清概念的意义，也就是说，从已有的概念用法中，从人们已知的东西中寻找其中的道理。陈嘉映认为这种分析方式为二阶的，即“对概念有所说”，那么一阶的就是人们日常对概念的使用，即概念的描述层面——“用概念说事”。

究竟该如何澄清概念的意义呢？不同的意义理论则会有不同的概念分析方式，其确定和追求概念意义的方式也不相同。逻辑语言学派中的“指称论”则强调概念与所指的一致性，概念的意义就在于所指的对象，其概念分析的方法就是要能够找到无论日常概念还是科学概念所具体指称的对象，从而确定概念的意义。还有一种是维特根斯坦后期的思想，也就是日常语言学派，强调语言的语境问题，注重对概念的日常用法的考察，认为“意义即使用”。因为用法无法脱离语境而存在，我们很

---

① 石中英:《教育学研究中的概念分析》,《北京师范大学学报（社会科学版)》2009 年第 3 期。

难说这种用法就是指什么，而是指这种用法在当时、当下的语境中是恰当的，是有意义的，在概念描述层面是有人们共同同意的东西的，而不能说这种用法本身就是意义。也就是说，日常概念只有在使用过程中其意义才是确定的，并总是清晰的。人们在使用层面很少会出现错误，但是这并不意味着人们在概念的使用层面不会出现分歧与争论。因为，人们对概念的使用本身就“前设了我们对概念使用的默会知识是一样的，我们在这里发生争论，是某一方或双方对我们共同同意的东西发生了误解”。[①] 日常用法学派的概念分析就是要通过明确人们在使用中已经知道但却不知如何表达的概念中所包含的东西，而澄清概念的意义，消除误解。

因此，概念分析就是对“概念的意义给出分析和做出解释”[②]，而这种对意义的分析是通过二阶的，而非一阶的考察，即找出日常所用概念中所包含的道理。这个道理不是现象背后的本质，而是什么时候可以用这个概念，什么时候不可以用这个概念的概念结构。也就是说，这个道理是日常概念中所包含的且在用法之中的，可以被大家所共同认可的，而非对某个事物本质的抽象概括和形成超级概念所必须的。当概念中所包含的道理为人们所共同同意，那么概念的意义也就得到了澄清。但概念中所包含的道理不同于意义指称论所说的一般指称对象。道理的阐明是建立在对以往不同概念理论的历史考察和反思的基础之上的，通过对充分理由的考察，进一步清楚概念的日常用法和理论/科学用法之间的分歧以及人们在概念描述层面所产

① 陈嘉映：《维特根斯坦的哲学观》，《现代哲学杂志》2006 年第 5 期。

② 江怡：《语言分析与概念分析》，《外国语文》2011 年第 1 期。

生的分歧。对概念所包含的共同东西的确定，不仅停留在概念使用的一阶层面。

概念分析方法适用于本研究的合理性在于：活力、学校活力等是教育领域中的日常概念。教育决策者、管理者和一线教育工作者们在对活力、学校活力的使用中已经包含了对活力、学校活力的某种认识和理解。从活力、学校活力的用法中也可以获得关于活力与学校活力的意义。但是，仅仅考察活力、学校活力的日常用法还远远不够。一方面活力、学校活力的经验内容是通过“学校活力不足”的经验现象来确定的，且活力、学校活力也多从这一经验现象的对立面来使用。另一方面学校活力的属概念“活力”有其自身的历史演变。通过对活力概念历史演变的考察，可以确定活力概念的内涵。在活力概念历史演变的过程中，活力的日常概念与科学概念必然存在着某种差异性。这种差异性则要通过“发现在这一演变中的理由的脉络”① 来进一步确定。此外，在确定学校活力概念的内涵、外延之后，还要与其他相近的概念进行比较，把握它们之间的差别与联系。

① 陈嘉映：《日常概念与科学概念》，《江苏社会科学》2006 年第 1 期。

第一章
学校活力的概念分析

本章所要解决的主要问题是学校活力究竟是指什么，如何通过概念分析的方式，从词典定义和日常用法分析获得学校活力的一般概念，并通过辨析几个与其相近的概念，进一步明确学校活力的研究问题和指向等。

一、“活力”的词典定义

(一)“活”与“生”

在中国，最初没有“活力”一词，人们对活力现象的描述主要用“活”字来表达。如《辞海》中提到了两种主要用法：一种是《庄子·外物》中“君岂有斗升之水而活我哉”所表达的“使存活、救活”，即活的动词形式，它的名词意义则与“死”相对；另一种则是《魏书·北海王详传》中的“但令母子相保，共汝扫市作活也”，其表达的是“工作、生计”的意义。《中华大字典》中，对“活”字的词义解释有若干种，如流也；……物之生也；生存也；生动也；

救死也；生计也等。[①] 除此之外，在中国古代表达活力现象的还主要用“生”字。《辞海》中“生”的有关释义有两种：一种是《论语·颜渊》“爱之欲其生”，意为“活，与死相对，引申为生命”；另一种是《礼记·月令》中“［季春之月］萍始生”，意为“草木长出”。《中华大字典》中“生”的释义主要包括“起也；产也；活也；性也；滋长也；……人之始也；成形谓之生；新者为生；……气之施化故曰生”等。[②] 再如《周易·系辞下》中提到“天地之大德曰生”，“生”字表达了“活”的内在机制和道理，生生不息即为活。“生”与“活”可以说是“意同形异”，在意义表达上，“活力”就可以表达为生机。《辞海》中对“生机”的释义之一就是“生命力、活力”。

可见，中国最早是用“活”或“生”来表达活力思想。“活”是物体生命运动的存在状态，“生”则是物体活状态的原因，“生生不息”与“日新”则表明物体“活”的状态与“生”的持续运动。中国古代的活力思想更接近于西方活力观念的后现代思想，它并没有从“力”的角度来认识，这也是中国对活力现象认识不同于西方的地方。但是，随着近代西方生机论的进入，中国对活力的认识也开始采用“生命力”来定义。《现代汉语词典》将“活力”解释为“旺盛的生命力”。[③]

---

① 中华书局编辑部：《中华大字典》，北京：中华书局，1978 年，第 99 页。

② 中华书局编辑部：《中华大字典》，北京：中华书局，1978 年，第 1470—1471 页。

③ 中国社会科学院语言研究所词典编辑室：《现代汉语词典》（第七版），北京：商务印书馆，2016 年，第 618 页。

（二）“vitality”与“activity”

与“活力”对应的英文单词大体有四个，“vitality”意为“生命（活）力、生存发展的能力、耐（持久）力”；“vigor”，意为“身心的活动力量、天生具有旺盛的生命力、表现出本身具有的（应该具有的）能力（力量）”；“energy”，意为“强调身体动作的活力更甚于强调精神的活力，常常用于一种持续不变的性质”；“activity”，意为“通过敏捷的身手体现出来的活力”。①其中，在活力的日常用法中，人们常常会混淆“vitality”与“activity”，把人在行动过程中所表现出的积极性和主动性等同于人的生命力。这也是造成活力概念意义模糊和使用混乱的原因之一。

本研究的“活力”所对应的英文单词是“vitality”，其含义也随着活力论的发展而不断丰富。vitality的词根是“vis”，“vis”的词义包含“生命力、活力；活动、活势、运动力”；“vital”是“vitality”的形容词，意为“活的、（有）生命（力）的、生机的、生动的、朝气蓬勃的，维持生命所必需的、不可缺少的、（极其）重要的，极度的、非常的、致命的、生死攸关的”。②《韦氏英语大词典》中，“vitality”意为“旺盛的身体或精神力量、生存力或使意义或目的持久性存在的能力”；“vitalize”是“vitality”的动词形式，其意为“使变

① 孙复初：《汉英科学技术辞海》，北京：国防工业出版社，2003年，第1028页。

② 孙复初：《精编新英汉科学技术词典》，北京：国防工业出版社，2013年，第1827页。

得有活力、给某物以活力”；“revitalize”意为“给新生命以活力”。[①] 陆谷孙的《英汉大词典》对 vitality 的解释为“生命力、生机、活力；生存力、持久力；生动性、有机性”。[②] 在《新牛津英语词典》中，“vitality”的释义为“强壮、活泼和精力充沛的状态；存在于所有的生命事物之中，并给予生命持续生长的力量”。[③]

（三）词典中的“活力”释义

从词典上的“活力”释义来看，活力更多的是指一种促进物体或器官持续运动的非物质性力量。中国对活力现象的认识并不是从一种客观的外在力量来认识这种持续的运动，而是从“生生不息”和“日新”来理解“活力”的概念。由此可以看出活力呈现出如下几个特点：第一，活力是一种保持持续运动的力量；第二，活力与生命相关，甚至表现为与“死”相对；第三，活力所描述对象是广泛的，甚至被认为存在于所有事物之中；第四，活力是事物内部的力量，而非外在的推动力；第五，活力指向事物运动、流动的持久性，生长性；第六，活力指向事物生机勃勃和有朝气的状态。总之，“活力”与物质和能力属性的“力”不同，它是维持有机体生命运动持续展开的力量，也被称为“生命力”。它不是存在于事物外部的运动推动力，而是事物生命运动的内在力量。从定义来看，“活力”

---

① ［美］兰登书屋辞书编辑室：《兰登书屋韦氏大学英语词典》，北京：商务印书馆国际有限公司，2016 年，第 1857、1434 页。

② 陆谷孙：《英汉大词典》，上海：上海译文出版社，2007 年，第 2280 页。

③ 皮尔素：《新牛津英语词典》，上海：上海外语教育出版社，2001 年，第 2067 页。

更多是指向生命运动，但在日常用法中，它也被用在非有机性组织和系统的运动之上。综上，活力是与运动、力以及有机体的生命本质有关的能量系统，指向事物内部运动的有序性、持续性以及事物存在的持久性。

二、学校活力的日常用法

从日常用法角度来说，学校活力的使用和意义主要来自人们对活力的认识和使用。这一特点在不同学科的“活力”研究中都基本存在。活力常用用法可以分为关于个体和物两类。关于个体的活力用法大致有两种：一种是指人的精神状态或面貌，做事情的积极性和主动性，如“这个小伙子工作很有活力”；另一种是生命力，如“这些孩子充满青春的活力”。关于物的活力用法有很多，大致概括为以下几种：一是持久的影响力，如“福柯的思想在帮助人们思考社会关系等方面的问题上依然焕发着活力”；二是行动上或表达上的生动性，如“那些老概念仍有活力”；三是组织、体制或系统的自主性和能动性，如“组织活力”“企业活力”和“市场活力”，“激励机制的建立，激发了员工的积极性和主动性，公司充满了活力”；四是创新能力，如“该企业日益创新，整个企业充满了活力”。现代教育更多地将学校作为组织，在教育日常生活中，学校活力主要基于个体和基于组织两个方面来使用。

（一）基于个体的学校活力

在日常用法中，人们常常将个体的精神状态、积极性和主动性看作是学校活力的表征。学校主体大致由校长、教师和学生三类构成，学校活力也就分为学生的活力、教师的活力和校长的活力。也基于三类主体的“身份”将学校活力分为学的活力，教的活力和管理的活力。这种基于个体的学校活力主要是从人的精神状态来认识活力问题。学校主体的自由、活泼、充满生气和富有生命力意味着学校充满生机和活力。

基于个体的学校活力日常用法符合人们的经验，也为人们评价一所学校活力状态提供了基本尺度。但是，需要注意的是，这一日常用法忽视了学校与学校主体之间的差异。学校是组织，属于非有机体；学校主体是生命有机体。二者属于不同范畴内的概念或事物。因此，学校活力与学校主体活力所指称的对象也必然不同。学校主体活力更多的是指个体的生命力、良好的精神状态以及行为的积极性、主动性等；学校活力是指组织的活力，指组织运作的有序性等。另一方面，这种基于个体的学校活力认识，容易将两种不同的“活力”（“activity”和“vitality”）混淆和误用。一般而言，“vitality”指促使物体或生命整体有机运动的非物质和非能力属性的力量；“activity”指个体在做事过程中在行为上所表现出积极性、主动性以及良好的精神状态。从基于个体学校活力的日常理解看，这里个体的“活力”主要指“activity”，而非是“vitality”。这也就意味着，人们对学校活力认识是从学校中人的积极性和主动性角度来考察的，忽视了学校本身的整体运动。须知，个体的活力不等同于组织的活力。人们在教育生活中的经验也表明，有时候某些个体活力的激发反而抑制了其他个体以及整个组织的整体活力。

（二）基于组织的学校活力

“这所学校死气沉沉！”“教育局决定，通过换校长，以重新焕发某某学校的活力。”在这些日常用法中，人们所讨论的是基于组织的学校活力，或者说，谈论的是学校组织活力。从大量的话语实践来看，基于组织的学校活力在不同的语境下主要指称“自主性、自组织能力”“组织活力”以及“发展动力”等。

首先，学校作为一种社会组织，其活力则主要表现为学校组织内部运动的有序性。这种有序性不仅仅表现为学校组织安排的合理和妥当，而且还表现为学校组织是一个自组织。学校活力表现为学校的自主性和自组织能力。在日常用法中，人们将学校活力看作整个学校“活而不乱”的自组织能力。这种用法将组织的自主运作看作是学校活力的内容，死气沉沉的学校已经失去了自主运行的能力，甚至表现为日常教育教学和管理秩序难以为继的状态。这种有关学校活力的认识在日常用法中常常还包括“学生选择课程的自主性”“学生自治的程度”“学校课程与教学安排的自主性”“教师参与管理和表达意愿的自由”等等。

其次，人们将学校活力看作是组织活力，其所关注的主要是学校资源配置、人员组织等问题。这种认识下的学校活力表现为两个方面，即组织目的的实现能力和组织成员所表现出的积极性和主动性。组织产生之初就是为了实现某种外在的目的，追求效率和利益，故它本身就是一种工具和手段。学校活力就是通过对学校资源、教育教学活动等进行合理的时空组织安排和配置，以及对人员积极性和主动性的激发和调动，从而高效实现学校教育的目的。

最后，人们常常从学校是否可以持续地发展来看待学校的组织活力。在这种情形下，学校组织活力被看作是学校发展动力，人们认为学校活力就是学校发展的推动力量，并表现为对学校发展中一系列矛盾的解决能力。在这个意义上，人们有时候会说，“改革创新是学校活力的源泉”“卓越的领导能力是学校充满活力的保障”“学校文化建设使学校充满活力”等等。

综上，从学校活力的日常用法中，我们可以看出学校活力所指向的内容是丰富的，多元的，“活力”概念的用法也是多个层面的，彼此之间在意义上既存在一些关联，也存在一些差异乃至冲突。这些关联、差异乃至冲突只有在具体的语境中才可能得到辨识，一旦离开了具体的语境，则会出现比较严重的思想混乱和实践错误问题。学校活力概念日常用法中的这些问题应该得到进一步澄清。

（三）日常用法中的逻辑错误

通过对学校活力日常用法的梳理，可以发现，这些用法及其对学校活力的理解，更多的是对“有活力学校”的一种描述和认识，而不是对“学校活力”这一事物本身的认识。这反映出了日常用法与学术研究对“学校活力”认识的一个根本性差异。日常用法从学校主体或学校组织的活力表现来认识学校活力，而学术研究则希望从学校活力的本质来认识。通过理性地审思，我们可以发现，学校主体的活力无法替代学校活力，学校活力不是学校主体活力之和。因而，学校主体的活力只是学校活力的一个重要构成要件（命题 1：学校活力充足［p］意味着学校主体有活力［q］，即 $p \rightarrow q$），人们无法从学校主体的活力状况来直接判断学校活力的状况，但是却可以从学校主体没有活力来得出学校活力不足的推断（命题 2：学校主体没有活力意味着学校活力不足）。命题 1 是充分条件假言命题，“具有‘有前件就有后件’的逻辑性质”。充分条件假言直言推理规则有两种有效形式：肯定前件式和否定后件式。① 命题 2 则属于否定后件式，两个命题互为逆否命题，同为真假。这并不是说学校活力的日常用法是错误的，而是这种日常用法并没有很好地反映出学校活力这一概念的本质，这并没有真正地影响对学校活力的使用。

随着全球化和信息化影响的日益扩大，学校在教育教学、课堂组织形式等方面都在不断地改革。特别是信息技术的日益发展，学校的教育空间形式发生了巨大改变，且这种改变仍将继续。技术在不断发展的同时，也在不断地改变和渗透着学校的环境。如 MOOC、SPOC 和 TPACK 等技术使课堂教学的形式发生了巨大的改变且从未停止。伴随着“屏时代”和“人工智能时代”的到来，这些都将使学校教育教学的空间形式和媒介手段产生技术性变革。新信息技术的不断渗透和对教育空间形式的改变，也确实在一定程度上提高了学生学习的积极性、主动性和灵活性。此外，一些名校也进行了大刀阔斧的改革，如取消行政班、构建灵活的课程体系等，这些改革在一定程度上提高了学校主体的积极性、主动性和能动性。

但是，通过技术和教育变革，促进和提升学校主体的活力，是否意味有学校活力（命题 3：学校主体有活力意味着有学校活力，即 $q \rightarrow p$）？这个问题（命题）是无法从学校活力的已有认识（即命题 1、2）中获得构成学校活力的充分条件。对命题 3 的判断，还缺少一些判断其真值的条件。也就是说，从对学校

---

① 王向清：《逻辑学导论》，湘潭：湘潭大学出版社，2015 年，第 86—87 页。

活力的必要条件来推出和判断学校活力的充分条件，犯了“论据不足”① 的逻辑错误。在学校活力的已有认识中，学校主体活力与学校活力之间被认为是正相关的线性关系，即可以通过学校主体活力的情况来判断学校活力。这也就意味着学校活力中的“活力”和学校主体活力中的“活力”是同一事物。但是，从常识而言，学校作为一个非生命体，其“活力”的内涵则无法和作为生命体的学校主体的“活力”等同。并且，这种从学校活力日常用法的理解中所得出的线性关系，缺乏理论论证，且二者是否存在正相关也需要进一步深入探究。要想真正认识学校活力，把握实现学校活力的充分条件，确定学校活力与学校主体之间究竟是如何的关系，就必须先从学校活力的所指及其所在的问题域出发，而不是从学校活力的现象表征来推断。

三、学校活力的一般概念

对于学校活力概念的认识，不能仅仅停留在对学校主体积极性和主动性等主观状态的描述上，这些都只是学校活力的现象表征，有的甚至是对学校活力概念的“混用和误用”，而应该从学校活力的真实指向和本质来认识，以获得学校活力的一般概念。从前述“活力”的词典定义可以看出，“活力”与物质、能力属性的“力”不同，它不是存在于物质之间的相互作

---

① 《普通逻辑》编写组:《普通逻辑》，上海：上海人民出版社，2010 年，第 364 页。“论据不足”是逻辑错误类型中的一种，主要是指“所提出的论据对于论证论题的真实性来说虽是必要的，但不是充分的，即除了提出这些论据以外，还必须提出其他的论据，不然就不能推出论题的真实性”。

用，也不是事物某种属性的能力。它存在于事物本质实现的内部运动之中。无论是“活力”还是学校活力，它们都包含着“内部运动”“本质实现”和“力”这三个概念要素。下面通过对这三个要素的分析，提出学校活力的一般概念：学校活力是对学校本质实现的内部运动的认识和表达。

（一）学校的内部运动

学校内部运动是基于学校教育实践对学校各种关系不断改进，从而实现儿童个体不断发生变化的过程。这种运动不是从学校外部基础设施、办学条件和与社会互动能力等方面来认识的。学校教育实践根据学生发展需求、学校外部要求等不断改变自身实践的方式和方法，从而使得学校能够不断以多种形式和方法来实现儿童个体的发展。这种内部运动就是学校教育实践不断促进个体发展的变化过程。学校内部运动不是基于教育实践的教育目的的实现，而是实现教育目的的教育实践实施的变化过程。

学校教育实践实施方式和方法的选择是受到教育认识范式的影响的。这是因为不同的教育认识范式意味着不同的教育观念、培养方式以及与之相关的教育实践，其中最核心的是它们对儿童个体发展的认识以及教育实践产生教育意义的方式的认识。在教育中存在两种典型的认识范式：一种是“塑造”范式，一种是“生长”范式。这两种认识范式意味着学校教育实践在教育教学的内容选择、方式、方法等方面都存在着巨大的差异性。基于此，学校教育实践在实现儿童个体发展的过程也必然不同，这也就意味着学校内部运动也存在着不同的形式。学校内部运动就是基于学校教育认识或理论，为实现儿童个体发展而实施的学校教育实践所产生的一系列的变化过程，是不同教育认识范式在教育实践中的本质反映。

但是，基于某种教育理论或认识范式所实施的学校教育实践不是某种机械和僵化的行为操作，其实施过程也包含了丰富的创造性、能动性和自主性的因素。学校内部运动也必然不是基于某种固定“轨道”或模式的机械运动，而是具有创造性和自主性的变化过程。这种创造性不仅表现在学校教育实践方式的创造和创新，而且还表现在学校教育实践创新所产生的学校主体之间关系的改造。在具体的学校教育实践中，不存在固定不变、一劳永逸的教育实践模式或稳定的教育性关系，因此要根据个体发展特点及其差异性来创造性地实施教育实践。基于学校教育实践构建某种固定的关系模式，不但不能实现个体的发展，甚至会产生事与愿违的效果。人们基于教育实践创建多样的关系方式或形态，从而实现和满足个体的发展，这也保证了学校内部运动的持续性。

故此，儿童可以按照自己的发展需要不断地与学校环境建立新的关系形式，教师则需要根据儿童发展的需要不断地形成新的教学关系、组织关系和师生关系等，学校领导也需要根据儿童发展的需要不断地构建新的管理关系、组织关系等。当学校教育实践的实施是以儿童的发展为导向时，学校主体便会体现出积极性、主动性、良好的精神状态从而使整个学校生机勃勃，充满朝气和活力。从学校内部运动而言，学校活力表现为主体的积极性、主动性、良好的精神状态、学校关系的多样性、差异性以及学校生机勃勃的状态。此外，学校内部运动的持续性是学校教育实践不断创造和创新的结果，这种创造性内涵则表现为对新关系的建立和已有关系的改造。基于此，学校的内部运动也可看作是学校发展过程的一部分，而不单单是学校发展的“推动力”。

（二）学校的本质实现

活力虽然与事物内部运动有关，但它不同于近代物理力学中的“力”，强调事物与事物之间的相互作用，而是强调事物的本质实现。这种本质实现的力在日常生活中经常被理解为“生命力”，在此意义上，学校活力就是指学校的“生命力”。从学理的角度来说，学校的“生命力”就是指学校内部运动的持续性和学校存在的持久性。这种指向的内在规定性是学校本质的不断实现或生成。学校内部运动是指学校教育实践不断创造、创新促使儿童个体发展的变化过程。这一过程就是学校本质实现的过程。从“生命力”的角度来理解，学校内部运动与学校本质实现可以看作形式与内容的关系；从与“死”相对应的“活力”角度来理解，学校存在的持久性就是学校本质不断实现或学校价值和意义持续生成的结果，二者可以看作是原因和结果的关系。

学校本质实现是学校活力的内在规定性。如果偏离学校本质，而转向其他方面来认识学校内部运动，则很难从根本上来评价一个学校是否有活力。因为学校活力也有很多现象表征，如学校主体的积极性、主动性、良好的精神状态等主观表现。但这些并不是学校本质实现的专属现象表征，它们的出现通过其他方式的外部刺激也可以获得。因此，我们也很难从这些现象表征方面来判断一个学校是否具有活力，而只能得出一个有活力的学校其现象表征可能是什么样子。学校活力根本上还是在于通过教育实践实现学校本质，实现学校的教育价值和意义，从而促进儿童个体的发展。

因此，学校活力的内在规定性主要在于对学校教育实践的规定，即学校教育实践不断实现儿童个体发展。通过学校教育实践的不断创造和创新，以及学校教育实践不断改造和新建教育性关系，从而使得学校内部运动成为一个学校本质不断实现的过程。学校活力表现为一个充满教育性关系、教育实践不断促进儿童个体发展的循环运动状态。在此之中，学校主体之间的关系是具有教育性的，彼此之间是和谐的，从而使得整个学校关系处于一种有机的状态之中。活力具有“生命力”“生存力”和“活”等含义，且与“死”相对。学校之所以“活”或具有“生命力”，是由于学校本质及其教育意义的不断实现，也就是说使得学校得以存在的因素不断实现和生成。由此，我们可以说具有活力的学校就是其本质意义不断实现生成的学校。

基于这种认识的学校活力，其在日常用法中则主要指学校主体之间的民主、平等、开放的关系形式以及关系整体的有机性；儿童主体在学校关系中持续的成长和发展等等。此外，通过对日常经验的观察，我们可以发现任何一个因素都可能影响到学校活力的情况。比如一个好的校长、一位好的老师、一项好的政策等都可以使学校的良好状态持续产生。一个良好因素的改变或加入大多可以使学校变得生机勃勃、充满活力。其实经过一番认真的思考可以发现，并不是这些因素直接增强了学校活力，而是这些因素改变了学校教育实践，使得学校本质实现的逻辑更加有效、通畅。

（三）学校活力的非能力属性

从活力的“生命力”内涵来看，它不是推动事物运动的外部力量，而是存在于事物内部，促使事物得以“存活”或本质实现的非物质属性和非能力属性的“力”。对于学校活力而言，它也不仅仅是一种表现为促使学校运动的外部力量，而是对于学校本质实现及其存在而言具有持久性的力量。它作为学校的“生命力”，则意味着学校本质的规定性力量，这也就自然规定着学校内部运动的方向。这种方向性的规定是对学校内部运动的整体认识，反映的是学校教育实践促进儿童个体发展的变化过程。

这种“力”还表现在对学校内部运动的有序性、自主性和有机性规定上。其中有序性是学校内部运动朝向学校本质实现变化过程中所表现出的规律性和规则性。学校教育实践促进儿童个体发展的方式、方法不是稳固不变的，而是根据外部环境要求和儿童发展需求等方面不断进行创造和创新的。但这些多样、多变的教育教学方法和组织形式都是为了一个共同的目的，即促进儿童个体的发展，从而使得整个教育教学活动表现出有序性。自主性和有机体是学校基于其自身本质所产生的内部运动的性质特征。正如生命运动一样，运动本身是本质实现运动，也就表现出运动的自主性。在运动过程中，生命体各个部分又彼此有机关联，从而表现出运动的有机性。学校活力也是如此，学校内部运动是基于本质实现的变化过程，学校内部的各个要素只有彼此有机关联，才能使得学校内部运动产生和持续展开。但对于学校而言，这些要素的有机关联以及对本质的实现过程都不是“先天的”，而是学校教育实践不断创造、创新的结果。

学校活力也正是在对学校内部运动的规定性上才体现为一种“力”，这种“力”从根本上体现为学校本质实现的规定性力量，即学校教育实践促进儿童个体发展持续实现的力量。故此，学校活力研究不是研究学校本质是什么及其实现的问题，而是研究促使学校本质实现的持续性力量。以往的教育研究都是在研究什么是教育的本质意义，而在教育的本质意义产生和持续实现等方面则较少关注，学校活力的提出不仅是要讨论学校本质的实现，而且还要寻求学校本质实现不断维持的可能性条件。

在日常用法中，这种“力”的方向性规定常常被转换为学校“共同的目标愿景”。从学校整体而言，学校内部运动并不是漫无目的的变化过程；在学校教育实践的创造和创新过程中形成各种不同的关系也不是混乱不堪的；在实现学校本质的过程中，学校关系也没因其多样性、差异性而难以把握。这些都是由于学校活力的方向性规定，使得学校内部运动、学校教育实践和关系的创造性，都处于同一方向下的多样性存在，即学校本质实现的多样性实践和关系形态。这也是人们日常用法中常说的“活而不乱”。基于这一认识所产生的学校活力的日常用法还包括学校关系的和谐、有机以及学校教育意义的持续性实现；学校关系的多样性、差异性以及学校生机勃勃的状态；学校整体的有序性和凝聚力等等。这些认识和用法都指向学校本质实现的内部运动。

综上所述，在学校活力的日常用法中，人们常常将学校主体的积极性、主动性认作学校活力，并以此来判断一所学校的活力状况。人们认为学校活力就是组织活力、系统活力，就是学校体制机制改革的创新能力等。这些用法是人们基于不同的理论认识和经验观察形成的对学校活力的不同认识，具有一定的适用范围。但是由于认识缺乏系统性和根本性，所以会对解决学校活力问题产生误导。通过学校活力概念三要素的分析，我们认为，学校活力不是指向学校现实情境中按部就班发生的教育实践，而是学校本质实现的内部运动。基于学校活力概念的三要素，我们将学校活力定义为在学校内部运动中实现学校本质的非物质和非能力属性的创造性力量。

四、相关概念辨析

活力是关于事物本质实现的内部运动，不同的事物有着不同的本质或本性，那么不同事物的活力认识也就有所不同。此外，人们对事物活力的认识也不都是基于活力的“生命力”这一内涵，也有从活力的引申含义来理解。因此，在教育研究领域存在着多种事物的活力，这些事物之间彼此存在着关联性。本研究就是从这一原则出发来寻找所要辨析的概念，如教育活力、教育体制机制活力和课堂活力，以期通过这些相似、易混淆概念的辨析进一步明确学校活力概念的指向和研究问题。

（一）学校活力与教育活力

教育活力被认为是教育系统的生命力。就当前已有研究，对教育活力的认识大致有两种不同的认识，他们都是将教育活力建立在教育系统认识的基础上。一种强调教育系统运行所表现出的生命力，认为教育活力是教育系统运行健康状况的一个指标；另一种强调教育系统发展过程中所表现出的生命力，认为教育活力是教育发展和取得进步的“显示器”。前者强调教育活力是“教育系统或组织在一定社会和历史背景下按照系统或组织特性运行时所表现出来的生命力、适应性和可持续发展状态和能力”。① 后者强调教育活力是“在特定的自然-社会中，处于其间的教育有机体与人自适应与自发展的能力”。② 但是无论哪一种教育活力认识都与学校活力有着明显的区别与联系。

首先，教育中“活力”认识类型的层次。教育活力属于宏观层次的认识，主要指向整个教育系统；学校活力属于中观层次的认识，主要指向学校本身。在宏观层面，主要关注系统结构、组织形式、教育目的实现以及教育发展等问题的合理性和有效性，它是教育宏观层面的组织结构问题。在中观层面，主要关注整个学校教育实践根据儿童发展需要和外部环境要求等，不断创造和创新教育教学的方式、方法构建教育性关系等活动。虽然二者不属于同一个层面且有着明显的区别，但是“学校活力反映着并受制约于国家教育系统的活力状况，二者之间具有高度的关联性甚至一定程度的一致性”。③

其次，“活力”的存在方式。教育活力主要是从教育系统的运行和发展角度来考察。教育活力存在于基于教育系统特性的运行过程中和教育系统发展和进步的过程中。学校活力存在于学校本质实现的内部运动之中，这种运动表现为学校教育实践促进儿童个体发展的变化过程。教育系统按照教育系统特性的内在规定来进行运转，其运动的方式不是通过深

---

① 石中英：《如何建设富有活力的学校》，《现代教育报》2018 年 1 月 10 日第 1 版。

② 王兆璟、戴莹莹：《论教育活力》，《教育研究》2017 年第 9 期。

③ 石中英：《守住规律才能找到教育活力的密码——访北京师范大学教育学部教授石中英》，《中国教育报》2017 年 5 月 2 日第 4 版。

入到具体的教育实践之中来实现的，而是通过对系统结构和组织形式的不断调整，使得系统各组成部分之间相互作用的方式顺畅、合理，从而保证系统的持续运转，使教育系统呈现出“生命力”。教育系统的发展也可以看作教育系统运动的一种形式，主要表现为教育系统从制度设计、教育质量、教育主体性以及教育精神等方面趋向合理和进步。尽管二者都强调教育活力的生成存在于教育实践之中，但其对教育活力的认识还是从教育系统本身的运行和发展来谈的。它们对教育实践的关注也不会像学校活力一样是直接深入到日常教育教学的学校教育实践中，关注学校教育实践的创造和创新本身所产生的影响。这一点是学校活力与教育活力存在区别的根本所在。

最后，对“活力”的解释角度。“活力”所存在方式的不同，尽管都是基于对活力的“生命力”含义的认识，人们对“活力”的解释也有所不同。这一角度的辨析主要是关于对“活力”属性的认识。教育活力基于教育系统的运行和发展，将“活力”确定为一种能力，即适应性/自适应能力、可持续发展/自主内源性发展能力、创新能力以及生命力等。这些都是教育系统在运行和发展过程中所表现出来的某些能力或特性，也是其得以运行和发展的必备要件。其对“生命力”的认识，一种强调人的生命状态，另一种强调教育发展的积极状态。然而，学校活力中的“活力”属性不是一种物质性和能力属性的“力”，而是与事物本质实现有关，且存在于学校内部运动之中。教育活力认识将事物的“本性”看作是教育系统的特性，进而使得“活力”属性成为了一种能力属性的“力”。

（二）学校活力与教育体制机制活力

“教育体制机制活力”并无一个明确的概念定义，它首先是以政策文本的形式出现的，之后也有不少的研究者从增强活力的角度来理解教育体制机制活力。《决议》首先提出“政府有关部分对学校主要是高等学校统得过死，使学校缺乏应有的活力”。《纲要》明确提出“要加快解决增强教育活力与体制机制约束的矛盾”。《意见》指出，深化教育体制机制改革的主要目标是“到2020年，教育基础性制度体系基本建立，形成充满活力、富有效率、更加开放、有利于科学发展的教育体制机制”等。从这些政策文本中，我们可以看出教育体制机制活力主要是指教育制度和管理体系的活力，它主要指向各级各类学校办学方式、组织形式及其彼此之间关系结构的科学性与合理性。学校活力与教育体制机制活力不仅存在着严格的区别，而且也有着某种紧密的关联性。

一方面，教育体制机制活力是指基于科学、合理的制度设计，各级各类学校能够自主合理地开展教育教学活动，培养满足国家现代化建设的各类人才，实现人才培养供给与人才需求的良性循环。教育体制机制的活力主要是从各级各类学校的制度设计和管理体系构建来认识的，良好的教育制度与合理的管理体系能够促使各级各类学校处于一种自由健康的发展状态，并为国家发展提供源源不断的各类人才。学校活力是从学校教育实践实施过程来认识的。二者既不属于同一层面，也不属于同一认识领域。教育体制机制活力是从各级各类学校的发展角度而言的，更关注它们之间的关系结构是否合理和科学，而不关注学校教育实践层面的具体问题和学校内部运动的情况。

另一方面，学校活力与教育体制机制活力之间也具有某些联系。教育体制机制的科学性和合理性制约着学校活力的实现。若教育体制不合理，如政府对学校统得过死，学校缺乏办学自主权等都会对学校活力的实现产生重要的影响。教育机制也会影响学校活力的实现，若教育机制缺乏弹性，灵活性，不够开放，各级各类学校之间的关系就会显得机械、僵化，学校彼此之间也会造成封闭、孤立、缺乏合作，从而使得学校活力实现受到影响。尽管教育体制机制活力关注的是各级各类学校制度和管理体系的合理性和科学性，但是教育体制机制活力最终还是要体现在各级各类学校的活力上。

（三）学校活力与课堂活力

课堂活力主要指课堂教学过程中师生的生命力。课堂活力是基于对传统课堂教学模式中忽视课堂中人的因素，片面强调人的认知能力的发展，割裂课堂教学的整体性，忽视课堂教学过程的复杂性和丰富性等方面的批判提出来的。它强调课堂教学的整体性、过程性、创造性、互动作用和动态生成性等，并从生命的高度来认识课堂教学及其过程。课堂活力将课堂教学过程作为对师生具有生命价值和意义的生命经历。课堂活力可以看作是师生生命力在教育实践中的展现。基于此，学校活力与课堂活力在活力载体、运动形式和活力生成等方面也存在区别。

首先，在活力认识角度上。课堂活力是指师生的生命力，活力的载体主要是个体生命体。对课堂活力的认识是基于师生个体的生命力，课堂中的个体具有生命力也就意味着课堂具有活力。学校活力的载体主要是学校内部运动，离开内部运动便无法认识和确定学校活力。尽管二者都是基于活力作为“生命力”来理解的，但二者对于这一认识还是存在根本的区别。课堂活力的认识是生命力存在于生命有机体之中，课堂的生命力就是师生生命体的活力。在学校活力的认识中，生命力不仅存在于生命体中，也存在于组织、系统之中，甚至也将学校看作是一个有机体。学校的生命力就是学校运动和存在的持续性和持久性。基于不同的活力载体或者说活力认识的立足点，课堂活力和学校活力的认识重点也就有所差异。

其次，在运动形式方面。课堂活力的运动形式可以看作课堂个体在教学过程中的生命运动。学校活力的运动形式是学校本质实现的内部运动，即学校教育实践促进儿童个体发展的变化过程。前者强调课堂教学是师生的生命经历，教育教学本身就是师生彼此交互作用、共同参与和创造的过程，并在此过程中释放和展现师生的生命力。课堂教学过程就是师生个体的生命运动过程，只是这种生命形式表现为一种教育实践的方式。后者强调学校教育实践的实施和运行，即促进儿童个体发展的变化过程，其运动形式表现为促进儿童个体发展的学校教育实践的整体变化过程。这种运动形式不仅包括儿童个体生命运动的实践过程，而且还包括其他非个体生命运动的实践过程，如学校教育教学管理实践。这种运动形式是基于学校教育实践的整体，而非基于师生个体生命实践的过程。当然，即使从师生个体生命实践的广义来理解，将一切学校教育实践都看作是生命实践，其运动形式也有着根本的区别。二者认识“活力”的角度不同，即一个是从个体生命的角度来认识，另一个则是从实践整体的角度来认识。

最后，在活力生成方面。活力认识的角度不同，对活力生成的理解也存在着差异。课堂活力就是师生个体在教育教学过程中共同参与、交互作用、共同创造，从而不断释放和展现生命力，并使这一过程“具有生成新因素的能力，具有自身的，由师生共同创造出的活力”①。课堂活力的生成就是师生在课堂教学过程中个体生命力得到实现和发挥，并不断创造和生成新因素，产生新目标，获得新发展和实现生命运动过程的结果。简言之，课堂活力的生成就是师生个体在教育教学过程中实现自身生命本质和获得生命意义的实践创造过程。学校活力的生成使基于学校教育实践根据个体发展需要和外部环境要求等，不断地创造和创新实践方式、方法，从而不断促使学校本质实现的内部运动持续进行。二者的区别在于一个强调生命个体在教育教学实践中自由、自主实现自我创造，实现生命个体的生命运动，进而使教学过程本身具有活力；另一个强调学校教育实践的创造和创新，不断促使学校本质的不断实现和内部运动的持续进行。前者是个体在教育实践中生命运动的实现；后者是学校教育实践整体的合理性构建和实施。

其实课堂活力与学校活力也存在着一些相联系的地方，如学校教育实践和个体生命实践在广义上是相近的；学校本质的实现与个体生命意义和价值的实现也有相通之处；学校活力与个体生命活力之间也必然存在某种关联性。二者之间的关联性是无法仅仅通过基于“生命力”这一概念的阐释就能解释清楚的。特别是学校活力和个体生命活力之间的关联性，这一问题不仅存在于教育学的研究中，而且也存在于其

① 叶澜：《让课堂焕发出生命的活力——论中小学教学改革的深化》，《教育研究》1997 年第 9 期。

他学科的研究中。它是活力研究的核心问题之一，需要探索新的认识方式和视角。

综上所述，学校活力是关于学校本质实现的内部运动，它不同于近代物理学中的“力”。它是从学校教育实践的角度，基于学校立场来认识的，这也是不同于教育中其他“活力”研究的认识。尽管我们从学校活力的一般概念中能够获得学校活力的研究对象、研究问题和指向等认识，但是学校活力概念的三个基本要素还需要进一步明确。它们是基于“活力”词典的定义得出的，缺乏理论基础，由此得到的学校活力一般概念认识还不够具体和深入。因此，这就需要我们对“活力”的哲学认识进行思想史上的考察，为学校活力认识提供理论支撑。

第二章
西方思想史中的活力理论

各学科领域对“活力”的认识均以某种“活力”理论或认识为基础，结合自身学科领域的本质和特点来进行。学校活力研究同样以“活力”理论为基础。那么，活力是什么？历史上思想家们有关活力的认识发生了怎样的演变？这些历史上的活力理论又能为本研究提供什么样的思想基础？这些都是本章所要探讨的主要问题。

出乎意料，活力理论的历史是漫长的，其内容也是丰富和复杂的。在西方思想史上，活力理论的发展史大致经历了万物有灵论、机械论、生机论①、博物学、进化论、生命哲学、生命科学和后现代思想等过程。这些理论不是线性发展的，而是互相交叉互相影响的。本研究将从古希腊时期、文艺复兴与启

① “vitalism”有两种主要的译法，“生机论”和“活力论”。二者之间的区别在于，“生机论”是18世纪40年代发展起来的生命有机体学说，其研究对象和领域较“活力论”有所差异；“活力论”则是一个总称，包含研究活力的所有理论和思想。关于“生机论”参见彼得·赖尔、艾伦·威尔逊著，刘北成等编译：《启蒙运动百科全书》，上海：上海人民出版社，2004年，第114页。

蒙时期、现代科学时期和后现代四个阶段①来考察活力观念的演变，梳理其发展脉络，明确活力的意义和用法在这一历史脉络中的延续和变化。

一、古希腊时期：活力实体论

古希腊时期，活力的观念体现在哲学家们对自然和运动等问题的讨论中。不同流派的哲学对自然和运动问题的认识不同，在对活力的具体认识上也存在差异。总的来说，这一时期人们更多地把活力作为一种产生运动的神秘力量。

活力的观念最早可以追溯到赫拉克利特提出的“火”。他认为，“‘火-运动’本身就是事物的最终根据。灵魂作为生命原则是火，灵魂的生命力，以及它在各个方面的实现作用，都依赖宇宙之火（普遍理性，逻各斯）的滋养。”② “火”在赫拉克利特那里，是最具活性、永恒性、流动性、生动性的世界本原。对于赫拉克利特而言，“对立与流变存在于每个具有活力的事物的本性之中”。③

---

① 这四个阶段是参考柯林武德在考察自然观念和宇宙论时所做的划分为依据（因为人类对活力的认识最早就是从对自然的认识和思考开始的，并逐渐被科学所排斥），并加入了后现代思想中一些关于活力的新认识和理论。柯林武德将自然观的演变分为“希腊自然观”“文艺复兴的自然观”和“现代自然观”三个时期。参见柯林武德著，吴国盛译：《自然的观念》，北京：北京大学出版社，2006 年。同时，《哲学大辞典》的“活力论”词条也有对以上四个阶段的解释和梳理。

② ［德］文德尔班著，詹文杰译：《古代哲学史》，上海：上海三联书店，2009 年，第 50、52—53 页。

③ Ivana Markova. *Dialogicality and Social Representation: The Dynamics of Mind*. Cambridge, Eng: Cambridge University Press, 2003: 36.

在拉克西戈拉（阿那克萨戈拉）那里，活力则体现为“努斯”——推动万物的原始力量、普遍的世界精神。在这里，努斯（又译作“理智”）是无限的、自主的、不与任何东西相混合的，因而是单一的、独立自为的。它有对万物的一切知识和最大力量，是运动的本原。①

亚里士多德以“隐得来希”指称活力的实质。“隐得来希”的意义是“实现”，是内在潜能或目的的实现。这种具有内在目的性和活动性的“隐得来希”决定着生命的本质，赋予有机体以“生机”，成为合理性的实现过程。“亚里士多德认为，‘灵魂’应被定义成一个有机物体的隐得来希，也就是一个有机体自我保有的运动。”②

古希腊哲学主要是哲学-科学③，哲学的研究对象就是自然领域。哲学家对活力的认识更多地体现在对自然或世界的认识中，把活力看作自然或世界运动的原因。柯林武德认为，“希腊自然科学建立在自然界浸透或充满着心灵（mind）这个原理之上。按照希腊人的观念，运动物体自身的运动是缘于活力

① 苗力田：《古希腊哲学》，北京：中国人民大学出版，1989年，第146、148页。

② ［英］柯林武德著，吴国盛译：《自然的观念》，北京：北京大学出版社，2006年，第7—8页。

③ 此概念是陈嘉映在讨论古代哲学时，对哲学、科学以及近代实证科学认识所做的一种区分。在他看来，“科学不仅是从哲学生长出来的，早先，哲学和科学本来就是一回事。哲学就是科学。为了突出philosophia中包含的强烈的科学意味，我有时将古代的philosophia叫作哲学-科学，既用以表明哲学和科学是一个连续体，也用于表明哲学之为科学是哲学-科学，和近代实证科学有根本区别。”他的这种区分也是为了说明哲学在语言转向之后，其性质和任务的根本改变。参见陈嘉映：《哲学、科学、常识》，北京：东方出版社，2007年。

（vitality）或‘灵魂’（soul）”。[①] 尽管这一时期的哲学家们对活力观念有不同的理解和认识，但是他们都认为活力包含两个方面的基本要素：一方面，活力是一个完全“自主的”“不与其他事物相混合”“单一的”“独立自为”的实体；另一方面，活力是推动事物运动的原因，且这种运动是内在目的的展现，是自我实现。这一时期，活力更多的是被作为一个类似灵魂或灵魂的一部分来揭示作为有机体世界的运动。这一时期的活力理论强调活力趋向于万事万物的“自我运动”“自我实现”“潜能实现”“目的论”和“灵魂”等。

二、文艺复兴和启蒙运动时期：活力生机论

文艺复兴时期，以古希腊实体论为核心的活力理论受到经验主义和理性主义的持续挑战，进而发生了重要的转变。

经验主义认为传统哲学的认识建立在一种想象和推理的基础之上，而没有建立在以感觉为基础的经验之上。培根认为人们的心灵被假象和错误的概念所围困而无法获得真理。在他看来，“一切公认的学说体系只不过是许多舞台戏剧，表现着人们依照虚构的布景的式样而创造出来的一些世界”。[②] 他相信只有从感觉经验出发的认识才是可靠的。这种认识方式，使得以实体论为核心的活力论在可感知的物质世界中受到排斥，因为人们无论如何也找不到一种被称作“活力”的实体物质。

---

① ［英］柯林武德著，吴国盛译：《自然的观念》，北京：北京大学出版社，2006 年，第 4 页。

② ［英］培根著，许宝骙译：《新工具》，北京：商务印书馆，2005 年，第 22 页。

理性主义以物质和意识的二分为起点，认为理性是知识的可靠来源。笛卡尔通过“我思故我在”的哲学命题，突出了理性主体的存在，从而产生身心二分，其中心是认知主体，身（物质）是认知客体。在理性主义的视野中，“外部世界的一切客体都没有主观意识、目的或者精神。物质的宇宙完全不具备人类的性质”。[①] 物质世界就是一部自动装置和制作精巧的机器。“上帝创造了宇宙并且确定了其机械的法则，之后整个体系就像机器一样完全靠自己运动。”[②] 理性主义的出现，使得“自然界浸透或充满着灵魂”这一活力论的认识基础变得“捉襟见肘”。人们对物质世界的认识已经从有机转向了无机，关于其运动的论述也随之从活力论转向机械论。

然而，机械论中仍然需要上帝来提供机械法则和运动的动力。牛顿不满于这种解释，并开展了进一步革命。在牛顿这里，“新的运动概念就不再需要上帝来提供持续的动力”。[③] 他提出了万有引力理论，将“上帝的推动”变成了一个“数学的力”，认为力学的规律就是自然的规律。从机械论及之后的近代科学发展来看，自然的运动也不再是活力自我创造的结果。至此，活力由作为质变因的力被作为量变因的力所取代，活力的概念逐渐被“力”“运动”等概念所代替，后者被作为运动的原因来探索。活力概念的这种命运与“燃素说”在近代的命运非常相似。

然而，康德认为纯粹的机械法则不能解释自然界中的自由

---

① ［美］理查德·塔纳斯著，吴象婴等译：《西方思想史》，上海：上海社会科学院出版社，2001 年，第 307 页。

② 同上。

③ 陈嘉映：《哲学、科学、常识》，北京：东方出版社，2007 年，第 167 页。

运动，他仍将活力看作是自由运动中的一种力。他认为，“物体自身必须包含着在一个畅通无阻的空间中不变地、自由地并且持久地维持其运动的根据；物体并不是从将它置于运动之中的外部原因获得这种力的，相反，这种力是在外部刺激之后从物体自身内部的自然力产生的；这种力在物体中是在一个有限的时间里产生的”。① 在康德这里，“活力”是相对于“惰力”而言的，活力不是在事物运动的一开始就有的，而是在事物产生惰态之后，事物为保持自由运动而产生的。他甚至将这种自由运动的过程称为“力的变活或活化”。“物体的力虽然还不是活力、但却在朝着这个目标前进的那个状态，我称之为力的变活或者活化。”② 由此可见，康德对活力的认识是从物体的自由运动出发的，他的活力观念主要强调“自由运动”“物体自身内部的力”“活化”等观念。这种认识从某种意义上已经比较接近后来生机论的活力认识，并贯穿之后活力认识的基本思想之中。

到了 18 世纪 40 年代，一种新的理论学说——生机论（vitalism）发展起来了。它“是调和机械哲学（尤其是物理力学）与万物有灵论这两种对立理论的产物”。③ 生机论认为生命有机体与无生命的物质世界存在着根本的区别，且机械论无法从其可量化的机械运动和力学来解释生命有机体的运动。生机论对生命机体的认识和理性主义一样，也抛弃了“灵魂”的信

---

① ［德］康德著，李秋零译注：《自然哲学文集》，北京：中国人民大学出版社，2016 年，第 124 页。

② ［德］康德著，李秋零译注：《自然哲学文集》，北京：中国人民大学出版社，2016 年，第 122 页。

③ ［美］彼得·赖尔、艾伦·威尔逊著，刘北成等译：《启蒙运动百科全书》，上海：上海人民出版社，2004 年，第 114 页。

念，这也就不同于万物有灵论。“它认为生命物质洋溢着活跃的生命力，同感关系把这些生命力相互联系起来。反对把精神看作是生命机体中的支配性实体。生命物质具备一种自行活动的天性，这种天性产生于生命物质内部所蕴涵的活力。”① 这种生机论就是生命机体领域中的活力论。

根据赖尔等人的观点，生机论有以下几个基本观点：1. 重新定义生命物体，使之不再是各组成部分的简单集合体（总和），而是密切联系的各部分的复杂统一体。关系概念取代集合体成为物质的规定性原则之一。2. 优先把生命物质而非“无生命”物质作为研究对象。3. 生机论拓展了“力”这一概念的定义，在生命机体模式中引入各种目标导向（目的论）的、活跃和自我激发的力量。② 可见，生机论一方面继承了古希腊实体活力论的一些思想，如亚里士多德“隐德莱希”的思想，另一方面又区分了生命物质与非生命物质两种不同物质运动的形式，用机械论解释物质世界的运动，用生机或活力论解释有机体的运动。

由此可见，作为一种形而上的实体的活力观念，被机械论和近代科学（特别是物理力学）所排斥，而退至生命机体领域。活力观念中用来描述无机物质世界运动的推动力的意义消失了。此时活力的观念与古希腊时期的活力观念有所不同。首先，活力不再是一个独立自为、单一的实体，而是存在于机体关系之中的某种“力”；其次，活力观念包含了机体关系之间的关联性、有机

① ［美］彼得·赖尔、艾伦·威尔逊著，刘北成等译：《启蒙运动百科全书》，上海：上海人民出版社，2004 年，第 114 页。

② 同上。

性，而不是一种机械的集合；最后，活力产生运动的方式发生了改变，即不再是作为一种独立神秘实体使事物产生自主运动，而是在生命体各部分的关联中来实现。其中，不变的是活力依然作为生命自主运动的原因，是事物的本质实现。

三、现代科学时期：活力隐喻论

启蒙运动之后，活力理论进入现代科学时期。随着实证科学逐渐取代自然哲学，生命有机领域也逐渐科学化，即开始用物理学和化学来解释生命现象。活力观念继续遭受生命科学的"驱逐"。生命科学认为，生命与非生命物质无异，其自主性受到严重摧毁。为挽救生命的自主性，生命哲学应运而生。它强调生命和无机物质之间的根本区别，并通过对生命的强调从而批判理性主义和机械论。随着生物学发展的新探索以及对生命问题认识的转变，活力的观念再次发生转变。

（一）生命科学

19 世纪末，物理学和化学等科学方法逐渐成熟，其研究方法逐渐被用于生命研究领域。在生物学发展成熟之前，人们对生命体的运动和变化已有一定的认识，即从博物分类学到生物进化论。生物进化论从个体变异和自然选择来回答物种的进化和退化，"解释了生命界目的性的起源，无需任何其他目的因解释"。① 它摆脱了博物学中的本质主义观点，"也抛弃了 18 世

---

① ［奥］冯·贝塔朗菲著，吴晓江译：《生命问题——现代生物学思想评价》，北京：商务印书馆，1999 年，第 8 页。

纪拉普拉斯的机械决定论”。[①] 在现代，“生物学被定义为生命物体的科学，包括解剖学、生理学、胚胎学、细胞学、遗传学、分子生物学、进化论和生态学”。[②] 人们对生命运动现象的解释不再用“活力”概念，而开始用生物力学、细胞学、生物电和新陈代谢等学科及其概念。

但随着生物学的发展，仍有一些生物学家相信活力的存在。“斯塔尔认为活机体的各种生理活动（如血液循环）、感觉、肢体运动以及机体各部分自我保存和修复都是‘有感觉的灵魂’控制的结果。并把‘有感觉的灵魂’称为‘活力质’。18 世纪末，瑞典化学家柏齐利乌斯提出了‘生命力’学说，认为生物体内有一种超物质的‘生命力’存在，有机物只有在这种‘生命力’的作用下，才能创造出来。1891 年德国杜里舒用海胆卵做实验，他认为，生命现象只能用‘活力’的因素而不能用物理、化学定律来说明。他强调只有假定有机体中存在着某种非机械的、‘整体形成’的因素即‘隐德莱希’才能解释有机体自我调节、潜能实现、趋于完善等生命特征和支配生命机体的超自然的、非物质的、神秘的‘整体原则’和‘目的性’。他的学说被称为‘新活力论’。”[③] “约翰斯通认为，单个有机体生命及整个有机体或者进化过程的这种目的性和方向性取决于这样一种力量，而且确实典型地表现了这种力量的活动。因此，

---

① 颜泽贤：《耗散结构与系统演化》，福州：福建人民出版社，1987 年，第 37 页。

② ［美］洛伊斯 · N. 玛格纳著，刘学礼等译：《生命科学史》，上海：上海人民出版社，2009 年，第 1 页。

③ 金炳华等：《哲学大辞典（修订本）》，上海：上海辞书出版社，2001 年，第 573 页。

约翰斯通实际认为，除非我们设想存在着这种生命特有的引导性力量，而且这种力量能够改变物理-化学过程的形成、强度和方向，并对之进行协调从而有利于有机体，否则，生命过程便无法理解。这种‘生命原理’能够把差异性赋予各种生命现象。”①

上述这些科学家所试图提出的活力论，成为后来生物学家嘲笑的对象。“20 世纪初对‘活力论’的主要批评来自逻辑经验主义者。其中，著名哲学家卡尔·亨普尔（Carl Hempel）明确强调，必须对活力论进行批判，其原因不在于它假设了一个神秘的‘无形实体’，而是它对于此‘无形实体’如何产生生命现象没有明确阐述（比如数学建模），也因此无法从‘活力论’中推导出一个可以经实验验证的科学假说。”②

20 世纪 20—30 年代，一些生命科学家又认识到活力论的重要意义，但已经不再使用活力概念了。在科学方法形成之前，“活力论提出的‘活力’是一种类似灵魂的超自然的神秘力量，是错误的，但它批判了机械论，强调了有机体的自主性、目的性、整体性、组织性、协调性、有序性等生命活动特征，有一定的合理因素。贝塔朗菲在创立有机系统论的过程中，批判地吸取了这些合理因素。”③ 贝塔朗菲认为“生命问题是组织问题”④，

---

① ［法］拉尔夫·斯泰纳·利利：《生物学的哲学：生机论与机械论》，何克勇译：《杜威全集（第八卷）》，上海：华东师范大学出版社，2012 年，第 359 页。

② 陈勃杭：《生物学中的“活力论”为何消失了?》，《中国社会科学报》2015 年 9 月 22 日第 7 版。

③ 金炳华等：《哲学大辞典（修订本）》，上海：上海辞书出版社，2001 年，第 573 页。

④ ［奥］冯·贝塔朗菲著，吴晓江译：《生命问题——现代生物学思想评价》，北京：商务印书馆，1999 年，第 16 页。

他不再通过活力因子和机械论来解释生命的运动，而是将生命看作是一个有机体，并认为“活的形态不是存在，而是发生”。① 因而，这些机体是“动态”“有序”的，并且由整个系统中各种条件的相互作用决定的有机过程。有机体的动因就是有机体系统各个部分的有序动态的相互作用。贝塔朗菲试图通过基于“机体论”来实现其阐述生命现象的精确定律。这种机体论的方法和认识最后形成了“一般系统论”。从方法论角度而言，机体论对理解活力有着极大的价值和意义。一方面，它将通常所说的生命现象或者活力的依附体，看作是一个有组织的关系机体；另一方面，它对活力的认识摆脱了形而上学的本体论，不再将活力看作是神秘的实体，而将其理解为活的状态。

薛定谔借助热力学定律和量子理论作为概念工具，试图对生命的“活”现象进行科学化解释。他认为生命之所以是“活的”，主要在于生命体一直在“‘做某些事情’、运动和环境交换物质等等，并且期望它比一块无生命物质在类似情况下‘保持下去’的时间要长得多”②。整个世界所发生的所有事件都在不断增加熵，当事物达到了一种持久不变的状态，也就是物理学家所说的热力学平衡或“最大熵”，即死亡。生命物质就是要避免向平衡衰退，方法就是要不断地吸取负熵，“有机体就

① ［奥］冯·贝塔朗菲著，吴晓江译：《生命问题——现代生物学思想评价》，北京：商务印书馆，1999 年，第 128 页。

② ［奥］埃尔温·薛定谔著，张卜天译：《生命是什么——活细胞的物理观》，北京：商务印书馆，2014 年，第 73 页。

是靠负熵为生的"①，因而也就具有推迟趋向热力学平衡（死亡）的奇妙的能力。由此，薛定谔批判了将"新陈代谢"的交换本质看作是物质交换。他认为"熵是分子无序性的直接量度"②，负熵就是"取负号的熵，是对有序的一种量度"③，"有机体是由一种极为有序的原子团所控制的，显示出一种美妙的规律性和秩序性"④。薛定谔认为有序来源于两种机制，即"有序来自无序"和"有序来自有序"，后者是生命机体在展开过程中有序的原理。⑤

活力在生命有机领域逐渐被驱除，人们的活力观念也发生了根本的改变。首先，活力问题被分解为"活的形态"和"机体"两个部分，从而利用物理学和化学的方法来进行机体研究从而寻找"活"的发生规律。也就是说，活力的观念被活的状态所取代，即对生命的"活的状态"的发生不再用抽象的神秘实体来解释，而是用生物力学、量子理论等原理机制等来进行

---

① ［奥］埃尔温·薛定谔著，张卜天译：《生命是什么——活细胞的物理观》，北京：商务印书馆，2014 年，第 75 页。学者王兆强在《两大科学疑案：序与熵》中指出，薛定谔的这种观点是对"熵"的一种误用。他认为，"负熵"想表达的是"熵减少"，熵减少，然而系统在走向有序时，并不一定像薛定谔所说的就是"熵减少"。参见王兆强：《两大科学疑案：序和熵》，广州：广东教育出版社，1995 年，第 249—250 页。

② ［奥］埃尔温·薛定谔著，张卜天译：《生命是什么——活细胞的物理观》，北京：商务印书馆，2014 年，第 89 页。

③ ［奥］埃尔温·薛定谔著，张卜天译：《生命是什么——活细胞的物理观》，北京：商务印书馆，2014 年，第 77 页。

④ ［奥］埃尔温·薛定谔著，张卜天译：《生命是什么——活细胞的物理观》，北京：商务印书馆，2014 年，第 81 页。

⑤ 王兆强指出："有序，就是有规则的状态，无序，就是无规则或规则被破坏的状态，序是一种规律性。"参见王兆强：《两大科学疑案：序和熵》，广州：广东教育出版社，1995 年，第 13 页。

科学的解释。其次，对活的理解，则主要表现为生命有机体的有序性、持久性和规律性的运动，并以此来代替以往活力观念中的潜能和本质的实现运动。最后，生命问题认识的转变和机体论的提出，使得对“活的状态”的认识超出了以往的认识范围，从某种意义上是对活力观念的“复活”，“活力”成为了生命有机的一种属性，进而扩大了活力观念的适用范围。虽然生物学中保留了传统活力论的生命自主运动的问题，但对这种问题回答已经不再存在于传统形而上学的意义层面。活力不再是某种神秘的实体，而是生命机体的“活的形态”的发生。生物学和生命科学中的活力观念主要包括“系统”“有机”“动态”“有序”“整体性”“发生”等内涵。

（二）生命哲学

随着机体论的提出和生物学的科学化，生命科学主要研究“生物体及其活动规律的科学”①。活力不再作为一种事物自我实现的神秘实体，“活的状态”或者活力成为有机体的一种属性。从这种意义上讲，生命体与非生命体并无根本性的差别，这也从某种程度上否定了生机论的意义和价值。随着哲学的语言转向和逻辑实证主义的进一步发展，在20世纪初的哲学领域出现了与之相反的哲学认识，它们强调“体验”“直觉”，反对“心物二分”，其中认为“生命概念是物质和心灵之间鸿沟上的桥梁”②，即反对理性主义的生命哲学，活力观念在生命哲学中

① 李金亭：《现代生命科学基础》，北京：科学出版社，2016年，第8页。

② ［英］柯林武德著，吴国盛译：《自然的观念》，北京：北京大学出版社，2006年，第170页。

也发生了重大的转变。

狄尔泰最早用“生命哲学”来表达他的哲学，其后逐渐形成哲学流派，其中柏格森是主要代表人物。生命哲学“主要从人的生命的历史和文化意义来进行哲学思考，生命哲学家赋予生命以本体论意义，认为生命的本质是一种富有创造性的活力。一种可以自由释放的能量，可以称为‘活力’”。① 在生命哲学家看来，生命就是一种活的状态，活力就是生命活的状态的延续。尽管如此，不同的生命哲学家对生命理解都存在差异。

狄尔泰的生命哲学是一种对先验哲学进行修正的哲学，生命被看作一种关联总体，用以指向主客体二分的共同根源。生命范畴②是狄尔泰在分析先于主客体二分的本源世界的过程中发现的。他对生命的理解和认识经历了两个阶段，一个是基于描述心理学的认识，另一个是基于释义学的认识。他基于这两种不同的认识，形成了对生命结构或关联总体的不同理解。第一个阶段，生命是一种心理的关联总体，即“结构

① 董慧：《社会活力论》，华中科技大学博士论文，2008 年，第 25 页。

② 狄尔泰将生命范畴分为三类，即“关于自身性的”“关于作用和受动的”以及“关于本质、目的、价值、含义和意义的”。首先，自身性就是“让一切不同的和可变的东西在生命单元中保持统一性”。其次，关于第二类范畴，“反作用和相互作用是生命的特征，自我将这种相互作用经验为力量的运用和受动”。“作用与受动属于人类生命的性质，这就意味着每一个人类生命只能根据力量的运用和受动来理解”。最后，第三类范畴表达了“生命实体与生命的目的、价值和意义之间的主次关系。人需要可信仰的东西，需要赋予生命以含义、意义或价值的东西。借助知性，第三类范畴可以抽象为形式的或形而上学的本质范畴。”参见［荷］约斯·德·穆尔著，吕和应译：《有限性的悲剧：狄尔泰的生命释义学》，上海：上海三联书店，2013 年，第 154—156 页。

范畴”。[①] 这种结构具有三个属性特征，首先是整体性，这个结构不是一些孤立要素的堆砌，而是一个具有凝聚力的整体；其次是动态性，该结构不是孤立和静止的，而是处于与外界环境动态的相互作用中；最后是合目的性，该结构以某种独特的合目的性为特征。此外，这一阶段还有另一个重要范畴——发展范畴。狄尔泰认为，只有心理结构对其与外部世界相互作用的影响进行积极的吸收，最严格意义上的发展才有可能发生。发展与结构范畴密切相关，发展就是关联总体的长度的延伸。关联总体总是在不断变化的，发展也就在这一过程中得以呈现。

第二阶段，他认为生命就是“体验、表达和理解的结构性关联总体”。[②] 狄尔泰认为人类个体以体验为生存特征，体验就是这种在结构性关联总体中被连接起来。体验是一个具有统一意义的最小单位，而意义则是“生命各部分与生命整体的关系，这种关系植根于生命的本质中”[③]。关联总体中的体验是一种结构性实体，表现为一种可体验的关系。表达则是一种生命的表现形式，表达不强调传达意义的意图，因而表达是“创造性”的。体验的表达包含了心灵生命关联总体，体验只有在它的表达中才能完全变成体验，理解就是再体验他人的内在体验，

① 狄尔泰同时在一般和更为特殊的意义上使用“结构”这个概念，在一般用法中，这个术语与“关联总体”是同义词。参见［荷］约斯·德·穆尔著，吕和应译：《有限性的悲剧：狄尔泰的生命释义学》，上海：上海三联书店，2013 年，第 182 页。

② ［荷］约斯·德·穆尔著，吕和应译：《有限性的悲剧：狄尔泰的生命释义学》，上海：上海三联书店，2013 年，第 241 页。

③ ［荷］约斯·德·穆尔著，吕和应译：《有限性的悲剧：狄尔泰的生命释义学》，上海：上海三联书店，2013 年，第 255 页。

是整体与部分之间的精神意义的理解。理解与体验是一枚硬币的两面，也“只有在体验表达式理解中，个人的‘个体内在生命’的世界才会开启”。① 体验是意义的体验，表达是对意义的创造性呈现，理解是对他人内在体验的再体验，三者之间共同构成了一个结构性的关联总体，即生命。

总之，狄尔泰认为生命是一个关联总体，这个总体具有统一性、动态性、整体性、历史性和文化性。其中意义是生命的本质，运动是生命的特征，历史性是生命性质的特色。生命就是在个体与外部世界相互作用，及在对这些关系中的精神意义的体验、表达和理解的相互关系中，形成的一个关联总体。生命的不断运动和发展就是这种相互作用的不断变化以及对所体验到的意义的积极吸收。生命从历史文化的角度得到了阐释，活力则表现为关联总体中统一性意义的实现力量。这种实现是借助意义体验的统一性、表达的创造性和理解的交互性等方式完成的。狄尔泰是以一种历史文化的视角来探索生命及其意义的获得。其生命哲学是一种先验哲学，“从理智抽象中演绎出生命的尝试，必然导致更多重矛盾和困境”。②

柏格森从本体论的角度探索了生命的运动和本质。他认为生命本质上就是一种绵延运动，绵延运动的不同行动倾向则形成了生命体和物质。“生命是向上冲的那个运动，物质则是那个向下的降落的运动。生命的努力在于冲破下落的物质的阻挡

---

① ［荷］约斯·德·穆尔著，吕和应译：《有限性的悲剧：狄尔泰的生命释义学》，上海：上海三联书店，2013 年，第 270 页。

② ［荷］约斯·德·穆尔著，吕和应译：《有限性的悲剧：狄尔泰的生命释义学》，上海：上海三联书店，2013 年，第 154 页。

而创造出新的东西来。”①

可以说“生命本身从根本上说是一种运动：一种自由和创造的运动。这个运动在于‘战胜’必然性，克服物质性的惰性而走向自由，并同时创造出新的东西来。这就是柏格森的生命运动的图景。而在这幅图景中扮演主角的就是生命冲动。实际上，对柏格森来说，生命本身就是指的一种冲动”。② 这种生命冲动是生命存在运动的核心和关键。生命存在的运动就是依靠这种生命冲动不断地冲破降落的物质阻挡，但这种运作不是通过各个部分的联系或者相加来运作的，而是通过“分裂和二元分化”来进行的。之所以是以分裂和分化的方式来进行主要由于“共同的冲动或原始冲动”和生命本身的规定。生命本身就是一种向上的自由运动倾向，“这种倾向的本质就在于以一种束状的形式发展，它通过其增长之唯一事实，不断创造出分享着这个原初冲动的各个不同的方向来”③，“又保持着一个基本的方向”④。

此外，柏格森认为社会生活是由一系列分化路线形成的，其背后也有一个冲力，但“社会生活没有它独特的冲力，只有

---

① 王理平：《差异与绵延——柏格森哲学及其当代命运》，北京：人民出版社，2007 年，第 365 页。

② 王理平：《差异与绵延——柏格森哲学及其当代命运》，北京：人民出版社，2007 年，第 363 页。

③ 王理平：《差异与绵延——柏格森哲学及其当代命运》，北京：人民出版社，2007 年，第 368 页。

④ ［波］拉·科拉柯夫斯基著，牟斌译：《柏格森》，北京：中国社会科学出版社，1992 年，第 80 页。

生命的普遍运动，它在各个不同路线上创造着各种不同的新形式”。[①] 也就是说社会生活背后不存在一个单一的冲力，只有一个统一的冲力，即生命冲动。

质言之，柏格森的生命哲学揭示了生命运动的无目的性和创造性。柏格森认为生命就是一个创造进化的过程。在柏格森这里，生命就是“某种‘存活’之现象之总称，指令生命体成其为‘生命’体的那种东西”。[②] 活力的观念就是生命冲动中的那个原始冲动，是促使生命运动不断向上的、自由创造性运动的冲力。活力具有自足性、方向性、创造性、连续性、自由和实在性等意蕴。

这一时期，活力的观念已经遭遇了祛魅，特别是生物学的科学化和数学化，活力的认识已经被其他的可量化的概念理论和生命本身的运动过程所取代。但这不意味着活力的消失，而是意味着活力被作为一种指向某种事实的“隐喻”。从活力观念的演变来看，活力的指称并没有随着现代科学时期的出现而发生转换，依旧是关于运动或者是说自足运动的隐喻。但它作为某种力的实体已经被科学祛魅，但是它所指称的基础隐喻并没有发生改变。正如利科所说“隐喻意义与隐喻指称对应，就像不可能的字面指称与不可能的字面意义相对应一样”。[③] 通过对“基础隐喻”认识的科学化，从而使得对活力隐喻指称的存

---

① 王理平：《差异与绵延——柏格森哲学及其当代命运》，北京：人民出版社，2007 年，第 369 页。

② 王理平：《差异与绵延——柏格森哲学及其当代命运》，北京：人民出版社，2007 年，第 354 页。

③ ［法］保罗 · 利科著，汪堂家译：《活的隐喻》，上海：上海译文出版社，2004 年，第 316 页。

在得到进一步的确证。虽然生命科学试图对这个活力的隐喻进行科学的解释，但是这并不影响以这种隐喻来表达科学所要进行科学解释的认识。活力观念中的内涵逐渐开始表达生命或生命体内部运动的本质特征或属性。当说某一事物有活力，也就意味着该有机体处于一个活的状态，运动的方向是向上和有序的；运动的本质是意义统一性的获得、自我实现和不断创造生成。

现代科学时期的活力理论实现了活力认识的重大转变，尽管这些转变存在着巨大的价值，但由于其研究对象的局限而存在着某些方面的不足。这也为后现代的认识转向奠定了基础。对这一时期的活力理论可以从以下两个方面来进行评价。

1. **积极的方面**

现代科学时期的活力观念已经从根本上转变了对活力的认识，这本身也是科学发展对“力”的认识转变。这一时期的活力观念主要包括以下几个方面的积极价值。

首先，从一种实体转变为一种运动的方向性规定。随着理性主义和科学的发展，无论是物理学还是生物学，都无法相信存在一种“活力”实体来推动着事物的运动。它们都是从运动本身来理解，将活力转化为一种对运动本身的关系认识。随着科学的祛魅，作为一种实体的活力“消失”了，而活力所指向的“实体”或事实并没有消失，最后进入到生命领域。对于生命领域的运动，科学和哲学都还在探索之中，只是不再用活力这一神秘实体来认识，而是将这种神秘实体放在了运动过程之中，用方向性规定来认识生命运动的有序性和自主性。这是一种认识方式的转变，即从形而上学的实体论转向理性和经验主义的过程论，从而使得对活力的认识更加精细和明确。

其次，突出“创造性”。在传统活力论看来，它们不需要考虑这个“力”的作用方式，而这一时期对活力的认识是建立在事物运动的基础之上，事物的运动方式也必定会影响着活力的产生和意义的实现。因此，事物以何种方式运动，也就意味着活力的呈现方式。生命哲学特别强调创造性。柏格森将生命作为一种绵延的运动，这个运动的方式就是创造进化，狄尔泰强调人们对意义表达时的创造性，西美尔强调自我的创造和超越。这一创造性本身就是对生命生生不息之状态的最好诠释。正如西美尔所说“只要存在生命，就会生育出生动活泼的东西来”。① 这也是与传统活力论最大的不同之处。

再次，机体的关系属性。从启蒙运动时期，对活力的认识已经开始放在关系和整体中来认识。这一时期对活力的认识，更加强调在一个机体关系中来考察活力。生命科学与生命哲学的考察方式不同，贝塔朗菲转变了对生命的认识方式，提出机体论，将活的状态看作是发生，而不是存在。这种认识对后来的活力认识和研究产生了巨大的影响。生命科学是从生命机体与活的状态两者分离的角度来认识，通过对生命有机体的内部关系及其构成的运动方式的考察，来试图解释“活的状态或运动”的发生。基于此，活力就是生命机体运动有序性的方向性规定。生命哲学的认识方式是基于对主客体二元分化的批判，从理智中抽象出生命概念，即对生命机体的运动现象从本体论的角度进行认识。无论是生命科学还是生命哲学，活力都是在

---

① ［德］格奥尔格·西美尔著，刁承俊译：《生命直观》，北京：生活·读书·新知三联书店，2003 年，第 17 页。

机体关系之中，并表达着生命有机的某种状态和运动方向。活力成为了有机体中的一种关系属性。

最后，隐喻思维和事实指向性。隐喻具有指称功能，“隐喻陈述的指称并不是语言自身，而是语言之外的世界”。[①] 雅可布逊提出了两级指称的假设，一类是字面上的指称，另一类是隐含的指称，隐喻的意义则包括字面意义和隐喻意义。由于隐喻“悬置了第一级指称而让第二级指称发挥作用，所以隐喻实际上是对现实的重新描述”[②]，这也表明了隐喻真理性的可能。作为隐喻的活力不是一个实体但是它却指向一个实体或事实。正如柏格森的“生命冲动，即创造之力，就是这个绵延本身。它真正的意义在于这个形象本身所指向的那个世界绵延（存在）运动本身，即整个生命之创造进化运动”。[③] 活力不只是作为隐喻的活力还有其自身的特殊性，即它体现为一种科学隐喻，或者说本身就是一种隐喻思维。一方面，需要正视活力所指向的事实或实在，它为认识事物提供了一个新的视角或领域；另一方面，需要利用隐喻的方式对这一领域进行哲学和科学的认识和研究，从而扩大经验世界的认识和解释能力。

综上，现代科学时期的活力理论是与以往完全不同的，这是一种认识方式的转变。作为科学隐喻的活力，其内涵也发生了改变。这一时期更强调活力存在于机体的运动和关系中，以

① 汪堂家：《隐喻诠释学：修辞学与哲学的联姻——从利科的隐喻理论谈起》，《哲学研究》2004 年第 9 期。

② 同上。

③ 王理平：《差异与绵延——柏格森哲学及其当代命运》，北京：人民出版社，2007 年，第 373 页。

及表现为个体生命的创造性和机体的有序性、组织性等。人们从活的机体中抽离出了太多的属性和认识，这些认识也都将成为一种对活力认识的呈现方式。

2. *不足方面*

现代科学时期的活力理论主要表现为对活力的一种科学的根本性和本体论的理性认识。它们都试图将生命机体运动作为一种普遍性的实体存在来进行认识和研究。科学中的机体论是从方法论的角度将机体运动作为一种普遍化认识，生命哲学试图从生命的本体论认识来理解生命体的普遍运动。它们也都试图将这种认识应用到对社会机体或由人构成的关系机体之中。随着哲学认识的实践转向，其各自理论的局限即忽略了对机体关系本身的考察也更为突出，这也是后现代活力理论对它们的重要补充。这些不足和局限主要表现在以下几个方面。

首先，机体论的出现是将生命问题看作组织问题的结果，或者说机体论是对生命问题的一个组织化模拟，这一理论是对活力问题的发展。近代科学对活力论的改造在于将活力与事物分离，而对所谓的“动因”“目的论”或者说“活力”进行科学化、数学化，作为抽象实体的活力因无法进行精确的计算，而遭遇“抛弃”或者“祛魅”。机体论关注活力运动所依赖的事物，它将这种事物看作是一个机体，进而去研究机体系统的定律，并认为“活”就是发生，进而试图取消“活力”的存在。但机体的自然性或者本质是不确定的，活的方向也是不确定的，机体的自主性、协调性、整体性、有序性并非如自然生命一样。机体论的提出也为活力问题带来了一些困难，如机体的“活的状态”是一种发生，那么这种发生的方向性是怎么确定的，如果仅仅将“活”理解为运动或运作，那么促使机体运动或运作的原因又是什么；如果说人的自主性是运动和运作的原因，那么人的自主性又是如何在机体中得到保障的；如果忽视了对机体中关系的考察，是否还能保证机体的运转；如果机体成为一种控制性的有序，那么这种活的运转是否还可以称为“活”，也就是说对活的理解如果仅仅从价值中立的角度来理解，即活是一个纯粹的运动，那么它便又容易回到机械论的认识当中去。

人所组成的机体关系不是价值无涉的，如果忽视了对关系本身的考量，那么机体的活动或运动所呈现出来的意义有可能就是统治、压迫和束缚。机体论并没有完全超越活力论的认识范畴，甚至丢掉了目的论和活因子。同时对活力的认识也更加复杂，即机体的活力与构成机体关系的人的活力之间是何种关系，如何理解和认识？如果用人的自主性和复杂性来解释机体的活力、“活的状态”或运动，会使得机体缺少方向性，对机体本身的运动缺少本质的规定性。此外，机体关系是由人组成的，这就意味着关系之间存在阻碍机体实现有序复杂的力，从而走向一种单一线性的有序。

这种一般性方法论看似将生命体进行了完整的抽离，将生命体作为有机体，是对生命问题的一般化。这种一般的抽象性，最后也是对这种机体的运动进行一种抽象的讨论，但这种认识脱离了对生命的认识和理解，从而使得机体缺少了生命的本质规定性。也就是说机体论的贡献和超越也成为了它自身的缺陷，因为活力论的运动是一种自我保有和潜能实现的运动，具有方向性。当对其进行一种完全的抽象，那么活力运动的方向性消失，运动的意义也就缺失了。正如莫兰所说“过分的一般化的抽象使它脱离了具体的东西，因而不能达到形成一个有效的模式"①，这种与自然科学中数学化的"力"没有太多的区别，不过是生物学中"力"的"组织化"。这与活力所要研究的问题又出现了偏离，即偏向了组织的运动或系统的运动。任何一个社会和机体都是有本质、意义或价值取向，机体的运动是朝向某种意义实现展开的。虽然贝塔朗菲用"活的状态"来代替"活力实体"有其缺陷，但是他对"活的状态"形成的认识本身就是对"活力"的认识，这二者之间最大的区别就是缺少方向性，活力具有方向性，即朝向事物本质的实现，而"活的状态"则是一种结果或过程，没有明确的方向性，是运动本身。对"活的状态"的生成认识，也只是考察了活力的形式运动，而非是对"活力"本质的认识。因此，对"活的状态"的认识构成了对活力产生的认识，即活力是生成的。

其次，尽管活力论在生物学中仍然有人坚信，并用它来解释生命机体中一些物理学和化学所无法解决的问题。但是，作为活力实体被科学逐步祛魅的趋势已经是不可避免的。薛定谔对生命"活"的认识就是利用热力学定律和量子理论来解释，从而使"活"的运动变得可量化。但是这些解释依然不可避免地出现了某种机械论的特点，使得"理解生命的线索是，生命建立在纯粹机械论的基础之上，是普朗克论文中那种意义的'钟表装置'"。② 这一结论，在薛定谔看来，"既不可笑、也并

---

① ［法］埃德加·莫兰著，陈一壮译：《复杂性思想导论》，上海：华东师范大学出版社，2008 年，第 20 页。

② ［奥］埃尔温·薛定谔著，张卜天译：《生命是什么——活细胞的物理观》，北京：商务印书馆，2014 年，第 86 页。

非全错，但不可全信”。① 生物学中对活的认识更多的是基于有机物质来进行科学解释，而对于由人及其关系构成的有机体，其活的发生如何认识则是一个新的哲学问题。科学化的活力观念依然无法代替人文社会科学中的活力认识，其主要原因在于，后者中的意义和价值观念是无法用物理学和化学的方法来进行处理和分解的，对它们的发生和形成的理解则需要其自身的方法和观念。

最后，生命哲学是从“生命”这一抽象概念来理解生命和社会的运动。柏格森将社会运动也看作是一种绵延，社会运动的活力也是一种分裂和二元分化的创造性方式。他将社会运动看作是一种普遍性运动，生命个体的运动也是一种创造性运动，正是这些不同个体的运动形成了社会的复数绵延，正是由于生命冲动的创造性，使得社会的复数绵延充满差异性。从某种程度上来说，柏格森的社会活力解释是具有积极意义的，它强调社会的差异性和创造性。但是，他是从生命运动这一抽象的视角来理解社会活力的，而这种抽象的认识，忽视了社会机体关系的复杂性。社会运动不能从运动本身来理解，而应该从社会关系来理解，这样才能获得对社会的深入认识，而不是从生命运动来推理社会运动。

四、后现代时期：活力关系论

后现代活力理论的关注范围和对象已与之前生命科学和

---

① ［奥］埃尔温·薛定谔著，张卜天译：《生命是什么——活细胞的物理观》，北京：商务印书馆，2014 年，第 86 页。

生命哲学有所不同，它更加关注生命个体在自然、社会或组织中的生命存在形式或生命形态的活力问题。这种意义上的生命已经从一个生物个体生命转向了社会个体生命。如果生命哲学是从历史文化或本体论的角度来认识生命和活力，那么后现代的活力观则是从社会关系的角度来认识生命的存在形式和活力。个体生命的存在形式反映着机体关系状态，机体关系也同样影响或规定着个体生命的存在形式，这是因为个体生命在组织中的主体性本身就是机体关系中权力的产物。个体既是关系的构成要素，也是促使机体运作的要素，因此，必须通过个体的生命存在形式、机体关系以及二者之间的关系，来考察机体的活力。这个阶段的活力理论可以从两个方面来讨论：一个是方法论上的变革，一个是对生命哲学的延续和发展。

在方法论上，普利高津提出耗散结构论。耗散结构论对生命系统的认识和探究，是对贝塔朗菲的系统论和薛定谔的"负熵成序"认识的一种延续和发展。这种认识更系统和深入地分析了生命系统的"生"与"死"，并指出生命系统运动的方向——有序和无序，以及生命系统的有序运动状态的过程。耗散结构"能够自行产生的组织性和相干性，被称作自组织现象。所以耗散结构理论又称作非平衡系统的自组织理论"。①

普利高津在热力学和统计物理学的基础上，形成了耗散结构论。耗散结构本身就是一个非平衡有序的开放系统。耗散结

① 颜泽贤：《耗散结构与系统演化》，福州：福建人民出版社，1987 年，第 71 页。

构论强调系统是开放的，要保持与外部世界的能量交换；“非平衡是有序之源，系统应远离平衡状态”；“涨落导致有序”；“非线性作用机制”等。① 耗散结构论是“一种研究系统的演化的理论”。② 普利高津在生命系统和热力学的研究程序上做了一个颠倒，即“不能只考虑生命系统的进化是否符合热力学第二定律，而应该研究能否用热力学来阐明生命系统的进化过程”。③ 他基于系统论和薛定谔的研究，进一步对生命系统的运动进行分析和研究。

前文已论述，薛定谔用“熵”来解释生命系统的“死”与“活”。熵本身就是“一种表示对变化了的能量的量度，表征系统内部粒子的混乱程度或无序程度”。④ 当熵达到了极大值，则意味着系统内部处于一种极度无序的状态，也就是达到了“热寂”。普利高津将“生命系统定义为由于化学不稳定性呈现一种耗散结构的开放系统”。⑤ 普利高津在薛定谔的“负熵”概念基础上提出了“负熵流”的概念。他认为“只要存在负熵流，系统就必定朝着减熵的方向发展，即朝着降低无序、增加有序的方向发展。只要有负熵流的输入，它就一定能够保持和提高

---

① 颜泽贤：《耗散结构与系统演化》，福州：福建人民出版社，1987 年，第 77 页。

② 颜泽贤：《耗散结构与系统演化》，福州：福建人民出版社，1987 年，第 1 页。

③ 颜泽贤：《耗散结构与系统演化》，福州：福建人民出版社，1987 年，第 169 页。

④ 颜泽贤：《耗散结构与系统演化》，福州：福建人民出版社，1987 年，第 138、142 页。

⑤ ［俄］普利高津：《结构、耗散和生命》，湛垦华、沈小峰等编：《普利高津与耗散结构理论》，西安：陕西科学技术出版社，1982 年，第 56 页。

自己的有序度，使自身变得愈来愈复杂，愈来愈有组织”。[①] 普利高津通过耗散结构的状态和理解对生命系统的运动进行了更为系统的解释，即“非平衡系统可以通过负熵流来减少总熵，达到一种新的稳定的有序状态，即耗散结构状态。耗散结构论更是比较科学地说明了活的生命有机体与负熵之间的关系”。[②] 其中贝塔朗菲也在其著作中指出，“根据热力学第二定律，物理过程的一般趋势是增大熵，即增大可几性，减小有序的状态。生命系统把自己维持在高度有序和不可几的状态，甚至可能朝着增强分化和组织性的方向演化，有机体的发育和演化就是这样的。道理已经由普利高津扩展了的熵函数给出了”。[③] “引入‘负熵流’导致有序，即‘负熵成序’说已成为甚为流行的理论。”[④] 薛定谔是最早将生命与“熵”联系起来的科学家，但对二者关系进行研究的科学家还有控制论的创始人维纳，《生命、热力学和控制论》的作者布里渊以及《生命和能量》的作者阿西莫夫（I. Asimov）等。

“熵”概念的引入从某种程度上为认识世界和生命运动现象提供了一种新的世界观和方法论，“只有熵定律才能充分解

---

① 颜泽贤：《耗散结构与系统演化》，福州：福建人民出版社，1987 年，第 171 页。

② 颜泽贤：《耗散结构与系统演化》，福州：福建人民出版社，1987 年，第 171、149 页。

③ ［美］冯·贝塔朗菲著，秋同等译：《一般系统论：基础、发展和应用》，北京：社会科学文献出版社，1987 年，第 134 页。

④ 王兆强：《两大科学疑案：序和熵》，广州：广东教育出版社，1995 年，第 259 页。

释变化的性质、方向和变化过程中所有事物的相互关系”。[①] 它以一种更为复杂的概念和可量化的要求对生命系统的运动进行了解释，从某种程度上完全取代了“活力”这一神秘实体，并对活力的指向进行了深入和精确的认识。但是这只是科学家们借助热力学定律对生命系统进行的一种探索性认识，也为认识生命自主运动现象提供了新的方法论和世界观。

从耗散结构论对生命系统运动的揭示可以看出，生命系统的运动是基于个体的自主性、系统的非平衡状态以及有序与无序的统一，并用熵的概念来形成对整个运动的认识。这也就意味着对机体的认识形成了一种复杂性的认识方式。莫兰认为“机体论假设了一个复杂的和丰富的组织，但是它没有把它正式提出”。[②] 生命运动可以看作是自组织的运动，即将生命的自足运动看作是自组织运动，用热力学第二定律的运动方向和不可逆性来解释这种自足运动。这时的活力观念则是“自主性”“非平衡状态”等。后来，莫兰进一步对自主性进行解释，认为它“与事物具有保持和发展自身存在的目的有关”。[③] 因此，活力的观念在于“自主性”“非平衡状态”，在于对有序和无序的统一以及保持、发展自身存在的目的的认识。

对于生命哲学的发展，德勒兹从生态美学的生机论强调生命体存在多样性和差异性以及非机体生命的力量。德勒兹的生

---

① ［美］杰里米·里夫金、特德·霍华德著，吕明等译：《熵：一种新的世界观》，上海：上海译文出版社，1987 年，第 207 页。

② ［法］埃德加·莫兰著，陈一壮译：《复杂性思想导论》，上海：华东师范大学出版社，2008 年，第 25 页。

③ ［法］埃德加·莫兰著，陈一壮译：《复杂性思想导论》，上海：华东师范大学出版社，2008 年，译者序第 5 页。

机论受到了柏格森的极大影响，但他对生命运动的理解与柏格森的认识存在着很大的差异性。

德勒兹的生机论是作为其生态美学的一部分提出来的，“内在性”构成了其生命哲学的核心。德勒兹指出“对我来说具有根本性的是‘生机主义’或作为非机体力量的生命概念”①。他认为“符号、事件、生命、活力论之间有着深刻的联系。这是一种非有机体生命的力量，这种力量可以存在于绘画的线条、文学的陈述和音乐的乐句里。消亡的是有机体，不是生命。……我写的一切都是主张活力论的”。② 这也就是说，德勒兹的生命概念是非有机体力量所产生的运动，这种力量存在于非有机体及其之间的深刻关系之中。他通过“根茎”“内在性平面”“解域”“结域”“线”“层”等概念来解释机体的配置。他认为所有机体的构成都是配置，这种配置的构成是有机体和无机体的混合。这种配置本身就是根茎的模式，而不是树形的模式，根茎是“反-谱系”的。“正如在所有的事物中，存在着连接、节段性、层和界域性之线；然而，还存在着逃逸线、解域和去层化的运动。这些线上的相对流速引发了相对延迟、粘滞、或（相反地）加速和断裂的现象。所有这些——线和可度量的速度——构成了一个配置。一个无所归属之物，即多元体。”③ 多元体本身有一个内在性平面，而这个平面“包含着掠

① 安靖：《经验的生与先验的死——论德勒兹的时间综合理论》，高宣扬主编：《法兰西思想评论·2014（秋）》，北京：人民出版社，2014 年，第 126 页。

② ［法］吉尔·德勒兹著，刘汉全译：《哲学与权力的谈判：德勒兹访谈录》，北京：商务印书馆，2003 年，第 163 页。

③ ［法］吉尔·德勒兹、菲利克斯·加塔利著，姜宇辉译：《资本主义与精神分裂：千高原》，上海：上海书店出版社，2011 年，第 1、3 页。

过并返回平面的无限运动；且平面则是无限度和不具形的绝对，既无面积也无体积，但永远是零碎的”。① 这种运动的无限性仅表现在“速度方面的有限的运动，而且每一次运动都形成一个面积或体积，一个标志着扩散程度的停顿的不规则的轮廓”。② 这些体积和轮廓则构成了多元体的根茎结构，该结构不是一个闭合的空间，而是具有不同的出口和入口。不同的异质体借助无限运动沿着茎和流（flux）而不断地衍生，这些线在任意部分都会出现断裂，因而“所有根茎都包含着节段性的线，并沿着这些线而被层化、界域化、组织化、被赋意和被归属”。③ 这些阶段性的线爆裂时，则会变为逃逸线，而逃逸线则是根茎结构向外流动和连接的线，本身属于根茎结构。

因此可以看到，多元体的根茎结构的每一次生成都包含着一方的结域和另一方的解域。多元体就是被外部界定的：“被抽象线，逃逸线，或解域所界定，伴随着此种解域，它们在与其他多元体建立连接之时改变着自身的本质。容贯的平面（网栅）是所有多元体的外部。”④ 也就是内在性平面的无限运动所形成的轨迹，这些轨迹本身就是一个个无始点和无终点的“高原”。德勒兹的生机论是强调异质事物之间的关系的性质和连接方式，进而突出事物之间的非统一性、本体论以及主客二元

---

① ［法］吉尔·德勒兹、菲利克斯·加塔利著，张祖建译：《什么是哲学》，长沙：湖南文艺出版社，2007 年，第 248—249 页。

② ［法］吉尔·德勒兹、菲利克斯·加塔利著，张祖建译：《什么是哲学》，长沙：湖南文艺出版社，2007 年，第 254 页。

③ ［法］吉尔·德勒兹、菲利克斯·加塔利著，姜宇辉译：《资本主义与精神分裂：千高原》，上海：上海书店出版社，2011 年，第 10 页。

④ ［法］吉尔·德勒兹、菲利克斯·加塔利著，姜宇辉译：《资本主义与精神分裂：千高原》，上海：上海书店出版社，2011 年，第 9 页。

对立的形式。这种生机论的形式更加强调“和”逻辑，即事物与事物之间的勾连是一种根茎的结构。因而，德勒兹的生机论呈现一种流动性、根茎式的多元体。它“关注有机生命或非有机生命力量的存在，强调流变与差异的丰富生命形态。是一种以内在性为基础，蕴含着丰富的差异性、多元性、流变性的模式”。①

德勒兹的生机论从非有机体生命的角度对生命运动的方式进行了阐述，他从某种意义上回答了机体活力与生命个体活力之间的关系。他用多元体代替了机体，并认为多元体是由不同的异质体勾连形成的根茎结构，这些异质体之间保持着差异性，且能被归属和赋意。多元体的根茎结构本身也在不断的结域和解域的运动之中，这种运动就是在节段性线和逃逸线之间的转换，即异质体之间的连接或中断。德勒兹的生机论也反映出了多元体中异质体之间的关系，即差异性、无规则性和无中心性。

德勒兹的生机论本身就是研究非有机体的力量问题。他也正是从这种意义上说，福柯的权力理论也表达了“某种生机论——当权力成为生物-权力时，反抗成为生命权力，即与生命有关的权力”，“来自外部的势力难道不是福柯思想达到顶点的某种生命观和生机论吗？生命难道不是反抗势力的能力吗？”②

如果从个体生命的活力论角度而言，福柯的权力理论，就

---

① 麦永雄：《论德勒兹生态美学思想：地理哲学、生机论与机器论》，《清华大学学报（哲学社会科学版）》2013 年第 6 期。

② ［法］吉尔·德勒兹著，于奇智等译：《福柯·褶子》，长沙：湖南文艺出版社，2001 年，第 112 页。

是关于个体在社会机体中的生命存在形式和关系状态的问题。根本而言，福柯后期的权力本身就是一种生命权力，即将权力纳入到人的生命历程之中。福柯的权力是一种微观权力，存在于与其他社会因素的关联网络中，或者说，社会机体中的事物之间关系中都存在权力。权力是社会的基本要素和基本形态，并作为社会生活中的现实力量，构成一个巨大的“力”的关系网络。它是在各种关系之间的斗争和较量中实现的，“又随着各因素间的不断竞争而发生改变，并由此而对整个社会发生作用”。[①] 福柯的微观权力同以往传统的权力理论的区别在于传统的权力分析，“始终未能将权力从行为关系扩展到整个社会的复杂关系网络，尤其未能将权力看作是活生生的多种‘力’的竞争消长过程”。[②] 权力就是在这些机体关系中进行不断驱使自我否定和偏离与自己同一的方向和力量，它本身也在这种使对方偏离的过程和结果中呈现其力量性。机体本身就是一个权力的毛细血管系统。权力的作用方面也包括生命或肉体，比如性、身体、人口、健康和生育等。当权力的作用内容从宏观的位置关系转移到了对人的生命历程的控制，将生命的运动纳入到了权力的关系之中，或者说将生命的时间性任意切割和拼贴，以实现权力的运作，那么这种权力就是生命权力。从福柯晚期思想中可以发现，其对生命的认识是自由的、自主的，并提出了“关心自己”和“生存美学”的思想。其中“生存美学强调，‘一种努力使生活艺术化’的实践智慧，而贯穿其中的关键思

---

① 高宣扬：《福柯的权力观》，《法兰西思想评论 · 2011》，北京：人民出版社，2011 年，第 207—219 页。

② 同上。

想，就是‘人们可以使自己的生活变成一部艺术作品的观念’”。① 在福柯的整个思想中，他始终在处理的一个关键就是“关系”，他从异质性关系入手最终回到自我与自己、与他人、与真理等的美学关系。福柯可能没有专门提过生机论，但是福柯一直在关注人的生命及其存在形式的问题，只是他的视角较以往的活力认识不同，更加强调关系性质。

福柯的权力理论对分析和认识机体关系中的个体生命形式有着重要的启示。机体的关系状态本身就规定着个体生命的存在形式，机体的活力也必然反映在关系的运作上，即对本质的实现上，个体的状态就是在这一本质实现过程中的自然呈现。个体生命的活力不构成机体的活力，甚至不会影响机体的活力实现。因为机体的活力是其本身朝着某个方向的运动，这个方向的运动必然形成某种关系，这种关系也就规定了生命个体的生存形式，但处于关系中的个体生命状态却是不确定的。当个体生命的运动方式和机体关系的运动方向一致时，个体就是有活力的；当个体生命运动的方向与机体关系运动的方向相反时，个体就会感到被束缚和压制。因此，无法从个体生命的活力来推测和理解机体的活力。但是，个体的生命存在形式及其之间的关系则是理解和认识机体活力的重要组成部分。

综上，无论是科学上还是哲学上对生命运动的认识都不再是对运动本身的抽象和本体论的认识，而是将其放到一个更为复杂的系统和现实的经验考察中来理解。特别是哲学上的实践转向之后，这种表现更为明显。生命科学的发展，将生命系统

① 高宣扬：《福柯的生存美学》，北京：中国人民大学出版社，2015 年，第 352 页。

作为一个复杂的耗散结构论的开放系统，将生命运动看作是一个热力非平衡状态的运动。通过引入熵的概念来理解生命运动的方向、速度、不可逆性、自组织等的复杂性。生命的自足运动则被转化为一种“自组织运动”。活力的观念在生命科学对生命运动的解释中，则表现为“自组织”和“自主性”。哲学上的发展，将生命体看作是生命的内在性平面中无限运动形成的根茎式多元体。它强调生命运动的无方向性、无规则性和无中心性，通过这种运动，不同异质体之间会形成某种关联，而这种关系之间存在着非有机体生命的力量。力量的运动存在两个方向，一个是沿着连接线方向的运动，另一个是沿着逃逸线方向的运动，前者形成层化、结域和组织化，后者则形成解域。福柯则从与活力认识相反的方向，考察个体生命在机体关系中的生存形式，从中得出活力运动的两个方面，向内的运动和向外的运动。活力的观念在哲学生机论中的变化则表现为多元性、差异性、内在性，关系性和自主性。

这一阶段的活力观念并没有特别突出的变化，主要表现为“自组织”“自主性”“内在性”和“关系性”。但是这一时期对生命运动的理解则以一种更为复杂、可描述、可量化的方式来认识。它对认识和解决机体活力与个体生命活力之间的关系问题，以及对机体活力的认识问题有了更深入的研究。个体的自主性、系统机体的复杂性和自组织及其相互关系构成了对活力运动的新认识。

本章小结

通过对西方思想史中活力理论的历史回溯和分析，我们可以得出两点结论。其一，西方思想史中有关活力的认识经历了大致四种转向，即“由力到运动”“由有机到非有机”“由实体到关系”“由本质到生命”。但是无论哪一个活力认识都没有完全脱离“力、关系、运动”这三者。也就是说，活力所指向的事实或实体并未发生变化，即事物的自主运动。只是不同的认识论对这一运动有着不同的理论解释。因此，我们可以说，活力论并没有消失，只是人们转换了对“活力”所指称对象进行研究的思维方式、认识方式和探究方法，即从形而上学—机械论—逻辑实证主义—隐喻思维—关系思维等的转变过程。

其二，活力观念及其使用不是一个纯粹语言学上的问题，而是一个话语的问题。活力观念的演变史就是被科学不断驱除的历史，在现代科学时期，活力又以隐喻的方式“回归”。在这一过程中，人们对活力的理解却已经发生了很大的变化，活力的意义也不再指向一种神秘的实体。与其说“活力”是被科学驱除，不如说是人们认识事物的话语方式发生了根本的改变，即活力话语无法适应科学的话语规则。但科学话语无法达到的领域，活力的观念依然会起作用。因此，在使用活力概念时，不可将科学对活力的批判用来指责其在社会科学领域中的价值和意义，因为活力观念的使用问题本质上就是一个话语选择的问题。这种选择不是个体主观的随意选择，而是由其所在学科领域的知识型和话语规则所规定。如果不顾某个领域的知识型，而强制将某种知识型移植到该领域，必然会遭到该领域知识型的反抗和抵制，而这也是话语运动的必然。活力已经从一种超自然实体的理解，逐渐转向了一种关系生成的理解，这本身就是“活力”的转义。事物本质所表现出的运动力量是活力，当科学化认识以后，人们渐渐驱除了这种来自本质的力量，而从事物本质实现的运动来理解。也就是说，当代人们对活力的认识已经从一种本质的力量显现转向本质实现的力量。

第三章
学校活力的历史话语

自从人类学校诞生以来，就存在学校的活力问题。不同历史时期学校活力问题有不同的表现，人们也有不同的认识和解决策略。① 了解历史上学校活力的话语（认识和解决），对于我们审视今天的学校活力问题具有重要的意义。本章主要目的就是对这些历史认识及其话语方式进行梳理，继而考察其背后的

① 本章对不同学校活力的认识分期是基于教育史中不同的学校形态和学校教育问题，也就是学校逐渐制度化过程中的不同阶段——未制度化的学校和制度化的学校，其中制度化学校又可以分为两个阶段，即制度化的初步阶段和制度化的完善阶段。在教育史中，这三个阶段的认识具有比较明显的界限，分别对应着三个比较明显的时期，一个是文艺复兴到 19 世纪（大致对应中国的明清，即科举制沦为封建统治的附庸）；第二个是 20 世纪初的欧洲教育改革，大致对应的是中国的活教育理论的提出；第三个是 20 世纪 80 年代以后，西方和中国都针对着一个同样的问题，即学校体制机制缺乏活力和效能的问题。美国进行了一场“学校大辩论”，中国的《决定》提出要释放学校活力。基于此，我们对学校活力的历史认识大致分为三个时期，由于所涉及的话语跨度比较大，所以就用古代、近代和现代三个历史时期来命名。这样可能会造成分期划分过于笼统的问题，但本历史考察重点是对历史话语的考察，因此，受具体历史时期界线影响较小。

认识基础、问题指向以及相应的学校改进方案，为最后学校活力的理论构型提供教育认识的基础。

一、古代学校活力的话语

学校活力问题是一个历史问题，也是一个世界教育问题。在古代，无论是中国还是西方，人们对于学校活力不足的现象都已有所认识。相似的地方在于，人们都认为学校活力不足的突出表现是学校对儿童的体罚和严格控制或约束。解决的方案除了要求教师要有高尚的师德之外，格外突出对学生自然天性的尊重。

（一）古代学校活力问题的认识

中国的《学记》应该是最早谈及学校活力不足问题的教育作品。它通过“今之教者”与“古之教者”进行对比，指出“今之教者，呻其占毕，多其讯言，及于数进而不顾其安。使人不由其诚，教人不尽其材”①，从而导致学生“隐其学而疾其师，苦其难而不知其益也，虽终其业，其去之必速”。②当时的教育由于教师不懂教学方法，盲目赶进度，不遵循学生的心理特点，不能因材施教，进而产生学生厌学和感到痛苦的结果，使得学校教育失去活力。这种有关学校活力的认识主要是从学生学习的积极性方面来开展的，关注教师的教学艺术和策略。

---

① 高时良：《学记评注》，北京：人民教育出版社，1982年，第2页。

② 同上。

晚唐以后，随着科举制逐渐沦为封建统治的附庸并日益形成了“八股取士”的人才选拔方式，使得学校教育的活力日益丧失。明代王阳明认为当时学校教育“日惟督以句读课仿，责其检束而不知导之以礼”，又经常对学童“鞭挞绳缚，若待拘囚”，从而造成学童“视学舍如囹狱而不肯入，视师长如寇仇而不欲见，窥避掩覆以遂其嬉游，设诈饰诡以肆其顽鄙”的结果。① 可以说，王阳明对学校教育失去活力的情况进行了生动的描述和深刻的批评。从以上两段的引述可见，中国古代对学校活力不足的认识更多地体现在教育教学内容过多、教育方法过快、不顾及学生的自身特点、体罚严重、机械灌输等方面，甚至导致学生失去天性、害怕上学，见老师如见仇人一般。

此类批评不仅在中国古代出现，在西方古代学校中也同样出现。以西方中世纪的教会学校为例，“学校的纪律是相当严厉的，修道生很少有机会玩耍，它们必须遵守静默的清规，即使是课间也不准大声说话，如果违反校规，就会受到惩罚”。② 蒙田认为古代学校重记忆、重灌输和重体罚，从而使学校变成了“一种不折不扣的囚禁孩子的监狱”。③ 夸美纽斯则认为近代之前的学校“只教学生呆读死记，不让学生接触

① 王阳明著，邓艾民注：《传习录注疏》，上海：上海古籍出版社，2012 年，第 175 页。

② 王挺之：《欧洲中世纪的教育》，《四川大学学报（哲学社会科学版）》2001 年第 3 期。

③ ［法］蒙田著，潘丽珍等译：《蒙田随笔全集（上卷）》，南京：译林出版社，1996 年，第 185 页。

实际，独立思考”①，并通过强制和暴力来使学生学习。此外，他还认为，当时学校在管理、结构、教学等方面普遍存在不合理、效率差等弊病，甚至称“在此以前没有一所完善的学校”。② “教导青年的方法通常都是非常严酷的，以致学校变成了儿童恐怖的场所，变成了他们的才智的屠宰场。”③ 早期空想社会主义家安德里亚认为，经院主义教育方式既不符合时代要求，又践踏人性。他“总结了经院主义教育的几大弊病：第一是只思不学，冥思苦想，排斥感觉经验。第二是要求学生呆读死记，学校缺乏趣味和积极性，教学中师生缺乏感情交流，学生由于不接触现实而思想麻木。第三是动辄禁食、劳役，甚至鞭挞，最严重的还用监禁等手段来处罚学生，不把学生当人看”。④ 贝勒斯认为古代教育的弊病就是“把儿童拴在他的书本上，时间太长了，那样做有损儿童的心灵，使他们不喜欢书籍。普通教育中的一大障碍，就是让儿童工作

---

① 吴式颖、任钟印：《外国教育思想通史（第五卷）》，长沙：湖南教育出版社，2005 年，第 257 页。

② ［捷］夸美纽斯著，任钟印译：《大教学论 · 教学法解析》，北京：人民教育出版社，2006 年，第 75 页。

③ ［捷］夸美纽斯著，傅任敢译：《大教学论》，北京：人民教育出版社，1985 年，第 61 页。但是在任钟印版的翻译中，却与之有略微的差别，即“教导年轻人的方法变得如此严峻，以致学校被孩子们看做恐怖的场所和才智的屠场”。详见夸美纽斯著，任钟印译：《大教学论 · 教学法解析》，北京：人民教育出版社，2006 年，第 76 页。在这里，两位译者对恐怖场所和才智屠场的理解是有所差异的，其中，“才智的屠场”是否是儿童对学校作出的评价或论断，其具体的差异则需要对照原文进一步的分析。

④ 吴式颖、任钟印：《外国教育思想通史（第五卷）》，长沙：湖南教育出版社，2005 年，第 172 页。

而不予指导”。①

总的来看，人们认为古代学校活力不足的主要表现就是儿童不爱学习，讨厌和逃避学习，主要的原因在于：没有认识到儿童的自然天性；师生关系中充满了不平等；教学的内容过多；教学的方法以体罚、灌输和死记硬背为主；教学过程不考虑学生的个性特点等。

（二）古代学校活力的改进

在古代教育中，可塑性是儿童接受教育的可能性基础。但是，由于教育者对儿童可塑性条件或限度的忽视，使教育教学的内容、方式、方法等都超出了儿童自身的认识特点和发展限度，从而学校成为“监狱”“屠宰场”，变得死气沉沉、活力不足。古代教育家对学校活力改进的认识和实践并没有跳出“可塑性”的话语范围，只是意识到了可塑性的条件性或限度，因而活力改进的话语也多是对可塑性的条件或限度的强调。在诸多的条件或限度中，儿童的自然天性居于首要位置。

在中国古代，《学记》要求教师从学生的自身情况出发，即所谓“学者有四失，教者必知之。人之学也，或失则多，或失则寡，或失则易，或失则止。此四者，心之莫同也。知其心，然后能救其失。教也者，长善而救其失者也”。② 这就要求教育者要了解学习者的心理活动规律，理解学习失败的原因，并根

---

① ［英］约翰·贝勒斯著：《关于创办一所一切有用的手工业和农业的劳动学院的建议》，任钟印主编：《世界教育名著通览》，武汉：湖北教育出版社，1994年，第415—416页。

② 高时良：《学记评注》，北京：人民教育出版社，1982年，第3页。

据每个人的具体情况，采取不同的教育措施。《学记》中还针对当时错误的教学方法提出了“大学之法：禁于未发之谓豫；当其可之谓时；不陵节而施之谓孙；相观而善之谓摩。此四者，教之所由兴也”① 的教学法主张，强调了“豫”（准备性原则）、“时”（成熟性原则）、“孙”（循序渐进原则）、“摩”（团队学习原则）的教学原则。尤其难能可贵的是，《学记》中还提出了“道而弗牵，强而弗抑，开而弗达”② 的启发性思想，高度尊重学生的主体性、积极性和探索精神，反映了教育教学规律和学生身心发展的规律。

王阳明也针对当时的教育问题，提出了系统的改革主张。在教育方法上，他提出采用“‘诱’‘导’‘讽’的‘栽培涵养之方’”③，即强调以“诱导、启发、讽劝的方法，来代替‘督’‘责’‘罚’的方法，使他们‘趋向鼓舞，中心喜悦’，如春风时雨被及草木一样，‘莫不萌动发越，自然日长月化’”。④ “在教学内容上，发挥各门课程多方面的教育作用；在教学程序上，要动静搭配、体脑交叉。”⑤ 此外，他还提出了“随人分限所及”的施教原则，以解决当时学校教育中存在的严峻问题。

在西方，蒙田提出教育要遵循自然的原则，反对体罚和灌

---

① 高时良：《学记评注》，北京：人民教育出版社，1982 年，第 2 页。

② 高时良：《学记评注》，北京：人民教育出版社，1982 年，第 3 页。

③ 王阳明著，邓艾民注：《传习录注疏》，上海：上海古籍出版社，2012 年，第 174—175 页。

④ 毛礼锐、沈灌群：《中国教育通史（第三卷）》，济南：山东教育出版社，2005 年，第 433 页。

⑤ 毛礼锐、沈灌群：《中国教育通史（第三卷）》，济南：山东教育出版社，2005 年，第 434 页。

输，培养儿童的生活力、判断力、思考力。他主张教育教学采用启发性和探索性的方法，以培养学生的判断力，使他们热爱真理，追求真理，并“提倡寓教学于游戏和练习”。[①] 夸美纽斯强调学生学习的自觉性、积极性和兴趣，坚决反对强迫学生学习，必须启发学生热爱学习的愿望。他还认为，教育是件自然而且容易的事，“每个生物很容易地在其本性喜欢的方向上发展，但是为了去达到理想的目标，往往又是被迫去做出别的努力”。[②] 因此，他提出了教育要遵循自然的原则，学校要“能够停止‘劝说’而开始‘示范’，停止‘争论’而开始‘观看’，停止‘相信’而开始‘知道’”。[③] 学校教育的内容选择和阶段划分也要遵循自然的原则。安德里亚针对经院主义教育的弊病，则“号召要让学生学习自然科学，接触社会，通过解放学生身心的方式来改造经院主义的旧教育，这样才能使学校重现生机，使学生身心两健”。[④]

从以上的叙述来看，古代学校活力改进主要是围绕着对儿童天性的认识来展开的，强调尊重儿童的天性，确立儿童在教育中的主体地位。但是，我们知道，这些主张在古代社会是不可能普遍实现的，因为它们与古代社会的整个制度不相协调。古代社会是一种严重不平等的社会，儿童处于这个社会的底层，长期遭受成人社会的控制，与成人之间存在着严重的不平等关

---

① ［法］蒙田著，潘丽珍等译：《蒙田随笔全集（上卷）》，南京：译林出版社，1996 年，第 195 页。

② ［英］伊丽莎白·劳伦斯著，纪晓林译：《现代教育的起源和发展》，北京：北京语言学院出版社，1992 年，第 71 页。

③ 同上。

④ 吴式颖、任钟印：《外国教育思想通史（第五卷）》，长沙：湖南教育出版社，2005 年，第 173 页。

系，这是整个社会不平等关系在成人与儿童关系中的表现。所以，尽管一些古代进步的教育家强调在教育过程中尊重儿童的天性、对儿童因材施教、鼓励儿童在教育过程中有自己的观点，但是这些主张很难在真实的古代教育生活中得到实现的。

二、近代学校活力的话语

（一）近代学校活力问题的认识

近代以来，随着学校教育制度化程度的提高以及教育学科学化进程的加速，人们对学校活力的认识话语发生了断裂，并形成了一套新的话语。这是因为这一时期人们对学校教育认识的方式发生了改变，学校开始作为专门的教育机构。那么人们对学校活力不足的话语也更多的是基于教育机构对儿童心理规律的违背。学校活力改进的话语则更加强调探索儿童心理发展的一般规律，以探索普遍适用于学校教育教学的改进实践。

裴斯泰洛齐时代，瑞士的学校也是很没有活力的，学生们在学校中学不到什么真正有价值的东西。裴斯泰洛齐决心改变这种状况。他开始关注儿童发展的规律，提出了“手心脑和谐”“要素教育”等主张。裴斯泰洛齐认为，感觉和直观对儿童认识的发展有着重要作用，并在儿童的不同认识方面提出若干不同的基本要素，从而提高教学的效果，促进儿童的发展。这种要素思维进一步形成对儿童能力的分析方式。他将人的能力分成“脑、心、手”，并强调三者之间的和谐。可以说，裴斯泰洛齐是近代西方最早倡导教育心理学化的学者和教育家，其初衷在于使得教育活动和学生发展充满活力。

赫尔巴特在这方面的探索进行地更为彻底。他认为教学要基于儿童主体的兴趣，教育要实现和发展先验的五种道德观念，进一步发展出来“观念心理学”。观念心理学则是从根本上对传统儿童可塑性基础的“修正”和对“自然天性”认识基础的批判。以往的可塑性基础是理智或理性，赫尔巴特则将已获得的观念作为基础，并以观念的获得来认识可塑性，从而论证教育与发展的可能性。赫尔巴特认为，“把人的心灵视为各种各样能力的集合体是错误的，通常被认为是各种心灵能力的成分在一定的观念群中出现了”。在他看来，人的全部心理活动是以各种观念活动为基础的，如“兴趣取决于观念，取决于各种观念的对比和相互交织”①。他还提出“观念的运动”来解释人的心理活动。通过观念的静力学、动力学和统觉来进一步解释和说明人的观念（团）的获得和观念的运动，并进一步阐发“教育性教学”和“教学四阶段”的思想。从赫尔巴特开始，在近代学校活力改进的话语中，开始了儿童认识的科学化之旅。学校的活力更多的表现在儿童依据其心理发展规律在求知方面表现出来的兴趣、思维的积极和主动性等。

在西方，19 世纪 90 年代的学校仍然是一个“令人沮丧”的地方。传统的儿童观、划一的教学模式以及制度化的学校教育等极大地限制了儿童身心的自由发展。制度化的学校越完善，人在教育过程中越会丧失自主性，甚至压抑和束缚个体的自由发展，阻碍个人创造力的发挥。儿童被牢牢的束缚在课堂上，学习社会所要求的知识和能力，学生只能被动的学习和接受教师的讲授，教学仅仅强调知识，学生学习疲惫，学习效率低下，

① ［德］赫尔巴特著，李其龙译：《普通教育学》，北京：人民教育出版社，2016 年，第 52 页。

整个课堂变得死气沉沉，学校没有生机与活力。正如克雷明指出，“美国学校之所以发生变革，就是为了消除学校教育死气沉沉的情况”。①

值得注意的是，裴斯泰洛齐尽管强调人的自然天性，也同意夸美纽斯“模仿自然”的观念，但他反对机械的模仿，认为教育要遵循自然原则，同时他也反对消极地遵循自然，而是要发现和遵循人的自然本性的发展规律。他在遵循自然方面与夸美纽斯和卢梭是有所不同的。当裴斯泰洛齐将人的能力看作主要的心理学基础时，赫尔巴特则强调观念及其运动，而不强调官能。这是因为“可塑性并不依赖于心灵最初显现的各种能力之间的关系，而是依赖于已经获得的观念之间的关系”。②

中国近代开始，学校的形式已得以完全确立，在清末时期更重要的是建立新式学堂。这一时期学校的改革，一方面是学校制度的改革，一方面是教学内容和教学关系的改革。这一时期的教育内容虽然发生了很大的变化，由传统的儒学经典为主变为科学科目为主。但是这一时期的教学方法依然没有发生改变，沿袭了古代学校教育中的通常做法。新式学校里依旧是“先生是教死书、死教书、教书死，学生是读死书、死读书、读书死”。③ 陶行知一针见血地指出，“新学办了三十年，依然

---

① ［美］劳伦斯·阿瑟·克雷明著，单中惠等译：《学校的变革》，济南：山东教育出版社，2005 年，解读第 5 页。

② ［德］赫尔巴特著，李其龙译：《教育学讲授纲要》，北京：人民教育出版社，2015 年，第 17 页。

③ 中央教育科学研究所：《陶行知教育文选》，北京：教育科学出版社，1981 年，第 147 页。

换汤不换药，卖尽力气，不过把‘老八股’变成‘洋八股’罢了。‘老八股’与民众生活无关，‘洋八股’依然与民众生活无关”。[①] 陶行知看到了当时中国学校教育的问题要害。陈鹤琴在《活教育》的创刊词上也肯定了陶行知对当时中国学校教育的认识，并指出“这种死气沉沉的教育到今天恐怕还是如此，或许更糟糕一点”。[②] 中国对学校活力不足的原因也直指传统的教育模式和对学生方面的忽视。

20 世纪初，义务初等教育已在各主要资本主义国家得到了普遍实施，中等教育也获得了较大的发展，但在教育体制上仍旧沿袭了传统的做法，赫尔巴特的‘主知主义’教育理论依然占主导地位。怀特海认为，“在教育史上，最引人注目的现象是，学校在一个时代才气横溢，而在后续的一个时代却只显示着学究习气和墨守成规。原因是学校被无活力的概念沉沉压住了”。[③] 怀特海认为传统智慧训练把心智视为被动的、死的工具，把训练智慧、知识学习、运用心智于现实生活等之间的有机关系机械地割裂开来。学生所“掌握”的那些难以消化的概念被怀特海称为“无活力概念”，并认为将心智作为死的工具存在一个根本的错误，即“很可能窒息现代世界的才华。它是所有引进教育理论中的最致命、最错误、最危险的概念之

---

① 中央教育科学研究所:《陶行知教育文选》，北京：教育科学出版社，1981 年，第 59 页。

② 吕静、周谷平:《陈鹤琴教育论著选》，北京：人民教育出版社，1994 年，第 300 页。

③ ［英］怀特海著:《教育的目的》，任钟印主编:《世界教育名著通览》，武汉：湖北教育出版社，1994 年，第 1155 页。

一”。① 罗素认为传统教育及其现实教育的错误在于“将孩子们看作没有独立人格的人。他们将孩子看成现实社会宏伟计划的材料；工厂中未来的‘手’和战争中的‘刺刀’……”。② 儿童在这样的教育中“没有思想的时间，也没有时间使他们智能方面的爱好得以畅所欲为，从第一次进学校起一直到离开大学为止”。③

总的来说，近代以来学校活力不足，主要在于学校制度化所产生的实践问题和传统教育对智育的过度强调而对儿童其他方面发展的忽视。学校作为一个封闭的制度系统，割裂了学校与外界的联系，即与社会和自然界之间的联系。传统教育对智育的过度强调割裂了儿童个体的生活世界，儿童完整的生活世界被不同的学科所割裂。这些割裂将儿童从完整的生活世界中分离出来，并从某几个方面对其进行训练；将学校仅仅看作一个封闭的智力训练空间，而不考虑儿童生活经验的连续性，导致儿童生活、学校和社会之间分离。正是这种分离的认识话语，才能使得近代教育教学更能选择其所要集中培养的对象。

在吴式颖看来，近代教育“日益完整地反映工业化时代对劳动者的要求。为了着力培养训练能够在机械化、标准化、专业化、程式化、科学化、同步化的现代生产流水线上的劳动角

---

① ［英］怀特海著：《教育的目的》，任钟印主编：《世界教育名著通览》，武汉：湖北教育出版社，1994 年，第 1153 页。

② ［英］罗素著，李国山等译：《自由之路（上）》，北京：文化艺术出版社，1998 年，第 237 页。

③ ［英］罗素著，张师竹译：《社会改造原理》，上海：上海人民出版社，1959 年，第 94 页。

色，遂不断完善学校教育的制度，使‘制度化教育’模式日益渗透着工业化社会的一些基本原则”。① 德摩林也对法国的近代教育表示不满，他认为近代法国的教育“只偏重以记忆力培训为主的智育，而偏废体育和德育。教师出于监督地位，只求禁止与稳定，不求学生独立自主与承担责任精神的培养；公立中学纪律严酷且与外界隔离，与社会及自然界相隔绝”。② 杜威也认为，当时美国的教育制度被分割成两个彼此不相关且相互对立的部分，同时学校教育割裂了儿童生活和社会生活之间的联系。儿童个体经验世界被不同学科所割裂，传统的教学方式只注重对儿童产生影响的外部条件而忽视了儿童主体内在的心理特点、内在需求和主观能动性。

（二）近代学校活力的改进

在有关学校活力的问题上，近代以来的一个显著特点是，人们不再仅仅从个体儿童的主观状态来判断或确立学校的活力，而是认为应该以建立学校教育与儿童生活、学校与社会等的有机关系来改进学校活力不足的现状。这主要强调两个方面的问题：一方面，儿童主体活力主要表现为儿童的自由发展、自主性、创造性、社会性和个性；另一方面，儿童主体活力的实现方式主要通过活动和提供良好的环境。这些都说明，教育家们对学校教育中单一线性和割裂儿童生活世界方式的认识深化。

---

① 吴式颖、任钟印：《外国教育思想通史（第九卷）》，长沙：湖南教育出版社，2005 年，第 7 页。

② 吴式颖、任钟印：《外国教育思想通史（第九卷）》，长沙：湖南教育出版社，2005 年，第 87 页。

首先，人们认为儿童的发展是自由的、快乐的、和谐的，具有想象力、观察力、创造性和社会性。与以往相比，这是对儿童主体认识的进一步深化。他们更强调儿童在生活中、在与他人的合作中快乐和谐发展，并由此形成合作精神。爱伦·凯提出了“20 世纪是儿童的世纪”这一口号，并认为儿童世纪的到来一定体现在这两条路上：“第一是成人了解孩子的性质，第二是孩子性质中的纯朴天真须由成人们留心保存”。① 这就要了解和尊重儿童的天性，使儿童自由的成长而非被强迫的成长。爱伦·凯提出要保护儿童的天性，让儿童生长在一个外表与内部皆很美丽的世界，“使小儿在这样的世界中去自由地活动，使小儿自觉其精神，去实践其固有的道路”。② 怀特海作为“有机哲学”的主要代表人物，他基于科学的心智观，认为教育不是灌输的过程，而是一种引发的过程，教育作用的发挥要以尊重学习者的积极性、主动性为前提。怀特海提出要保持“知识的活力”，只有这样，学生的心智才能得到充分的发展，而不是处于一种机械、死板的状态。基于儿童心理发展的认识，他认为“不注意心理发展的节律和性质是教育上呆板无效现象的主要根源”。③ 沛西·能认为“必须强调教育上的个性，学者的个性，教师的个性，学校的个性……因为，这是最关键的主张。

---

① ［瑞］爱伦·凯著，沈泽民译：《儿童的教育》，上海：商务印书馆，1923 年，第 85 页。

② ［瑞］爱伦·凯著：《儿童的世纪》，任钟印主编：《世界教育名著通览》，武汉：湖北教育出版社，1994 年，第 1011 页。

③ ［英］怀特海著：《教育的目的》，任钟印主编：《世界教育名著通览》，武汉：湖北教育出版社，1994 年，第 1155 页。

如果这个主张丧失了，则一切都丧失了”。[①] “一切教育努力的根本目的应该是帮助男女儿童尽其所能达到最高限度的个人发展。”[②] 他认为，除了这些自由的活动，没有其他的善了，教育实践必须按照这一真理来进行。罗素在批判传统教育的基础上，提出教育要尊重学生的个性自由，“只有当一个人感到每个学生都是一个独立个体，都有自己的权利和个性时，他才有教育别人的资格。在教育中，尊重人的个性是智慧的开端。但在教育领域中和在其他领域中一样，自由都有个限度的问题”。[③] 他还指出，“教育不应以对死的事实的被了解为目的，而应以朝向我们努力创造的世界活动为目标，在这种精神中教育的那些人将会充满活力”。[④] 从这些话语中，尽管是对儿童主体和个性的强调，但是却都阐发出了对主体的新认识，这些认识是以一种有机整体的话语提出，而不再是基于某种割裂单一的话语。这是一种对儿童主体更为彻底的认识，学校活力的话语依然是以儿童主体为载体，其中的活力观念也必然会发生改变。

其次，对儿童主体认识和教育教学的科学化。19 世纪末，儿童研究运动拉开了序幕并迅速发展。儿童研究运动对学校教育的发展起到了促进作用。它改变了人们旧的教育观念，改进

---

① ［英］沛西·能著，王承绪等译：《教育原理》，北京：人民教育出版社，1992 年，第 21 页。

② ［英］沛西·能著，王承绪等译：《教育原理》，北京：人民教育出版社，1992 年，第 2 页。

③ ［英］罗素著，李国山等译：《自由之路（上）》，北京：文化艺术出版社，1998 年，第 237、223 页。

④ ［英］罗素著，李国山等译：《自由之路（下）》，北京：文化艺术出版社，1998 年，第 543 页。

了旧的教育方法，提出要根据儿童的身心特征和兴趣进行教学，反对学生被动地接受知识。尽管传统教育提倡尊重儿童的身心特征和兴趣，但是随着认识的深入，人们对这两者的认识还是有着根本的差异性。儿童研究的主要内容包括身体与健康、兴趣、情感和态度、智力问题等几个方面。尽管其研究方法更多的是问卷调查和个别观察法，但是他们十分强调问卷的科学性。如高尔顿提出的“智力遗传论和优生学”，明显具有生物进化论的影子，这种认识更加强调遗传的作用。后来，比奈认为判断力是智力功能中最为重要的因素，并根据这一认识编制成了智力测验量表。这一量表是对高级心理现象的认识，例如推理、创造和判断等能力。比奈的智力测验研究为后来的研究提供了基础和铺垫了道路，如加德纳的“多元智力理论”。此外，霍尔对儿童的个性进行了深入研究，特别是其对青少年的心理特点方面。他认为青少年的心理特征表现为一些“非常显出的互相对立的冲动。但这些冲动力求表现，它们是一时好像很强烈，但以后却就销声匿迹了”。① 这些都说明了教育领域对儿童主体认识的不断分化、深化和科学化，这也就要求教育实践对儿童主体的认识更加科学化。也就是说，学校活力的改进话语较以前则有着巨大的差异性。

19 世纪末，在实证主义哲学思潮和实验生理学的影响下，实验心理学得以产生和发展。实验心理学对儿童心理的实验研究为实验教育学提供了理论的依据、科学基础和研究方法，并促进其产生和发展。梅伊曼坚持认为实验教育学就是实验心理

---

① 张述祖等审校：《西方心理学家文选》，北京：人民教育出版社，1983 年，第 117、132 页。

学，是“实验室中的实验”，这也是他不同于拉伊的地方。拉伊认为“只有当一项实验的主要目的是解决教育学的问题时，这项实验才是教育学实验”。[①] 实验教育学是“班级中的实验”。梅伊曼早期“把对儿童学习疲劳、学习经济性问题的研究称为‘实验教育学’”。[②] 拉伊则是基于以往前人从卫生学、心理学等角度来分析由于心智作业和教学所引起的疲劳问题，“首次用教育学实验来证实一种拼写教学方法的效果”。[③] 由此可以大致认为，学生课业负担过重以及精神疲劳等问题是导致实验教育学产生的直接原因。拉伊在激烈批判传统学校教育强调知识和心智训练的基础上，非常强调活动和游戏在教育中的价值，并称未来的学校为“活动学校”或“生活社会学校”。因此，拉伊的实验教育学理论一般被人们称为“行动教育学”。实验教育学从一种科学和实验的实证分析形成了对传统教育限制儿童发展和学校死气沉沉的认识。

最后，对学校环境和活动的强调。这一点是与之前活力改进话语的根本不同之处，即从学校的角度来认识学校活力和改进学校活力。教育家们受生物进化论和地理心理学理论的影响，认为学校周围的自然环境、自身的生活环境以及社会环境都会影响儿童的发展。他们认为，儿童在教育环境中是可以自由的、活跃的发展，良好的环境也会反过来影响儿童，环境和儿童主

---

① ［德］拉伊著，沈剑平等译：《实验教育学》，北京：人民教育出版社，2013年，第2页。

② 吴式颖、任钟印：《外国教育思想史（第八卷）》，长沙：湖南教育出版社，2005年，第405页。

③ ［德］拉伊著，沈剑平等译：《实验教育学》，北京：人民教育出版社，2013年，第3页。

体之间是彼此相互作用的。儿童在这种环境中是一种自然生长的过程，环境本身就是一种教育。正如华虚朋所说“一进入这所学校便感到一种快乐的空气。无压迫的儿童生活，……儿童们在学校各处的来往谈话都很自由”。[①] 利茨的乡村寄宿学校的校址选择注重“地理心理因素”，即注重地理环境对于儿童本性发展的影响力。乡村学校的生活富有规律性及家庭气氛，“校长、教师、学生，其乐融融，呈现家庭聚会之亲密景象”。[②] 爱伦·凯强调学校崇尚自然，学校被广大的庭园所怀抱，学生在美化校园中，通过劳动获得发展。

沛西·能从进化论的视角也特别强调学校环境对学生个性发展的作用。他认为“无论如何，由于儿童的天赋能力，各种特殊的才能和倾向很不相同，没有一个单独的教育制度能满足所有儿童的需要。儿童个性的形式不管它怎样突出，也不管它怎样卑微，只有在一个有利于个性成长的教育环境中，才能指望个性的全面发展”。[③] 瓦斯孔塞罗的彼爱尔实学校，特别注重学校自然环境的建设，并认为这是新学校成功的第一个条件。他认为“自然环境对人的感化固然重要，但要造成学生的道德品性，还需要让学生直接参与社会环境的建设”。[④] 此外，杜威也强调环境对人的影响，他在批判卢梭教育思想中指出，不能

---

① ［美］华虚朋、斯端氏著，唐现之译：《欧洲新学校》，上海：中华书局，1931年，第64页。

② 吴式颖、任钟印：《外国教育思想通史（第九卷）》，长沙：湖南教育出版社，2005年，第85页。

③ ［英］沛西·能著，王承绪等译：《教育原理》，北京：人民教育出版社，1992年，第285页。

④ 吴式颖、任钟印：《外国教育思想通史（第九卷）》，长沙：湖南教育出版社，2005年，第104页。

因儿童的一些倾向是自然的，所以它们就都是可取的，而是“务必使可取的倾向有一个适当的环境，使它们保持活跃，这些自然倾向的活动必须控制其他倾向的方向……”。① 杜威认为，学校教育“应该提供一种环境，使儿童的天赋能力得到更好的利用”。②

环境作为改进学校活力的一个重要话语，通过对良好环境的构建，从而使儿童能够在其中自由、活跃和个性的发展，并且也使其从环境中受到良好的影响并不断发展。此外，改进学校活力的话语还强调生活、游戏、劳动等活动形式，一改传统教育仅仅强调课本和知识的讲授方式。沛西·能将学生看作是一个有机体，“并承认一个有生命的有机体和环境之间的密切关系。有机体在世界面前的自我表现的态度，表现在保守性的或创造性的两类活动里”。③ 两者都是自然的活动，相互联系、相互转换，两种活动中互有对方的要素。玛格丽特认为活动作为保育学校的主要教育方式，其中她首推游戏作为教学活动的方式。这是因为游戏可以加强儿童间的接触和交流，并协调各种基本感觉，然而这些感觉最终导向儿童感知的完善及情感的发展，其中情感的健康发展是儿童个体表现力和想象力的基础。德可乐利的隐修学校则坚持“教育为生活而存在，赖生活以进行”的生活教育信条，成为“学校为生活、依赖生活的最完

---

① ［美］杜威著，王承绪译：《民主主义与教育》，北京：人民教育出版社，2015 年，第 128—129 页。

② 同上。

③ ［英］沛西·能著，王承绪等译：《教育原理》，北京：人民教育出版社，1992 年，第 33—34 页。

整、最平衡的范例”。[①] 杜威则认为“学校必须呈现现在的生活——对于儿童说来是真实而生气勃勃的生活”。[②] “不通过各种生活形式，或者不通过那些本身就值得生活的生活形式来实现的教育，不过是真正现实的贫乏的代替物，必将流于僵化而死气。”[③]

在学校活力的改进方面，杜威特别强调学校要与社会保持联系，“使学校生气勃勃，社会的作用正如学校的作用一样重要。承认学校在全社会福利方面所起的作用就像警察和消防部门一样重要……，这样的社会就有社会化的学校，不管用什么方法，它都能使学校发展社会精神和兴趣”。[④] 因此，对于学校的生气勃勃主要从两个方面入手：一方面是学校呈现儿童现在的生活，从而使儿童在生气勃勃的生活中成长；另一方面是社会化的学校，即认为学校是社会生活的一种形式。杜威用生活概念使儿童、学校与社会有机联系在一起，从而使儿童不再是一个身心分离的主体，在学校生活中生长，在做中学。他通过将儿童的成长与其生活联系起来，将学校与社会联系起来，基于三者之间的有机联系消除了学校中不恰当的反常的准备并克服了由此产生的“浪费”。“必须想办法结束这样的状况，不管人们是否喜欢，在家庭、街区或车间这些传统上具有教育功能

---

① 戴本博：《外国教育史（下册）》，北京：人民教育出版社，1990 年，第 49 页。

② ［美］杜威著，赵祥麟等译：《学校与社会·明日之学校》，北京：人民教育出版社，2016 年，第 6 页。

③ ［美］杜威著，彭正梅译：《我的教育信条——杜威论教育》，上海：上海人民出版社，2013 年，第 4 页。

④ ［美］杜威著：赵祥麟等译：《学校与社会·明日之学校》，北京：人民教育出版社，2016 年，第 303 页。

的场所不再起作用的时候，学校必须承担这个任务。”① 沃特的葛雷学校就是杜威教育思想的一种实验，“将学校办成一个雏形社会”，建立学校与社会的生动联系，培养学生的自主和社会精神，真正提高教育的效益。

在中国20世纪初期，针对当时中国学校教育的现状，陶行知、陈鹤琴明确提出了“活的教育”思想。陈鹤琴提出了比较完整的活教育理论，以改变当时中国旧学校教育中死气沉沉的现象。陶行知首先将教育分为三类：“死的教育”“不死不活的教育”和“活的教育”。其中认为“活的教育，好像在春光之下，受了滋养料似的，也就能一天进步似一天。换言之，就是一天新似一天”。② 陶行知对学校教育中死气沉沉现象的解决，是从“生活”和“活动”入手，即强调“生活”与教育之间的紧密联系，用生活将学校、儿童和社会三者之间紧密相连，并认为“没有生活做中心的学校是死学校”。还强调教与学要在活动中，在“做”中进行。“教学做合一”则是这种思想的方法论。这种“活的”教育思想的目的就是培养学生的创造力和生活力。在具体的方法上，陶行知指出“学校生活应当成为一个创造气氛的教育环境，同时要通过师生的共同活动，创造这样的环境。学校总是在一定的自然和社会环境中进行教育的”。③

陈鹤琴将旧教育作为一种“死的”教育，并在陶行知的基

① ［美］劳伦斯·阿瑟·克雷明著，单中惠等译：《学校的变革》，济南：山东教育出版社，2005年，第105页。

② 陶行知：《陶行知全集》，成都：四川教育出版社，2005年，第340页。

③ 毛礼锐、沈灌群：《中国教育通史（第五卷）》，济南：山东教育出版社，第2005年，第84页。

础上，提出了活教育的目的论、方法论、课程论，形成了一套相对比较完成的活教育理论。“活的教育”思想在当时掀起了一股浪潮，并于1941年创办了《活教育》杂志。“活教育”理论也是针对当时中国学校教育中的“书本中心”、死读书等问题提出来的。陈鹤琴基于这一问题，提出了“活教育”，并在《活教育要怎样实施的》一文中，从活教育的目的、对象、组织、课程、方法、教师、设备和考成等八个方面来阐述。其中，课程观则指出要向“大自然、大社会”去学习，抛弃“书本万能”的错误观念，去探究活的直接的“知识宝库”。他认为“‘做’这个原则，是教学的基本原则”,① 即“做中教，做中学，做中求进步”。② 毛礼锐先生则将这一原则看作是“活教育方法论的核心”。③

概而言之，近代以来对学校活力死气沉沉、没有活力现象的认识和实践改革主要表现在：一方面是强调儿童的自主性、创造性、社会性和个性，与之前对儿童学习的主动性和兴趣有所不同；另一方面是强调通过改变学校环境和教育教学的方式和方法来实现改进学校活力不足的现状。无论是中国还是西方，他们都将学校活力不足归于学校制度僵化，教学模式的单一和教学内容、方式的匮乏和机械等方面。从教育认识上，它更加强调学生自主性、创造性、社会性和个性的发展，区别于之前

---

① 陈鹤琴:《陈鹤琴活教育的教学原则》，北京市教育科学研究所:《陈鹤琴教育文集（下卷）》，北京：北京出版社，1985年，第654页。

② 陈鹤琴:《活教育要怎样实施的》，陈秀云编:《陈鹤琴全集》，南京：江苏教育出版社，2008年，第280页。

③ 毛礼锐、沈灌群:《中国教育通史（第五卷）》，济南：山东教育出版社，第2005年，第595页。

对儿童兴趣和特点的强调。从教育改革实践上看，教育思想的发展受到了心理学、社会学和生物学的影响，在改革措施上也带有这些学科的影子。这一时期强调学校为学生创造生活环境和自然环境，使儿童能够在优良的环境中生长，并通过活动的方式而不是讲授的方式促进儿童的发展。

三、现代学校活力的话语

步入现代社会，教育认识的科学化不断改变着学校教育的组织形式，并逐渐形成了一套比较完整的教育组织系统。随着学校制度化的日益完善，学校则从一种非组织化的教育载体逐渐变为一种重要的教育组织形式。学校活力则从儿童主体的活力认识转向了机体活力的认识。这一时期的学校活力话语较之前的更为丰富和复杂，它虽然涉及关于主体的话语，但是主体已不仅仅局限于儿童主体，而且还涉及其他学校主体。尽管这一时期明确提出了学校活力的概念，并主要探讨学校作为组织机体的活力。但由于对学校活力概念的把握仅仅停留在活力的日常概念理解之上，因此它依然是针对学校活力不足的现象而提出的。

（一）现代学校活力问题的认识

在中国，对学校活力的认识虽是从学校活力不足的现象出发的，但对学校活力不足的话语却是从学校这一体制或组织系统的整体角度来认识。学校自身具有自主性，能够处理组织系统内部的不同关系问题，但学校制度作为社会制度体系中的一部分本身也受到社会制度的影响。中国在 1985 年的《决定》

中明确指出“政府有关部门对学校主要是高等学校统得过死，使学校缺乏应有的活力”。改革开放初期，一些学校制度还处于计划经济的模式，从招生到分配都是国家主导。这一阶段“学校缺乏活力的原因在于，学校方面：学校没有应有的自主权，学校经费统收统支。教师方面：现行管理体制影响教师活力发挥；学生方面：学生学习没有压力；从学校和外部的关系来说：用人单位无偿用人，不珍惜人才，学校科研成果无偿转让等，限制了学校的积极性”。① 随着中国学校制度的逐渐完善，“学校缺乏活力则主要在于学校内部权力比较集中，外部则是对学校多头领导，办学模式封闭”。② 这一时期对学校活力不足的认识主要是学校制度和体制对学校自主性、开放性以及对学校主体的束缚。

1985 年的《决定》是较早提出学校活力问题的政策文件，这一政策话语开启了中国关于学校体制机制活力的研究。学校活力被作为一个专门的问题域被讨论和研究，并针对学校活力的改进和认识产生多层复杂的话语。

在现代西方，20 世纪 80 年代以后，学校制度化的发展也使得学校教育处于“危机”之中，学校体制的“单一的最优制度”③ 使得学校越来越缺乏“效能”。美国在 20 世纪 80 年代之

---

① 李冀：《建立充满活力的高等学校管理体制》，《辽宁教育研究》1985 年第 1 期。

② 陶西平：《让学校充满活力》，《中小学管理》2014 年第 8 期。

③ 这是美国教育史学家塔耶克（David Tyack）提出的，但在保守主义的视阈中，他们认为，在这种“单一的最优制度”下，美国公共学校形成了以下几个特征：经济控制、知识控制和政治控制。这三大控制构成了美国学校的“管制”机制。详见陈露茜：《学校大辩论——20 世纪 80 年代美国公共教育政策中的意识形态冲突》，北京：教育科学出版社，2014 年，第 102 页。

后针对《国家处于危机之中：教育改革势在必行》所提出的政策背景，“教育政治家”们开启了关于公共教育改革的大讨论，其中最典型的就是“学校大辩论（the great school debate）”。在这场大辩论的两个主题中，关于“‘选择’，辩论的焦点主要集中在‘什么样的学校最有效能’方面，该主题涉及公共学校管理体制的重建，是受专业控制，还是由市场调控?”① 学校缺乏效能的原因更多地在于学校办学自主权不足，现有的学校体制的权力控制比较集中。“保守主义认为，‘单一的最优制度’弊端的根源在于以下两个方面：‘以直接民主的方式（direct democratic）管理控制学校’和‘层级化的科层制束缚’。”② 正如丘伯等人所说，“虽然每一个人都希望接受良好的学校教育，而且那些教育体制也力图满足人们的需要，但是它们所起的作用却适得其反——它们营建的社会情境并不能培育进行高效率学术活动的组织性基础”。③

制度化教育有它的优势，但也具有封闭性，倾向于筛选性和竞争性。在伊利奇看来，制度化教育的弊端，阻碍了人们对教育的良好愿望，学习成为了一件强制性和被迫的事情；“在年轻人进入社会之前，学校就已经通过把他们与社会相隔离而将他们预先异化了”④；学生所学的知识只不过是学校这一市场

---

① 陈露茜：《学校大辩论——20 世纪 80 年代美国公共教育政策中的意识形态冲突》，北京：教育科学出版社，2014 年，第 10 页。

② 陈露茜：《学校大辩论——20 世纪 80 年代美国公共教育政策中的意识形态冲突》，北京：教育科学出版社，2014 年，第 102—103 页。

③ Chubb J E, Moe T M. *Profit Over People: Neoliberalism and Global Order*. New York: Seven Stories Press, 1999: ix, 2.

④ ［美］伊利奇著，吴康宁译：《去学校化社会》，北京：中国轻工业出版社，2017 年，第 56 页。

所销售的商品；学生学习的需要是被生产出来的，而非出于自愿的结果；制度化的学校教育是对人个性和人性的欺骗和磨灭。弗莱雷将这种教育看作是“灌输式”的教育，“讲解”是师生关系的基本特征。“教师谈论现实，就好像现实就是静态的、无活力的、被分隔的并且是可以预测的。在讲解过程中，其内容，无论是价值观念还是现实中获得的经验，往往都会变得死气沉沉，毫无生气可言。”① 这种“灌输式”的教育是一种被压迫者的教育学，它的“‘人文主义’掩饰了他们为把人变成机器人所做的‘努力’”。② 弗莱雷将这种教育中的压迫性、师生之间的不平等性和把人作为客体等看作学校活力不足、死气沉沉的原因。这一时期西方对学校活力不足的原因分析，主要基于教育实践对人的异化，并将产生异化的原因归结于支配权力及其意识形态对学校教育内容、教学形式和制度的设计和控制。

（二）现代学校活力的改进

随着学校作为一个组织系统被不断强化和完善，学校活力概念被明确提出，并指向学校组织系统的关系状态。这对有关学校活力问题的论述与讨论产生了直接而重大的影响，也就是说，人们开始转向直接运用学校活力概念从正面探讨学校活力问题，而不再如同以往那样通过学校活力不足的话语从侧面来

---

① ［巴西］保罗·弗莱雷著，顾建新等译：《被压迫者教育学》，上海：华东师范大学出版社，2015 年，第 35 页。

② ［巴西］保罗·弗莱雷著，顾建新等译：《被压迫者教育学》，上海：华东师范大学出版社，2015 年，第 38 页。

认识。[①] 因此，要提升和改进学校活力，则需要先了解和认识学校活力。

现代学校活力的认识就是对这机体或体制的生命力描述和改革指导思想或主题。增强学校的“活力”是教育体制改革的指导思想之一[②]，是现代教育思想在办学观方面的基本观念，学校活力被看作是一种办学思想，增强学校活力问题是深化教育体制改革中的主题[③]。“学校活力可以用来反映一个学校组织的健康状况，学校活力是对积极、自主和创造性的办学氛围的直观描述。”[④] “有活力”是衡量一所学校发展状态与发展潜力的重要指标。活力成为看待学校发展的一个重要维度。这是这

---

① 一方面，在没有发生话语转向前，关于改进话语的学校活力认识大多都属于前两种不同的知识型；另一方面，学校活力的话语转向后，学校活力概念被直接提出，并围绕学校作为组组织系统形成了丰富的学校活力话语。其中关于改进学校活力的认识则也更多地从学校体制机制和制度改革方面入手。但是，关于学校机制体制和制度等方面的改革非常多，其目的性也相对比较复杂多样。也就是说，尽管转向后的学校活力的改进也从这一维度出发，但是这不意味着所有的体制机制和制度改革都是针对学校活力不足的现象而实施。故这一时期对学校活力的话语则包括两个方面，一是关于学校活力的直接话语，二是关于学校活力改进的话语。对这一话语的考察也只从直接针对学校活力不足的改革话语来考察，而不搜集所有关于改革的话语。之所以如此设计主要是要围绕学校活力的话语对象来进行，即学校机体活力的实现。尽管有些改革话语会涉及或者与某些学校活力的改进话语重叠，但是那些话语依然是服从于改革话语的对象和形成规则。这种重合则是研究者主观抽离的结果，而未将其放入原有话语运动的整体中。因此，这一时期的学校活力话语搜集主要从学校活力的直接认识和提高学校活力的直接话语来考察，而不从所有改革话语中进行考察。

② 雷克昌：《对增强高校“活力”的几点议论》，《江西水专学报》1986 年第 1 期。

③ 许一铭：《增强高等学校的活力》，《化工高等教育》1988 年第 1 期。

④ 石中英：《学校活力的内涵和源泉》，《河北师范大学学报（教育科学版）》2017 年第 3 期。

一时期对学校活力的整体认识。从中也可以看出，学校活力主要指向学校机体或体制整体，而不仅仅指向儿童主体。学校活力作为机体活力的认识，则需要从机体内部、学校机体与外部的关系以及机体活力的本质等方面来进行考察。

第一，对机体内部的考察。学校活力则更多的是指学校主体积极性、主动性、精神状态以及主体之间的生态关系；机体组织的教育性和整体的教育能力；机体的自组织能力。一方面，对于机体内部的主体而言，学校活力就是“学校凝练全体师生的共同追求，把核心价值观渗透在学校工作的方方面面，通过不断的知识和思维创新去引领师生个体精神的生成和发展”。①或者说是“学校中的人在教育活动中所表现出的自由自觉的本性”。②“透过学校组织氛围，便可体察学校活力，即学校领导和广大教职员工心系教育理想，在创造性地服务学生发展过程中实现自我价值，所有学生得以在生动活泼、充满教育意蕴的学校生活中积极主动地实现自我成长和发展。”③ 如若将学校看作是一个生态有机体，那么“学校的‘活力’体现在学校的生态主体及主体间的关系中。其中学生是否健康成长是最重要的指标”。④ 对于学校活力最直观表现的认识也有着不同的话语，如校长的活力、教师的活力以及学生的活力；广大师生员工特别是教师的主动性、积极性和创造性的充分发挥；国外学者对

---

① 王天文、王谨：《让风范教育成为特色高中建设的活力源泉》，《上海教育科研》2010 年第 3 期。

② 石中英：《学校活力的内涵和源泉》，《河北师范大学学报（教育科学版）》2017 年第 3 期。

③ 范国睿等：《教育政策与教育改革》，北京：教育科学出版社，2016 年，第 379 页。

④ 范国睿：《如何营造有活力的学校》，《中国民族教育》2016 年第 2 期。

学校活力的认识主要从“教师胜任力、学生自主性、治理开放度和水平认同感”① 等四个方面来展开。甚至认为“学校活力取决于教师对自身学校是模范学校的观念（perception）、完成学校使命、展现友善、提供教学材料和利用专业知识解决问题等原则的坚持”。② 仅就教师而言，认为教师活力就是教师给予课堂的一种能量，即使教师一直保持精力充沛的那种事物的本质。③

另一方面，对于机体内部的组织而言，学校作为一个机体组织，学校活力则指向机体组织的教育性和教育能力。这是学校活力的核心和本质，也是区别于其他学科活力认识的根本所在。学校“以人的培养为自己的根本任务，学校组织的一切要素——理念、制度、活动、评价、环境等——都应该具有教育性，在价值取向上都应该为学生的健康成长服务”④，如此学校才能真正具有活力。“学校的教育能力是学校活力生成与发展的基础，也是区别于其他组织的本质特性和学校存在的依据。”⑤ 在内部的组织形式方面，学校活力主要指学校的组织和管理能力。“学校的组织能力是学校产生活力的源泉，更为重

---

① 邓友超：《提升教育内涵式发展的量级》，《中国教育报》2017 年 5 月 11 日第 7 版。

② Marian Hobbie. *The Impact of Catholic School Identity and Organizational Leadership on the Vitality of Catiolic Elementary Schools*. Catholic University of America, 2009: ii.

③ Delta Cavner. *Teacher Vitality: A Two - Country Multiple Case Study*. Boise State University, 2002: 5.

④ 石中英：《学校活力的内涵和源泉》，《河北师范大学学报（教育科学版）》2017 年第 3 期。

⑤ 蒲蕊：《学校的自主性问题研究》，华中师范大学博士论文，2003 年，第 6 页。

要的是，学校的活力来自它的自组织能力”。[①] 学校活力的最主要来源应该是管理的解放。[②]

第二，对学校机体与外部的关系考察。学校活力不仅体现在学校机体的内部，也体现在学校机体与外部的关系上。这一角度的学校活力认识则主要从学校机体的能动性和与外界的互动能力来认识。学校活力是指学校“进行实践活动的能动力量，也就是适应环境、改变环境的作用和能力，即内部结构与外部环境达到某种协调平衡的机制和力量”。[③] 最终体现为“学校体制内外的一种互通关系”。[④] 因而，学校机体的能动性主要表现在“主动适应社会主义建设需要的程度。活力的大小强弱具有客观的标准，即体现其本质力量的实践行为所取得的客观成果，检验其对社会发展的促进作用”。[⑤] 学校机体的互动能力则表现为机体对内、对外的开放性。“学校一方面要全方位地向社会开放，主动适用社会发展的需求，另一方面要面向校内开放，打破院系之间的壁垒。”[⑥] “学校与环境的互动能力是判断一所学校是否具有活力的重要标志之一”，还有“较高应变能力、开放能力、批判反思与超越能力等”。[⑦]

---

① 蒲蕊：《学校的自主性问题研究》，华中师范大学博士论文，2003 年，第 70 页。

② 张爽：《学校活力的表现和提升策略——基于两个案例的分析》，《教育学报》2017 年第 1 期。

③ 许一铭：《增强高等学校的活力》，《化工高等教育》1988 年第 1 期。

④ 雷克昌：《对增强高校“活力”的几点议论》，《江西水专学报》1986 年第 1 期。

⑤ 许一铭：《增强高等学校的活力》，《化工高等教育》1988 年第 1 期。

⑥ 吴学霆：《开放是学校活力之源》，《文汇报》2002 年 7 月 9 日第 1 版。

⑦ 蒲蕊：《学校的自主性问题研究》，华中师范大学博士论文，2003 年，第 72 页。

第三，对学校活力的本质认识考察。从机体系统角度，学校活力的考察也主要是从学校机体的生命力、实践能力和学校机体在组织运行过程中所表现出的本质特征。对学校活力本质的直接认识就是基于活力的日常概念即“生命力”来概括学校机体的自足运动，这种自足运动表现出自主、适应性、可持续和能动性的实践力量。学校活力就是指“学校系统的生命力”①；“是一种实践力量”②；“学校管理的自主权”；还是指“某一个学校组织本身在运行过程中所表现出来的生命力、适应性和可持续发展的水平”③。具体而言，则表现为“学校干部、教师和学生甚至家长身上迸发出来的生命力，是学校管理、课程、课堂教学、德育等方面不断涌现出的创新、改革与发展的态势。有活力的学校多样性、自主性、创造性并存”。④它传递出一种教育组织的生命观。⑤ 此外，也表现在“组织健康的技术层面；教师的集体效能（efficacy）；精神或创新行为的机能（the faculty）”⑥，并认为学术影响力是学校活力的重要基础。

由此可以看出，现代学校活力的认识是从学校机体的角度

---

① 蒲蕊：《学校的自主性问题研究》，华中师范大学博士论文，2003 年，第 68 页。

② 许一铭：《增强高等学校的活力》，《化工高等教育》1988 年第 1 期。

③ 石中英：《守住规律才能找到教育活力的密码——访北京师范大学教育学部教授石中英》，《中国教育报》2017 年 5 月 2 日第 4 版。

④ 张爽：《学校活力的表现和提升策略——基于两个案例的分析》，《教育学报》2017 年第 1 期。

⑤ 王熙等：《教师视域中的“学校活力”——基于教师访谈资料的文本分析》，《教育学报》2017 年第 1 期。

⑥ Marian Hobbie. *The Impact of Catholic School Identity and Organizational Leadership on the Vitality of Catiolic Elementary Schools*. Catholic University of America, 2009: 10.

来认识的。学校活力的改进话语也更多的是从学校机体自主性、积极性、能动性以及学校主体的主观能动性受到压制和束缚的角度来寻求增强学校活力的路径和方法。这一时期对学校作为有机体的活力认识，改进实践上表现为体制机制的改革、机体内部的管理体制改革、学校社会服务能力的改进和学校主体主观能动性的激发等。

第一，办学体制机制方面。这一时期学校活力不足在于学校体制机制对学校机体的束缚。《决议》明确提出“要从根本上改变这种状况，必须从教育体制入手，改革管理体制，简政放权，扩大学校的办学自主权”等等。这些改进的话语主要表现在学校机体的自主性、体制机制的开放性等方面。学校机体的自主性方面的话语也有很多，如学校经济管理符合价值规律的要求①，扩大学校办学自主权②，建立和完善现代学校制度从而使学校组织焕发生机和活力③。要增强学校活力就必须切实简政放权，使学校真正充满自主发展的活力，成为具有创造性的实体。④ 放权是激发学校活力的关键。⑤ 学校体制机制的开放性方面的话语，如“按市场需求办学，改革办学机制，即要按

---

① 李冀：《建立充满活力的高等学校管理体制》，《辽宁教育研究》1985 年第 1 期。

② 许昕：《增强高等学校活力的几个问题》，《江西财经学院学报》1985 年第 6 期。

③ 范国睿、蒋建华：《让学校组织焕发生机与活力》，《中国教育报》2005 年 2 月 5 日第 3 版。

④ 陶西平：《让学校充满活力》，《中小学管理》2014 年第 8 期。

⑤ 赖配根：《教育治理水平越高，学校越有活力》，《人民教育》2016 年第 6 期。

市场需求来增强和完善学校的专业设置”。[①] 通过联合办学转变办学模式，[②] 探索生源规律。[③] 通过走读收费的办学形式，[④] 开放办学，着眼于学校与社区、社会之间的关系，努力建立学校与家庭、社区之间的一体化，从而构建开放式教育体系和创办“开放式活力学校”[⑤]。加强教育事业的整体性和教育成果的集体性，要求学校既要全方位、多方面的协调配合，又要调动多方面的积极性，形成和谐的内外关系。[⑥]

第二，学校管理体制改革方面。学校管理体制方面的改进话语主要体现在对学校主体之间关系方式的变革上。这种变革关系方式的话语则主要表现在“考核”“效能评价”“校长负责制”“校长职级制”等方面。深化学校内部管理体制改革的核心是转换机制，而新机制的关键则是考核，只有这样才能调动教职工的积极性和主动性，从而增强学校活力。[⑦] 在职业学校的管理体制改革上，学校确立了“一校两制”，在管理体制上

---

① 陈树勇：《按市场需要办学增强学校活力》，《中国石油大学学报（社会科学版）》1996 年 S1。

② 吕向东：《改革办学模式　增强学校活力——武汉市青山石化中学联合办学的探索》，《武汉教育学院学报》1996 年第 1 期。

③ 陈松苗：《探索生源规律，增强学校活力——县级电大生源组织的探讨》，《南京广播电视大学学报》1998 年第 2 期。

④ 曹炳坤：《大学收费走读是一种有活力的办学形式》，《上海高教研究》1985 年第 2 期。

⑤ 苏航：《构建开放式活力学校的策略思考》，《长春教育学院学报》2016 年第 11 期。

⑥ 侯俊东：《营造和谐氛围，增强学校活力》，《教育观察》2016 年第 22 期。

⑦ 齐向军、沈有昌：《深化学校内部管理体制改革，增强办学活力》，《电力高等教育》1994 年第 1 期。

形成合力；股份合作制，在转换机制上增添活力。① 通过管理体制改革，构建“活力校园”，提出了活管理模式、活教育载体、活基地实训、活课外活动等的实践路径来实现学校活力的增强。② 校长负责制给高校的发展带来了活力，应该调动和发挥校长办校的积极性和主动性。③ 管理者要处理好与教师的关系，理解、尊重、信任教师。教师与学生之间，也应加强互动沟通、平等对话、彼此尊重。如此，学校的活力则自然迸发。④增强校长教师实践智慧，建立新型教与学关系，推进学校治理现代化。⑤ 更有改革者以取消中小学行政级别、建立校长职级制作为去行政化改革的突破口，努力构建充满活力的现代学校制度。⑥ 在学校的体制改革中，应以民主的方式焕发学校的整体活力。⑦ 在作教育改革的顶层设计时，加强统筹，保持对学校改革的目标、措施、要求和评价的统一性。⑧

第三，学校服务社会的能力方面。学校作为组织系统，其

---

① 邓建国：《职业学校应如何增强其活力》，《南昌职业技术师范学院学报》1997 年第 1 期。

② 郑佩瑛、俞小珍：《中职学校“活力校园”的实践探索》，《中等职业教育》2012 年第 35 期。

③ 同济大学：《校长负责制给我校带来了活力》，《高等工程教育研究》1987 年第 1 期。

④ 张永梅：《学校的活力从哪里来》，《中国教师报》2015 年 12 月 23 日第 13 版。

⑤ 邓友超：《提升教育内涵式发展的量级》，《中国教育报》2017 年 5 月 11 日第 7 版。

⑥ 山东省编办：《山东省全面取消中小学行政级别，构建充满活力现代学校制度》，《中国机构改革与管理》2017 年第 4 期。

⑦ 钟亚利、孙金鑫、孙雪莲：《以民主的方式焕发学校的整体活力（一）——褚宏启教授与中小学校长对话教育治理》，《中小学管理》2015 年第 6 期。

⑧ 陶西平：《让学校充满活力》，《中小学管理》2014 年第 8 期。

活力话语主要体现在学校机体与外部社会的关系方式上。即在开放的基础上，面对社会需求所提供服务的能力。学校要通过在为社会服务中，促进教学、科研队伍的建设，增强学校活力。① 学校对当地经济发展服务的程度方面，则从专业设置是否合理，课程内容同经济发展需求是否吻合等方面，作为判断学校活力大小的根本。② 提出了学校面向经济建设，加强学校与社会的联系。③

第四，学校主体能动性激发方面。增强学校活力的主要话语策略包括“激励机制”④ 和“竞争机制”的建立；良好校风和学校文化的构建以及新课程的设置。学校的教职员工是学校中的重要组成部分，高等学校的活力来源于师生员工的积极性、智慧和创造力。⑤ 因而，要增强学校活力，就须充分调动教职工的积极性。在调动教职工积极性方面上，要找准调动职工积极性的“最佳点”；认清教职工的“动力点”；寻求克服教职工心理“失衡”的办法；选准调动员工积极性的“切入点”。⑥ 此外，也要引进竞争机制，调动前方、后勤，教学与服务各岗位教职工的积极性，增强学校活力。⑦ 学校的效能是体现学校活

---

① 章纪善、钱晓敏:《在为社会服务中增强学校活力》,《中国高等教育》1989 年第 2 期。

② 陈西洛:《坚实基础，增强活力》,《现代远距离教育》1988 年第 2 期。

③ 南京化工学院:《面向经济建设，在服务中增强学校自身的活力》,《化工高等教育》1987 年第 4 期。

④ 张瑞莲:《建立激励机制　增强学校活力》,《无锡教育学院学报》1997 年第 4 期。

⑤ 朱佳生:《论高等学校的活力》,《上海高教研究》1985 年第 3 期。

⑥ 陈式利、李肇锋:《浅谈调动教职工积极性，增强学校活力的途径》,《中等林业教育》1998 年第 1 期。

⑦ 孙开学:《引进竞争机制，增强学校活力》,《湖北农机化》1988 年第 3 期。

力的一个重要指标，通过将学校效能评估转化为学校改进方案，通过促进学校质量的持续上升，达到促进学生自由而全面发展的最终目的和提升学校活力。① 学校是一个学习共同体，通过建设一个良好的校风，让学校充盈在学习的氛围中②，使学校焕发学习的活力。“文化构建是学校活力的源泉所在，一所学校要有生气、有活力，能与时俱进、不断发展，这一切都离不开学校文化的建设和学校精神的熔铸。”③ 课程角度，创造校本的分布式课程领导实践，以民主、赋权、合作的方式，紧紧围绕课程问题进行实践和探索，能够持续地为学校整体活力提供保证。④

在西方，面对学校教育陷入“危机”的情况，他们不断探索提升学校效能的措施。其中包括“校本管理”“教师授权”“学券制”“私有化”“家长参与”和“择校”等措施。其中在美国被普遍接受的是“特许学校”，“这些学校由教师团体或者其他一些有资格的个人参与创建和运作，这些办学者在很大程度上独立于州和地方政府”。⑤ 这是扩大学校自主权和选择权的方式。对于提升学校效能的措施，其核心就是如何处理权力关

---

① 叶莎莎：《效能评估：释放学校办学活力》，《中国教育报》2008 年 4 月 22 日第 3 版。

② 贾保方：《困境与回归：让学校焕发出学习的活力——基于学习共同体理论的启示》，《和田师范专科学校学报（汉文综合版）》2008 年第 4 期。

③ 沈幼生、杨七平：《文化构建：学校活力的源泉所在》，《现代特殊教育》2010 年第 1 期。

④ 张菊荣：《学校活力的源泉：对分布式课程领导的认识与实践》，《当代教育科学》2015 年第 24 期。

⑤ Turek, Hamilton C V. *Black Power: The Politics of Liberation in America*. New York: Vintage Books, 1992.

系的问题，即如何“放权”“分权”和“再授权”。此外，为了进一步提高学校教育的效能，刺激学校之间的竞争性，美国等许多西方国家提出了一种新的学校教育制度——教育券制。这一制度要解决的问题之一就是“引入市场竞争，推动基础教育改革，使市场在教育资源的配置中发挥主导作用，从而提高教育效率，进而提高教育效益和教育质量”。① 这是一种制度倒逼的方式，以生源来促进学校教育改革，从而不断促使学校增强活力。

在理论层面，学校活力的改进主要表现为对学校教育中权力的批判和抵制。因此，在批判教育学中主要表现为对权力的否定和批判，不同的批判教育学家对权力批判的切入点也各不相同。如麦克·扬主要从知识控制的角度入手；阿普尔则从国家意识形态的入侵，其著名的论题是“谁的课程”；弗莱雷则从“灌输式”的教育方式入手，提出了对话，反对压迫和灌输。对话改变了师生之间原有的压迫关系。“只有通过交流，人的生活才具有意义”②，学生的创造力才能被释放。他们对学校教育中权力的本质认识是基本一致的，即他们将权力看作是国家机器的占有。他们将占有者和非占有者之间看作是一个对立的斗争性关系，甚至是一种占有者试图控制和支配非占有者的关系，学校教育就是他们进行意识形态和主体生产的工具。传统权力观是一种权力实体，它是直接建立在“控制单位-反应单位”的行为模式之中的，是对人的行为、意识等的直接控制

---

① 沈有禄：《教育券制度评析》，《教育与经济》2004 年第 1 期。

② ［巴西］保罗·弗莱雷著，顾建新等译：《被压迫者教育学》，上海：华东师范大学出版社，2015 年，第 38 页。

和压制，从而造成人的“异化”。学校活力的实现就是对这种外在压制和控制等权力的撤除和反抗。

本章小结

尽管本研究并未穷尽关于学校活力认识的所有话语，但是已有的话语也基本反映出学校活力认识的基本方式。这些认识话语中包含着学校活力研究所必须解决的一般性问题，也包含着不同时期中的特殊问题。不同时期人们对教育认识的深入程度和知识话语本身的不同，使得对学校活力的探索表现为不同的认识特点，从而形成了不同的认识方式。通过上述历史话语的梳理，这三个时期的学校活力认识都共同回答了以下几个主要方面的问题。

1. *学校活力中的活力观念*

不同历史时期所形成的学校活力认识反映了对学校活力的不同认识方式，也体现了不同的活力观念。这三个历史时期所体现的学校活力观念是逐渐从儿童主体向学校机体的认识转变的。它们也反映了学校活力的认识越来越强调关系的纬度，即从儿童的积极性和主动性到儿童个体与学校环境的互动再到学校机体关系的组织协调。学校活力的观念不是一个抽象的神秘实体，也不是学校主体的积极性和主动性的经验表现，而是机体运动过程中的关系状态。

当学校活力的观念逐渐转向学校机体关系，这也就意味着学校活力问题开始逐渐成为一个一般性问题。因为学校活力不仅仅指学校有活力的经验状态，而且还指学校机体关系的教育运动。尽管现当代研究开始从这个角度来认识，但其对学校活力是一种机体与活力相分离的认识，活力是作为机体的一种属性和表现形式。活力本身所具有的方向性规定、本质要求等内涵则没有得以体现。前两个时期所反映的活力观念虽然体现了学校活力本质规定的方面，但活力观念只是学校主体的活力，而缺乏对学校机体活力的整体认识。尽管这三个时期的学校活力话语所反映的活力观念在其自身的话语空间中具有完整性和独立性，但对于从思想史中所获得活力观念而言，它们都只是活力认识的某一方面。

2. 学校活力中的主体问题

在不同的历史时期，学校中主体问题一直是认识学校活力的重要内容。从儿童的自然天性和心理规律来认识学校主体，到从师生的积极性、主动性和创造性等来认识学校主体，并作为判断学校活力的重要依据。这一方面说明了学校主体的类型增多，另一方面也说明教育中对主体性的认识和理解也在不断地发生改变。学校主体的主体性则成为认识和判断学校活力的一个重要方面。对于学校主体主体性的获得在不同历史时期的学校活力话语中也表现出不同的形式，即遵循儿童自然天性和心理发展规律、经验连续性的改造和体制机制以及管理制度的改革等手段。学校活力也便是在这些主体性获得的过程中不断体现出来的，但主体性获得过程不是独立于学校教育意义实现过程之外的，其本身就是其中的一部分。故学校主体活力的获得不是主体性的塑造，也不是通过管理手段进行激发和释放的结果，而是学校主体在教育教学过程中自然和自由的表现。

一旦对主体性的认识脱离了学校教育意义实现的过程，将主体性的获得看作是可以独立实现的过程，由此得到的学校主体活力是一种虚假的活力，不具有可持续性、缺乏方向性规定。

这种主体性是规训生产的结果，其目的性是教育教学目标的实现，其性质恰恰是反主体性的。在前两个时期的话语中，学校主体活力就是学校活力，在学校教育意义实现过程中获得。随着学校活力认识的转型，学校活力指向学校机体的活力，学校主体作为学校机体的构成部分，如何认识学校主体活力与学校机体活力的关系，则并未在现代学校活力认识中获得答案。

3. 学校与教育的关系问题

学校活力的历史认识暗含着一个重要认识前提，即学校与教育的关系问题。学校与教育的关系问题，其实是学校活力研究的认识前提。因为学校活力是关于学校机体的活力，它所指向的是学校教育运动的实现或生成。三种学校活力话语所反映的学校与教育的关系都是从教育的视角入手，将学校和教育直接同构。这种关系认识忽视了学校机体中活动的复杂性，并且学校中所发生的实践活动不都具有教育性，或并非都可以称为教育的实践活动。学校活动的范围远远大于教育实践活动的范围，二者很难具有直接同构性。基于这种非直接同构性，学校活力的研究才真正具有可能性，学校教育运动才可能真正通过活力来得以呈现。如何重新认识学校与教育的关系，如何理解学校，如何看待学校中教育行为与意义之间的关系等等，这些问题才是学校活力研究需要进一步思考的内容。

4. 学校中的关系问题

学校中关系问题始终存在于不同历史时期的学校活力认识之中，也可以说无论是哪一个时期的学校活力话语总会涉及学校中的各种关系问题。第一是师生关系，它在学校活力的改进话语中表现为构建何种师生关系。尊重儿童自然天性和心理发展规律的师生关系，更能使学校具有活力。第二是学校环境与儿童主体之间的关系。第三是不同学校主体之间的关系。何种关系是能够促进学校活力不断生成的？这样的关系有着怎样的特征？随着学校活力认识的转向，学校机体中的关系变得更为复杂，这些关系如何生成学校活力……它们都是从学校中的关系角度来探究学校活力所需要解决的问题。

从对不同历史时期学校活力认识及其话语的考察中，可以看出学校活力有着丰富的外延，这些外延是学校活力研究的基础和起点，但它们并不能揭示学校活力的内涵。研究者们又多基于学校主体的角度来界定学校活力的概念。这容易忽视学校活力本身的内在规定性和混淆学校活力的内涵与外延。学校活力的研究不是一种经验的描述，也不是通过某种手段所实现的某种经验状态，而是要探索学校教育运动的过程内涵，为何运动以及学校活力在这一运动过程中的作用和价值等。如何认识学校教育运动这一现象，需要从学校机体关系生成学校教育意义的过程中来考察。这也就是说对学校活力内涵的探究，不应从教育实践的角度来考察，而应该从学校机体的关系角度来认识。

第四章
学校活力的本体认识

学校活力是“学校”的活力，学校是一种专门“教育”的社会组织。任何对学校活力的讨论，都离不开对“学校”以及“学校”与“教育”关系的讨论。否则，人们就很难把握“学校活力”区别于其他社会组织活力的特殊性。这也是历史上有关学校活力认识和改进话语中，人们容易忽略的地方。本章主要讨论几种不同的学校观、学校与教育的关系以及它们对学校活力理解的实际影响。

一、学校：学校活力存在的基础

（一）几种学校观

1. 教育实体说

教育实体是教育组织形式化的结果，它是指“直接教育过程”形式化的稳定形态。“‘教育实体’与‘非教育实体’之分，以‘教’的职能化为标志。这在历史上经历了一个从‘教与学一体’到‘教与学分化’的演变过程。”① 教育实体概念的提出是针对教育系统和教育组织的演变。教育实体沟通了教育过程与教育制度之间的关系，教育实体作为中间桥梁，一方面是对教育过程的形式化和稳定形态的指称，另一方面是作为构成教育制度化、系统化的基础，即不同教育实体之间的关系构成了教育系统。

“学校之所以作为‘教育实体’，是由于它为复杂的教育过程有机的集合体。”② 也就是说学校不是作为一个简单的场所或地方，而是对教育过程的所有活动的有机的集合体。教育实体说意在表明，学校是“直接教育过程”形式化，教育组织形式是由不定型到定型的一种实体。这种定型的教育组织形式是一种结构化的教育过程，其各个要素都比较稳定。学校是一种结构化的教育过程，具有天然的教育性，学校与教育直接统一。这种认识是基于对教育内涵、组织形式变化的历史考察，天然地将学校看作一种教育形式化的产物，并随着教育实体化、制度化等变化而有所改变，不变的则是学校作为教育过程的有机集合体的本质。“教育科学已经把这类培育人的教育实体作为一项问题提出来进行研究，因而可以从中看出整个教育，同时也可以查明学校在整个教育中是进行着什么样性质的教育活动。同时也可借以更加明确学校教育的本质。”③

教育实体说中的学校主体、教学内容、对象和方法等是相

---

① 陈桂生:《学校教育原理（增订版）》，上海：华东师范大学出版社，2012年，第8页。

② 同上。

③ ［日］大河内一男、海后宗臣等，曲程等译:《教育学的理论问题》，北京：教育科学出版社，1984年，第45页。

对比较稳定的，作为教育实体的学校也是指整个教育中的一种，通过对不同学校的合理秩序化，则形成了学校制度。作为教育实体的学校既有其普遍性的一面，即结构化的教育过程；也有其特殊性的一面，即作为不同于家庭、社会的教育实体，这种特殊性就是学校教育的本质。教育实体说是通过教育的演变来获得对学校的认识，学校是教育发展到一定阶段的产物，教育观念与制度的进步与发展影响和制约着人们对学校的认识和改革。这种认识下的学校无需考虑教育意义的实现及其内部的关系状况等问题。这是因为学校是直接教育过程形式化和结构化的结果，学校中的教育要素都具有相对的稳定性。

由此可以看出，教育实体说虽然在克服“学校教育即教育”“学校即教育组织”等以偏概全的认识上提供了有益的“清思”，但也存在着两个方面的问题。

一方面，学校与学校教育概念上的语义重复。学校作为教育实体，是教育过程的有机集合体，学校就是指教育实践的全部内容。那么“学校教育”中的“学校”与“教育”两个语词内涵重复，学校没有对教育有所限定，从而造成学校与学校教育的意义相同。这使得学校概念存在的意义不大，甚至取消了学校的存在。

另一方面，教育实体说是对学校的本体认识，指出了学校具有教育性的认识根源。学校作为教育的一种形式，并随着教育认识和内涵的变化而发生改变。作为学校形式的教育有着自身的特点和本质，但它与其他教育形式都属于某种教育实体。由此可以看出，教育实体说对学校的认识是从教育形式的发展历史中抽象出来的，将学校看作是对教育过程形式化和实体化的产物，其内涵主要表现为计划性和规范性等，这也是其区别其他教育实体的地方。学校与教育之间是一种直接同一的关系，学校的组织形式就是教育过程的形式和结构。学校是对基于教育认识和制度化所形成的不同教育实体形式的命名，学校与教育实体之间是一种指称关系。学校作为指称教育实体的概念，这也就取消了学校自身作为物质实体存在的可能。

学校认识的教育实体说，是从教育过程的形式化、实体化和制度化出发来认识的，学校只是一种教育实体的指称，学校的性质和功能则表现为这种教育形式在整个教育中所表现出的教育活动性质和发挥的作用。这种认识的本质就是学校是由教育规定的，学校中复杂性完全由教育活动的复杂性所代替，也由此产生了学校的教育悖论。即学校是一个教育实体，而这种教育实体却常常产生与教育目的或本质相反的行为和结果。这一点也恰恰是教育实体说所无法解决的。学校作为实体的独特性是通过教育实体来呈现，由此可以看出，教育实体和学校是两个概念，但都同时指向某种结构化的教育活动形式，在学校与所指向之间增加一个教育实体概念是否必要和是否属于重复命名则有待进一步深入研究。

2. **教育机构说**

教育机构是教育专门化的结果。“凡是对年轻一代进行有组织的教育和教学活动的机构就称为学校。”① “学校是最主要的教育机构；学校要把制定的目标转化为促进个人成长的活动和过程。”② 学校作为一种教育机构，本身就意味着学校基于某

① 毛礼锐：《我国学校是怎样产生的》，瞿葆奎主编：《教育学文集·教育与教育学》，北京：人民教育出版社，1993 年，第 264 页。

② ［美］古德莱德著，赵晓燕译：《学校的职能》，兰州：甘肃文化出版社，2005 年，第 56 页。

种教育认识，利用一定的设备，对教育基本要素在时间、空间上进行合理配置，进而产生教育职能。“学校是建立在固定的场所并且有一定的设施及设备，在一定期间连续存在的教育机关。”① 作为教育机构的学校是一个实体结构，即它是由教育的基本要素、一定的设备、学校目标、时间、空间等元素构成的实体结构。作为教育机构的学校，其最大特点就是专门性和组织性，它通过将教育目的进行不断地分解，转换成可以行为化的小目标，通过不同形式的教育教学活动来实现。不同的教育认识，学校的教育教学方式也不相同，教育的认识范式决定了学校教育机构实现教育的方式。

学校中不同要素的组合形式构成了学校物质实体的存在。这也同时意味着学校与教育的分离，学校教育是通过不同的组织形式来实现的。学校、学校教育和教育之间的关系则表现为学校教育是基于教育的认识，通过学校组织形式对教育目标的实现。其中，教育目标或目的的来源问题是教育史中重要的哲学问题，不同的教育认识则有不同的教育目的，也会有不同的学校组织形式。从某种意义上，学校教育可以看作是教育的实践形式，并逐渐成为教育实践形式的主体，这也是“狭义的教育是学校教育”的原因。

学校作为教育机构则表现出“系统性、组织性和目的性”等特点。这些特点都源于人们试图通过学校的要素和组织形式来实现教育目的的期望。作为教育机构的学校至少包含以下两个方面的内涵。一方面它内部的各个要素不是散乱的，而是基

---

① ［日］大河内一男、海后宗臣等，曲程等译：《教育学的理论问题》，北京：教育科学出版社，1984 年，第 49 页。

于教育目的和教育认识而结构化的组织或系统。随着教育科学的发展，学校要素被分解的越来越多，学校的组织和管理职能也越来越突显。另一方面，学校教育是教育的实现形式，具有明确的目的性。对教育目的的认识大致可以分为两种，一种是外在目的，另一种则是所谓的“内在目的”。这两种不同的教育目的会形成不同的学校组织形式。但是无论哪一种，作为教育机构的学校教育都表现为“行为-目的”的模式，其中的“行为”体现为一种系统化和组织化的行为结构。作为教育机构的学校其结构不是稳定的，而是随着教育目的、教育情景不断进行调整的。基于对不同类型学校要素的分析，学校组织的亚结构可以分为三种“技术结构”“规范结构”和“行动结构”。[①] 但在具体的学校教育实践过程中，这些组织的亚结构往往看不到彼此的界限，共同表现为一种“行为-目的”的模式。

古德莱德认为“学校的唯一功能就是教育”。[②] 学校作为教育机构的教育性，主要体现在两个方面，学校教育目的和学校要素结构。教育目的规定着学校“行为-目的”模式的方向性，学校的行为结构也不断地调整结构内部的行为关系。学校要素结构的形成本身就是基于某种教育的认识而形成的，教育认识不同，学校要素的时空顺序、组织形式以及结构关系等都会有所不同。由此可以看出，作为教育机构的学校本质上就是对某种教育认识的抽象或结构化，将自身抽象为一种“行为-目的”的结构模型。学校不是对教育过程的实体化，而是基于教育认

---

① 石中英主编：《公共教育学》，北京：北京师范大学出版社，2008 年，第 111 页。

② ［美］古德莱德著，赵晓燕译：《学校的职能》，兰州：甘肃文化出版社，2005 年，第 109 页。

识所实现的学校组成要素的结构化。实体化意味着学校就是教育过程的集合体，结构化则意味着学校基于教育认识的实践过程的抽象，从而实现教育目的或实践教育认识。这也就是说，在实体化认识中学校与教育是直接同一的，结构化认识中学校与教育是直接同构的。

学校与教育的同构关系说明学校作为专门化教育机构的可能性，而不仅仅是因为学校具有专门的人员、设施等。教育机构说将影响和可能造成学生发展的因素都纳入到一个系统中，并基于教育认识和教育目的对这些因素进行合理的配置，形成一种有序的结构。这个结构的载体就是学校。在这种认识中，如果教育认识的实践结构化就等于教育意义的实现，那么学校中的教育实践则会处于一种机械、死板、缺乏创造性，甚至学校活力不足。对教育机构说的反思将从以下几个方面来论述。

首先，作为教育机构的学校不是组织。“学校是‘所有因素汇集的’地方”①，其首要的任务就是对这些因素的组织，但这不意味着学校就是一个组织。学校的出现是教育科学发展的结果。学校具有教育性并突出表现在教育目的和教育结构形式上。组织只是学校对要素和行为进行配置的过程，虽然其组织的方式也受教育认识和教育目的的制约，但是组织不等于教育目的的实现。学校作为组织只能表明教育的因素需要得到合理的配置。教育机构说易将学校的组织化作学校教育的实践形式，并将组织追求的目标——效率也当作学校教育的目标。正如古

---

① ［美］古德莱德著，赵晓燕译：《学校的职能》，兰州：甘肃文化出版社，2005年，第85页。

德莱德所说的“边际教育意义和毫无教育意义的目标在蚕食学校的中心目标”。①

其次，教育机构说易使学校教育陷入工具主义的“泥潭”。学校作为一个专门的教育机构是由实现教育目的和促进儿童发展成长的各种可能性因素组成。如何实现教育目的是学校所需要解决的首要问题，目标导向是这一认识下学校的主要特征。因而，教育目的的设定对学校至关重要。学校教育的实现也就成为了一种“行为-目的”的结构模式。如果学校教育目的是外在于教育过程，学校教育行为导向外部社会对学校的要求，那么学校的所有行为和形成的要素结构则成为了实现某种观念手段的工具。正如杜威所说，教育中的手段与目的是分离的，是二元对立的，这种学校也容易成为一种意识形态控制的工具。此外，“如果学校的唯一的或首要的任务是传授读、写、算等基本技能，那么，在这样的社会里今天就不需要什么学校”。②这也说明了学校存在的价值，它不仅仅是一个供教育发生的场所，而且还需要能够产生其他场所或教育机构所无法产生的教育意义。这也是学校区别于其他教育机构的根本所在。

教育机构说虽然看到了学校的物质性，但是它对学校教育的认识却受到了科学主义、制度主义的影响。期望将学校的不同要素固定化、结构化，从而保证教育实施的有效性和普遍性。加之教育目的的外在性，学校中的行为与目的之间是二元对立的，学校则逐渐成为一种工具。随着科学主义和工具主义对学

① ［美］古德莱德著，赵晓燕译：《学校的职能》，兰州：甘肃文化出版社，2005年，第65页。

② ［美］古德莱德著，赵晓燕译：《学校的职能》，兰州：甘肃文化出版社，2005年，第112页。

校认识的影响，学校要素都遵循着同一个结构，并被结构化在同一个时空顺序中，学校中的关系被固化，主体的创造性、关系中所包含的方向性都被指向同一方向。学校中行为因被固化在已定的教育结构中，而默认了其行为本身的意义，缺乏对行为在实际教育情境中所产生的意义的反思。学校逐渐成为具有固定教育结构的实体，行为因在教育结构中而获得教育性，学校教育因学校中教育性行为对教育目的的完成而实现。学校和教育实现了直接同构，学校就是某种教育认识的“行为-目的”模式，学校中的所有行为都因在这种模式下而获得教育性。学校教育依然是教育的实践形式，只是这种形式逐渐成为了一种已定的行为结构模式。

最后，教育机构说忽视了学校中的关系问题。古德莱德曾经质问：“在学校里多少时间被用于真正的教育？换言之，学校里的活动是否是真正的教育？”① 这也就是说，作为教育机构的学校虽然是所有教育因素的集合，但是不必然意味着学校中的行为都产生教育意义，甚至学校还承担其他教育机构的功能。教育机构说易将学校结构化，从“行为-目的”的结构模式来规定学校行为的教育性，也就是说学校行为的教育性是以教育目的的实现为标准的。结构规定了意义的产生，也限定了行为意义的丰富性，使得行为与环境的关系固定为单一形式，甚至以行为的结构形式代替了行为关系。学校是不同因素的集合，这些不同因素之间存在着多种可能性关系，这些因素间不同的关系形式会产生不同的意义。关系一般是通过行为来获得的，

---

① ［美］古德莱德著，赵晓燕译：《学校的职能》，兰州：甘肃文化出版社，2005 年，第 8 页。

关系中包含着方向性。教育机构说则忽视了学校中关系的复杂性。其复杂性在于即使学校的结构化也无法囊括学校中的所有关系，甚至学校结构内的关系也存在冲突和矛盾，具体表现为教育性关系、非教育性关系，结构化关系和非结构化关系等等。教育机构说用结构化的学校代替了对关系问题的思考，基于教育认识建构教育性关系和结构，从而使得学校与教育直接同构。对学校关系问题的忽视，也使教育机构说陷入了学校中教育的“悖论”，即教育性行为存在无法产生教育性效果，甚至产生反教育效果的现象。学校关系一旦结构化，则意味着学校结构化的关系范围窄化了学校的关系范围，也还意味着学校结构化的关系排斥和同化着其他关系的存在。

教育机构说一方面将学校作为一个教育要素的实体机构，而不是直接将学校看作是一个教育过程的实体。另一方面学校教育是教育的实践形式，并通过某种结构化的行为来实现。这两个方面深化了学校的认识，也更加清楚了学校、学校教育和教育之间的关系，并为学校新认识奠定了基础。教育机构说强调学校中教育性关系的建构和结构化，教育性关系的判定标准基于教育目的实现，而忽视了关系本身的方向性和意义。这也是造成作为教育机构说的学校工具化并遭到批判的根源。

3. 场所/域说

学校作为教育发生的空间，则主要表现为两种形式：一种是物质实体的空间场所；另一种则是由不同关系位置构成的空间场域。

3.1　场所说

“学校就其本质来说既然是传授知识和技能的场所，那么从人的教育问题的整体来看，只靠学校是不能充分发挥一切教育活动的职能的。因此，阐明学校只能完成人的整个教育问题的一个方面的教育责任问题，这已经成了研究现在教育问题的重要一环的出发点了。"① 场所说认为学校只是教育发生的空间载体，它不构成教育实现的过程，并且在这一空间中所发生的教育对于一个人的整个教育问题而言是有限的。"学校是有计划地进行教育的场所这一本质的反映。"② 场所说是一种对学校最为直观和直接的经验认识，就这种认识而言，对学校的认识则可以追溯到更早的古代教育之中。在教育史研究中，不少学者从这一认识认为学校自古有之，而非是近代教育发展的产物。场所说对学校的限定还是比较笼统和模糊的，学校与家庭、社会等不同教育形式很难通过场所的认识而得以有效的区分。古德莱德认为"有一些现象合在一起，就形成了学校教育。这些现象在所有学校都普遍存在，只是在组合结构上有些不同"。③ 场所说还容易产生所有学校都一样的错觉，芝加哥的城市学校不同于芝加哥的郊区学校，"但仍旧把所有这些地方看作学校——是学校教育发生的场所。正是学校与学校之间这种高度可见的相似性引导错误地得出到处的学校都一样的结论"。④

场所说是从空间角度对学校的直观经验认识。作为场所

① ［日］大河内一男、海后宗臣等，曲程等译：《教育学的理论问题》，北京：教育科学出版社，1984 年，第 51—52 页。

② 同上。

③ ［美］古德莱德著，苏智欣等译：《一个称作学校的地方》，上海：华东师范大学出版社，2014 年，第 231 页。

④ ［美］古德莱德著，苏智欣等译：《一个称作学校的地方》，上海：华东师范大学出版社，2014 年，第 231—232 页。

的学校是教育发生的空间实体，具有客观性、物质性和媒介性。这些特性是教育有计划、有目的实施的基础条件，但其不构成教育过程本身。学校的教育性取决于空间中发生的行为是否是教育行为，这种教育性不是学校的先验属性，而是教育意义的呈现。场所说强调学校的空间实体，其本身不具有教育发生所需的基本要素，这一点也是场所说和场域说的根本区别。

3.2 场域说

场域说是对学校作为空间认识的进一步深入研究，它基于“现实是关系性的”①，将学校看作是一个关系位置构成的空间场域。“学校场域是学校中各种复杂矛盾的多元位置之间存在的多元关系的网络，是有形与无形的整体集合与各种力量的不断重组。”② 场域说中的关系位置对于学校而言是“先验的”，客观的，不以人的意志为转移的。这是因为这些关系位置本身就是基于资本分配的社会结构的象征性表现，所有的实践和行动都是基于各自所在的位置开始的。基于这些固定的关系位置，学校教育成为了一种象征性实践，成为了一种“无需指挥者有意识指挥的交响乐演奏”。③ 布迪厄对学校的批判也主要是基于这种观念的认识。

场域是布迪厄提出的概念，他将“场域”作为一个关系的

---

① ［法］皮埃尔·布迪厄著，谭立德译：《实践理性：关于行为理论》，北京：生活·读书·新知三联书店，2007 年，第 4 页。

② 马维娜：《局外生存：相遇在学校场域》，北京：北京师范大学出版社，2003 年，第 10 页。

③ 高宣扬：《论布迪厄关于“象征性实践”的概念》，《哲学研究》2016 年第 3 期。

空间。但这些关系不是社会中存在的各种关系——“不是行动者之间的互动或个人之间交互主体性的纽带，而是各种马克思所谓的‘独立于个人意识和个人意志’而存在的客观关系”。[①] 场域作用正是基于这种关系的客观性及其位置而发挥。场域的作用也就有其特殊性，“由于这种效果的存在，对任何与这个空间有所关联的对象，都不能仅凭所研究对象的内在性质予以解释。场域的界限位于场域效果停止作用的地方。在经验研究的工作中，场域的构建并不是通过强加行为来实现的”。[②] 场域也就是这些关系位置的象征性实践，因为场域中的实践逻辑都不过是那些客观关系位置所产生的结果。故“一个场域可以被定义为在各种位置之间存在的客观关系的一个网络，或一个构型”。[③]

场域还有一个重要特征就是历史性，场域中的位置关系不是通过不同个体的行为实践所产生的，而是历史形成的产物。场域的历史性突出的表现在“习性”这一概念之上，习性是一套比较持久、可转换的潜在行为倾向系统。“习性是历史的产物，按照历史产生的图式，产生个人的和集体的、因而是历史的实践活动；它确保既往经验的有效存在。”[④] 场域中的实践活动不是完全按照个人意图所实施的行为活动，个人意图和行为

① ［法］皮埃尔·布迪厄著，李猛等译：《反思社会学导引》，北京：商务印书馆，2015 年，第 122 页。

② ［法］皮埃尔·布迪厄著，李猛等译：《反思社会学导引》，北京：商务印书馆，2015 年，第 126 页。

③ ［法］皮埃尔·布迪厄著，李猛等译：《反思社会学导引》，北京：商务印书馆，2015 年，第 122 页。

④ ［法］皮埃尔·布迪厄著，蒋梓骅译：《实践感》，南京：译林出版社，2012 年，第 76 页。

本身受到历史形成的关系图式的限制。习性的存在一方面保证了场域的持续存在，即组成场域形成的内在规则的存在，不同场域中的实践只是一种象征性实践；另一方面，习性保证了个体行为的创造性和自由，但它们依然是在历史关系内在规则之中的，并通过这些行动不断地再现关系规则，从而使得场域中的实践是一种再生产的实践。“习性所产生的实践，是为过往的局势的生产原则的产生条件所决定的，以便实践总是趋向于复制最终产生了实践的客观结构。”①

这种再生产实践不是一种机械的再生产，而是一种具有创造性、自由和充满活力的实践活动。这是因为“习性是一种无穷的生成能力，能完全自由地（有所限制）生成产品——思想、感知、表述、行为——但这些产品总是受限于习性生成所处的历史和社会条件，习性所确保的受条件支配的和有条件的自由不同于无法预期的创新，也有异于和原初条件的机械再生产”。② 这种再生产实践的存在在于习性与历史关系内在规则之间的辩证关系。“习性是持久地配备了有规则即兴之作的生成动力，作为实践感（sens pratique），它使制度中的客观化意义恢复活力。习性能使行为人生活于制度之中，在实践中占有制度，从而使制度保持活力、生机和效力，不断地使它们摆脱无效和衰竭状态，通过方法是使得被弃于其中的意义复活，方法是对制度加以修正和改变，因为修正和改变是重新活化之补偿和条件。”也就是说，关系内在规则

① ［法］皮埃尔·布迪厄著，高振华等译：《实践理论大纲》，北京：中国人民大学出版社，2017 年，第 214 页。

② ［法］皮埃尔·布迪厄著，蒋梓骅译：《实践感》，南京：译林出版社，2012 年，第 78 页。

通过借助习性使得自身得以实现，这种实现是通过身体化和以言行事的“社会魔法”，使得个体不断地进行“外在性的内在化”，使“物占有其所有者，化为一个生成结构”。① 关系的内在规则制约着习性的潜在行为系统的构成，习性保证着关系结构的再现。

作为场域的学校认识，则意味着在学校场域中，教育实践也是基于场域中的关系位置、习性以及以往的历史条件等发生的。学校作为一个由“历史的”关系位置确定的空间场域，它们构成了学校教育实践发生的客观条件。正如石中英所说，“如果不了解这些客观的、非理论的历史和现实因素，把教育实践看成是行为人个体理性自主或观念指导下的行为，就不能真正地理解行为人的教育实践行为”。② 学校教育实践的发生不是完全按照个人意图进行的，而是受制于以往所形成的关系位置和习性。这些关系的位置是无主体的，处于不同位置上的主体则受到该位置的制约，个体的行为不是基于自身意图发出的，而是基于其所在位置做出的。因此，处于某一位置的个体在与其他位置个体之间的相互交往过程中逐渐获得了主体地位，这种主体是一种位置再生产的结果。关系位置之所以可以产生这样的作用，根本在于场域的历史性，表现为习性。布迪厄一直强调“习性”和“场域”是不可分开来讨论，二者是相互关联的。习性的存在一方面保证了教育实践行为的教育传统，另一方面保证了行为人自由和创造的空间。习性与实践活动的关系

---

① ［法］皮埃尔·布迪厄著，蒋梓骅译：《实践感》，南京：译林出版社，2012年，第81页。

② 石中英：《论教育实践的逻辑》，《教育研究》2006年第1期。

是，“习性构成于实践活动，并总是趋向实践功能”。[①] 由此可以看出，学校场域中的关系位置对主体的规定性来自习性，即一系列的“潜在行为倾向系统”，并不断地使位置主体通过教育实践来得以呈现。作为场域的学校教育就是基于不同关系位置所呈现出来的某种习性的实践活动。这种认识一方面打破了以往学校教育中对教育理论指导作用的强调，另一方面则确立了学校与教育的关系，即学校教育不是基于某种教育理论的同构，而是基于以往教育实践活动形成的内在规则系统——习性而产生的。作为场域的学校由于自身具有一套历史关系的内在规则，因而个体在教育实践中的意图、意识甚至其他教育观念很难改变这些内在规则，故石中英认为“教育实践是‘一列自带轨道的火车’”。[②]

场域说对学校的认识是深刻的，学校被作为一个关系空间，而不是空洞的场所。学校与教育之间的关系，不再是基于教育认识、目的和观念来设定和改造学校体制、机制或场所设施，而是学校自身带有实现教育的实践逻辑，尽管这种逻辑是模糊的，但它是“先于‘理论逻辑’的逻辑”。这种认识使得学校获得了某种意义上的独立性，作为一个独立的关系空间来实现学校教育，即为理解学校与教育的关系提供了新的视角。但由于这种观念过于强调场域的历史性，学校中关系和意义都是已经客观化的存在，只需要通过行为人的实践激活，从而使得学校教育成为了社会再生产的工具和象征性实践。对于这一认识

---

① ［法］皮埃尔·布迪厄著，蒋梓骅译:《实践感》，南京:译林出版社，2012年，第73页。

② 石中英:《论教育实践的逻辑》，《教育研究》2006年第1期。

将从以下几个方面来进行反思。

首先，窄化了学校教育意义的空间。布迪厄的实践理论是关于实践的一般理论，用他自己的话说就是关于“实践的实践理论”。场域说就是基于这一认识，将学校作为一个象征性资本，学校的行为也只能是一种象征性实践，学校活动中的实践意义被验证地简单化和窄化。学校教育意义的获得和教育性实践被实践的一般性理论所覆盖，且被赋予一种生产性的意义。学校教育的实践逻辑成为了学校教育意义生成的唯一形式，并通过学校关系位置和习性获得解释。学校中的关系是一种位置关系，学校是由位置关系构建的关系空间。在这样的位置关系中，学校的所有活动和意义都成为了已有位置关系之间的运作或是权力运作。这种认识忽略了学校其他意义的存在，也就忽略了其他关系的存在，甚至忽略了行为之间关系的创造性，关系不是已定的，或者是先验的，而是人们在学校中不断创造的。场域说则试图表明学校教育意义是基于以往实践形成的关系内在规则实现的，甚至将其作为学校教育实践的一般理论。场域说的历史性表明学校场域中的关系位置和习性都是对以往学校教育实践的认识，也就包含着对以往学校教育意义实现方式的抽象和理解。但教育意义是丰富的、多样的，人们对教育的认识也是在随着时代而发生改变的，这也就意味着基于关系位置和习性的学校场域窄化了学校教育意义的存在空间。

这主要在于，一方面，场域说中学校教育意义的实现方式本身窄化了学校教育意义的存在空间，即关系位置和习性保持以往学校教育意义的认识和产生方式，因而会排斥其他有意识的教育实践探索。另一方面，场域说中的教育实践逻辑，即关于实践的实践理论，其形成不是完全基于学校教育实践活动，而主要来自学校外部的社会结构。学校场域中教育实践的逻辑并非教育实践的真正逻辑，教育实践的逻辑是需要在对教育实践的考察中获得的。学校场域中的教育实践并不追求教育意义的实现，而是强调学校再生产功能的实现。故学校教育意义的存在空间被窄化。

其次，学校作为再生产的工具。场域主要是指一种位置关系空间，学校场域中的关系并非学校教育实践所形成的关系，而是社会关系、文化资本关系在学校中关系的一种固有的投射。场域是一种构型或者说一种结构，它对于学校而言具有先验性，这种先验关系结构的获得来自场域的历史性。这种关系结构的作用和功能也就通过对人的塑造来保持原有的位置关系和关系的再生产。学校是整个社会再生产过程中的一部分，甚至是最重要的部分。学校作为一种象征性的资本发生作用，其根本不在于学校发生作用，而是使学校成为象征性资本背后的资本发生作用。学校的象征性实践只是社会象征性实践的一种，社会的象征性实践也不会因为学校的不存在而无法运行。学校为社会的再生产起到了推动作用，学校教育是一种培养人、塑造人和改造人的实践活动，而忽视了学校教育活动其他意义的生成。“相似的关系使看不到学校机构实施的表面看来纯粹技术性的行为所掩盖的东西。”①学校场域是一个关系构型，或者说是一个由位置产生的客观关系的构型，这是对人们显现的部分。但是仅仅从学校场域关系

---

① ［法］皮埃尔·布迪厄著，谭立德译：《实践理性：关于行为理论》，北京：生活·读书·新知三联书店，2007 年，第 25 页。

构型中，无法获得这种构型的作用和意义，因而必须将其放到一个更大的社会关系系统中，才能使学校场域的作用和意义得到有效的体现。

学校作为再生产的工具，一方面在从事着差异的再生产，另一方面也在“承担合理化的职能”。[①] 学校的所有关系都渗透着社会已存在的资本要素，所有关系的运作都是在已存在关系中进行的再生产，人不过是在已有位置上的再生产和规训。学校场域中的习性也使人通过学校教育得以区分，使不同的人“占有”不同的已有关系位置，通过这些关系位置的再生产实现人的差异的再生产。从根本上讲，人的再生产是已有关系再生产的产物，人的主动性和能动性完全受制于位置关系的结构。“在客观性中建立这些差异的发生原则，才能真正理解这些差异结构。这项原则不是别的，只是权力形式或一些在受重视的社会领域里某些有效资本的分配结构——而这些资本依照地点和实践而变化。”[②] 作为场域的学校意味着它的关系空间和习性都不是完全具有教育性的，它们的存在都是外部已有社会结构的映射。作为场域的学校处于文化资本和社会已有关系结构之中，学校场域虽然具有自身的实践逻辑，但是这些逻辑放在整个社会的关系结构中，学校本身就是社会实现关系再生产合理化的工具。学校教育成为了社会地位的象征性资本，如学校的命名机制，将贵族身份与顶级学校出身相联系，社会中的一些不平等的关系位置通过学校教育而转变为合理的不平等。布迪

① ［法］皮埃尔·布迪厄著，谭立德译：《实践理性：关于行为理论》，北京：生活·读书·新知三联书店，2007 年，第 25 页。

② ［法］皮埃尔·布迪厄著，谭立德译：《实践理性：关于行为理论》，北京：生活·读书·新知三联书店，2007 年，第 37 页。

厄认为“这一机制不是别的，而是他们通过一切对一切的竞争逻辑导致并酝酿成的策略的累积效应”。[①]。

最后，学校场域中关系的非教育性。作为场域的学校是由不同的关系位置构成的，这些关系位置包含着以往教育实践的既有经验或潜在行为倾向系统，即习性。学校场域中的关系包含着两个层面：一个是作为学校场域中的关系，即作为教育实践的关系；另一个是作为社会关系系统的场域关系，即学校场域中的关系在整个社会关系系统中的意义和作用。作为学校场域中的关系，是在以往教育实践中形成的，使得这些关系相对比较稳定的是构成于教育实践活动的习性。在学校教育实践活动中，行为人的意图或有意识的个人规划很难进入这一关系形成的稳定结构中，这些关系现实反而是人的举止行为的真正根源。也就是说，学校场域中的教育实践是对已存在的关系结构的再现。学校场域中的教育实践是有自身实践的模糊逻辑的。只是这种逻辑的形成不完全是学校教育意义产生的逻辑，也不是从关系中考察学校教育产生的角度，而是从已有的关系结构去分析学校教育发生的社会意义。

正如前文所说，在以往教育实践中所形成的关系结构和习性，从某种意义上也并非完全是为了产生教育意义，而只是借用学校教育实践的形式来再生产差异性的关系和使差异性关系变得合理化。这些已经存在的关系位置和习性的作用就是促使教育实践的结构化，使学校场域中的教育实践和学校本身成为象征性实践和象征性资本。然而，它们背后所隐

---

① ［法］皮埃尔·布迪厄著，谭立德译：《实践理性：关于行为理论》，北京：生活·读书·新知三联书店，2007 年，第 32 页。

藏的是非实体的社会关系结构，这种结构是资本分配和占有所形成的。

因此，无论是从教育实践角度还是从社会关系系统的角度，学校场域中的关系都不具有教育性。学校教育实践中的关系是先于教育实践而形成的，并通过关系位置和习性促使行为人不断通过实践来再生产已有的关系结构。学校场域中的这些关系的形成，甚至其中的关系原则和学校教育实践的模糊逻辑都只是对社会关系结构的一种再现，并通过学校教育这一象征性资本和实践来具体化。

质言之，场域说意味着学校虽然作为一个独立的关系空间或教育空间，但是这些空间的内部结构是由场域自身的历史性所决定的。学校中存在某些先验的关系结构，这些关系结构使得学校成为一种再生产的工具。场域说对学校的认识是从社会的整体关系结构出发来理解其他不同关系场域的。学校就是一种位置关系的结构，是一种场域，这一认识不是从教育的发生立场来认识，而是从社会学的角度来认识学校。产生这种认识的根本原因，是对概念“相似性”的泛化，即将概念之间的共同部分作为某一概念的核心，而忽视了双方概念的内在属性、本质以及概念使用的条件、范围，强制性地将一方概念作为另一方概念的本质属性和核心。对学校的认识应该首先站在教育的立场来研究、分析、认识教育实践的逻辑和教育性关系的运作方式、方法。

综上所述，由于学校是教育过程的形式化和制度化教育的产物，因而学校被认为具有天然的教育性。但学校作为教育的场所、机构和实体，并不意味着学校天然具有教育性。在运用理论指导学校教育的过程中，要考虑学校的物质性和现实性以及学校教育实践的逻辑。如果忽视了学校的这些自身特性，而仅仅将学校作为一个场所/域、教育机构甚至是教育实体，即认为学校和教育具有直接同构性，认为在学校中发生的教育活动就是学校教育意义的实现，那么会忽视和掩盖学校中很多的问题。

（二）学校的认识要素：意义、主体与关系

以往对学校是从静态的角度来认识的，这忽视了学校意义的多样性、复杂性和生成性，即学校不仅包括教育性意义的多样性，还包括非教育性意义的存在。无论是教育性意义还是非教育性意义，都不是被称作学校的地方所天然具有的。对于这一点不能简单地用教育的正向和负向功能来说明，负向功能与教育是促进人发展的实践活动这一认识相矛盾。因此，对于学校的新认识可以从动态的角度来分析，从学校主体、关系和意义动态生成来认识，它们三者之间的现实运动构成了学校活力的本体基础。

1. 意义要素

学校中活动的意义是多样的、丰富的，而非仅存在教育性意义。学校和教育有着密切的关系，学校作为一个实体具有教育性，甚至教育性是学校的根本属性，但这不意味着，学校就是教育本身，学校就是教育实践活动本身，甚至会出现“教育和学校教育之间的一种混淆”①。学校具有教育性是一种主观的期望和规定，学校的教育性不是一种先验属性，而是学校通过

① ［英］戴维·卡尔著，徐悟译：《教育的意义》，北京：中国人民大学出版社，2015 年，第 12 页。

主体关系和行为不断生成的。这也就意味着发生在学校中的行为不都构成学校教育的内涵。以往对学校的认识缺少对学校内部自身行为的反思，而将其直接作为一种教育场所、教育机构或教育过程的一部分。教育性被认为是学校的本质规定和先验属性。基于这样的认识，学校中的“教育悖论”则始终无法获得解释。

从学校的角度而言，学校与教育之间不是一种直接同构的关系，而是彼此分离，但可以通过学校主体及其关系构建实现二者统一。在以往的学校认识中，学校主体的所有行为都是具有目的性和规范性的，所有不符合教育规范和无利于教育目的实现的行为都被禁止，但这并不能保证学校主体的所有行为都是教育性行为。如此，仅仅将教育实践发生的行为作为学校的主要构成部分，是对学校的一种规定性认识，而非现实性的认识。学校作为实体，包含着不同的学校主体，他们的行为不全是基于教育目的的行为，即使基于教育目的的行为也未必都会产生真正的教育性关系和意义。因此，学校不是单一教育意义的载体和组织机构，教育性也不是学校的天然本性，是需要学校主体通过教育性行为不断生成教育性。故学校的本质是生成的，而非天然具备的。

学校是一个意义构成的有机体，要通过学校主体的实践不断地实现学校教育意义的生成。韦伯首先提出“赋予行动以意义”，舒茨通过对行动和行为、“已然行动”和“实质行动”等行动概念的进一步细分，从体验、意识和反省入手对意义进行深入的分析，从而确定社会世界的意义构成的哲学基础。舒茨认为意义是对已完成体验的反省，“‘意义’无非是指‘注意力的专注’，它只能用在已经经历的体验，而非正在经历中的体验之上”。[①] 行为和行动都包含有某种意义，舒茨将有意义的体验称为行为，行为本身没有计划性；而行动则是计划而有意识地被期望的结果，行动的意义源自行动的构想。“行动和行为两者之间的差别在于已然行动之被构想，已然行动是透过行动而达到自身所与性的。行动的意义即预先构想的已然行动。”[②] 行动的构想构成了行动的“统整性”，即“人们预期某个透过行动所实现的结果”[③]，这种行动被称为“已然行动”。“统整性”是已然行动作为一个意义脉络的重要基础，也是人们理解行动意义的依据。每一个已然行动中都包含有不同的有意义体验，它们又存在于多元构成活动架构之中，意义脉络就是指“它们在多元架构活动里构成高阶次序的综合”。[④] 每一个意义脉络本身又可以作为一个独立的意义单元与其他的意义体验相整合而形成新的、更高阶的意义脉络。“每个当下境况的意义脉络或更高阶意义脉络的总括整体”就是“经验脉络”。

舒茨以行动为基础阐述了社会世界的意义构成，这也为本研究从意义角度审视学校提供了认识论的基础。这是因为学校有机体本身就是充满了不同的行动，学校中的教育实践则是“实质行动”，行动者对自己的目的和如何行动十分有把握，这个行动是对事先构想行动的具体实现，“或者是一种内在意向

---

① ［奥］阿尔弗雷德·舒茨著，游淙祺译：《社会世界的意义构成》，北京：商务印书馆，2012年，第67页。

② ［奥］阿尔弗雷德·舒茨著，游淙祺译：《社会世界的意义构成》，北京：商务印书馆，2012年，第78页。

③ ［奥］阿尔弗雷德·舒茨著，游淙祺译：《社会世界的意义构成》，北京：商务印书馆，2012年，前言第15页。

④ ［奥］阿尔弗雷德·舒茨著，游淙祺译：《社会世界的意义构成》，北京：商务印书馆，2012年，第100页。

的外显化”。从行动和行为的角度看，学校有机体中除了实质行动所具有的意义脉络外，还包括非计划性的有意义体验的行为。此外，教育实践作为一个实质行动，可以看作是一个意义脉络，但它同时也可看作为一个独立的意义单元与其他的意义脉络相结合形成一个新的意义脉络。因此，学校有机体包含着丰富复杂而又多变的意义，且教育意义并非学校有机体中的唯一意义形式。

这种基于行动的意义认识，是对学校认识的一种根本转变，它使学校作为一个意义构成的有机体，而不再只是作为教育实践发生的场所、机构等。由于学校中实质行动更多的是有计划、有组织的教育教学活动，它们所形成的意义脉络或经验脉络构成了学校有机体的主要部分。但是这种基于行动的意义认识，只是对学校意义的一种静态分析，只是指出了学校不同行动和行为中所包含的不同意义，以及学校主体对这些体验的反省所获得的意义，而对学校有机体的意义生成的动态缺乏认识。意义的动态生成则在于学校主体之间的关系构建，故学校意义的动态维度反映了学校主体之间的关系性质，或者说意义是在不同的关系状态中生成和实现的，这些关系状态则是由不同的学校主体的行为方式产生的。

质言之，学校活力的存在一定是基于学校的视角，从学校自身的构成来整体反映和把握活力问题，而教育的实践问题则是学校有机体构成的实质内容。学校有其自身的构成，且来自学校教育实践，但它们又不同于这些教育实践本身。学校有机体的意义构成则是学校活力存在的实质性基础，也就是说学校活力是通过教育意义的生成来呈现的。教育意义是学校活力的本质规定和根本内涵。

2. 主体要素

学校除了包含意义之外，还有主体的要素。对学校中的主体认识不仅仅包括作为个体存在的主体，还包括对个体的主体性生产、个体化以及社会化等问题。

学校作为独立的实体，个体的存在是学校得以存在的根本所在，在学校的教育实践中，个体作为不同的学校主体而存在，主体的发展是经历了一系列的历史发展的。从笛卡尔的意识哲学所开启的“思维主体”到现象学的存在主体再到莱维纳斯强调的“伦理主体”以及哈贝马斯的“交往主体”。这些主体认识理论之间存在着批判和完善，笛卡尔的思维主体开启了二元论的认识模式，人逐渐成为一切的中心，一切事物都是可以作为对象被认识的。现象学试图打破这种二元对立的认识，强调存在的主体，莱维纳斯则从“我”对“他人”的责任来凸显主体性的获得，哈贝马斯则从交往行为的理性来确立人的主体，这二者都是对现象学存在主体的一种突破和发展。这种对主体的认识变化从根本上而言是一种对“理性”认识的深化，即从笛卡尔式认识理性转向了哈贝马斯的交往理性上。从哲学的认识论方面来说，主体是人运用理性的产物。

在教育理论研究中，从主体的角度考虑，关于师生之间的关系则大致可以分为四种：“主体-客体”“主导-主体”“主体间性”和“他者性”。这种关系的认识变化则反映出其背后的不同教育观念。“主体-客体”反映了教师在教学过程中，将学生看作是灌输和讲授的对象，忽视学生自身的内在发展规律和差异性，教师与学生之间不是平等的对话、而是教师的“独白”，学生的行动能力是受到限制的。“主导-主体”的师生关系虽然注重调动学生的主动性、能动性，但这里的“主体”更多的是学生的学习主体。“主体间性”的师生关系强调师生之间的平等对话、彼此都为主体及彼此之间的相互作用和相互影响，学生的主体性则表现在对学习的探索、研究等活动方面。“他者性”的师生关系，强调“教师承担着对作为他者的学生的绝对责任，是为了学生而存在的主体”①，教师的主体地位是通过对他者（学生）主体的责任被反证出的。

前两种关系中的主体认识是一种主体中心论或意识哲学，它是自笛卡尔以来所形成的“思维主体”或“我思主体”，这种主体认识是传统理性主义的表现。“主体间性”关系中的主体认识则受到胡塞尔现象学和交往理性的影响，但胡塞尔的主体间性本质上是一种“主体性”，它的主体间性是一种同在主体性，主体间性的形成缺少“交往”的实践因素。“胡塞尔这种求助主体间性的方法，在哈贝马斯看来仍然是意识哲学的方法。哈贝马斯看到了现象学方法的局限性：由于现象学的知识并没有真正的交往的因素，它就使自己陷入了主观主义之中。”② 哈贝马斯的“交往理性主体”和莱维纳斯的“他者伦理主体”则是通过“交往”和“责任”来分别阐述主体性的。哈贝马斯认为交往双方都是理性主体，通过交往并在交往过程中双方借助理性最终形成某种“统一性”或“共识”，进而形成双方之间的主体间性。这时的主体是在交往实践中形成的，它也是交往实践得以展开的前提基础。莱维纳斯则是从他者的角度来反证自我的主体性，他认为只有自我

① 刘要悟、柴楠：《从主体性、主体间性到他者性——教学交往的范式转型》，《教育研究》2015 年第 2 期。

② 刘中起：《理性主义的范式转换及其当代价值》，上海：上海人民出版社，2013 年，第 84—85 页。

从“我”的位置上离开，自我才能看到主体的“我”。“通过亲近（他者），人们在言说中显示出主体离开位置，这种离开就是主体的主体性，但它仍然保存着不可替代的唯一性”①。莱维纳斯的主体则是建立在对他人主体的承认之上，否定对他人主体的承认，自我的主体也就无从体现。“‘主体’本身由‘向他人’靠近、袒露而构成，是对‘他人’责任的服从。其中‘责任’是无条件的。”②

从教育中师生关系的发展可以看出，教育中对主体的认识在不断发生变化，甚至主体的认识问题已经成为教育实践的前提和基础。教育中的这些主体认识虽然彼此之间存在批判性，但从根本上来说，这些主体认识依然是理性认识下的主体。这些主体具有普遍性、先验性，它们是行动和活动得以开展的基础和前提。随着教育的制度化，教育中的主体认识变得复杂，主体性在教育实践中的表现形式也是多样的，如能动性、积极性和自主性等。学校教育组织和实施是由不同主体构成的，包括教育实践的主体、教育管理的主体等。现代教育的理论基础之一就是主体哲学的确立，教育理论工作就是从学生主体的认识论、主体化的方法论、主体认识的科学化（如心理学、脑科学）等方面开始的。因为主体哲学的确立改变了教育的认识论和方法论基础，教育就是要培养某种主体性的人，使人成为某种主体。学校教育实践不断地生成主体，主体性甚至成为现代教育理论和实践追求的目标

---

① Emmanuel Levinas. *Otherwise than Being or Beyond Essence*. Translated by A. Lingis. The Hague: Martinus Nijhoff, 1981: 47.

② 孙向晨：《面对他者——莱维纳斯哲学思想研究》，上海：上海三联书店，2008 年，第 219 页。

和原则。教育中主体的普遍性、先验性存在，决定了学校中主体要素的存在。当学校中不存在主体时，学校固然也就不再存在，学校的存在首先不在于它是一所教育的机构或场所，而是由不同主体构成的实体。正如前文所说，学校的意义构成是复杂多样的，教育性意义是其中最主要的一种。

学校的主体维度还表现在主体性的生产、个体的自我同一和社会化。主体是学校有机体存在的基础，学校教育意义的实现则主要表现在主体的构建和生产上。在教育的历史发展中，"依照指称对'教育'所下的定义，往往因教育活动的复杂性、多面性而难以统一。"① 主体成为现代教育的前提和基础，现代教育的认识起点从学生的主体开始，教育实践建立在对主体的哲学、心理学等认识基础上。教育基于主体的定义也主要体现在个体个性化和个体社会化两个方面。在教育实践中，主体不仅仅被尊重，而且也在不断地被生产和生成，主体性、个性化和社会化成为现代教育研究的追求。因而主体既是学校教育的认识前提和基础，又是学校教育的目的和归宿。

学校中的不同个体构成了学校有机体的主体维度。一方面表现在经验层面的学校有机体是由不同的学校主体构成的，另一方面表现在对学校有机体意义的内容与实质的构成。学校的主体维度反映了学校教育构成的主体基础，学校教育是在主体之间的相互作用和行动的基础上实现的。学校主体之间不是孤立的，他们是被一系列的目的和目标聚集在一起的，并形成了一个巨大的关系网络，这些目标也要通过主体和关系网络来实现。学校主体是学校活力得以呈现的身体载体和现象表征，也

① 周浩波：《教育哲学》，北京：人民教育出版社，2000 年，第 18 页。

就是说学校活力的实现一定需要借助学校主体来实现，同时学校活力也一定要通过学校主体的积极性、主动性和能动性等现象表征来呈现。

3. 关系要素

当从关系角度去考察学校时，其前提就是否定教育行为或措施①与教育意义之间的直接实现关系。这种直接实现关系是学校作为专门化教育机构的基础，也就是说学校的出现就是基于教育意义通过教育行为的直接获得，学校教育的实践模式也更多地表现为“手段-目的”的二元模式。以往将学校作为教育活动发生的场所、专门教育的机构等，学校与教育是直接同构的关系，进而忽视了学校中的复杂关系。二者的直接同构从某种程度上保证了教育行为与教育意义之间的直接实现关系，从而更加有效地排斥了其他关系的存在，并使学校中的关系主要表现为一种线性的师生关系。

从关系角度，对学校的认识要考虑教育行为或措施实施的关系环境，并承认学校和教育之间并不是直接同构的，即不是在学校中发生的所有教育行为都可以称为学校教育。学校教育的意义实现一定是在关系中，关系的性质、结构和机制决定着学校主体行动所产生的意义。学校中的关系不仅仅包括师生之间的教育性关系，也包括师生之间的非教育性关系，此外还包括非师生之间的教育性关系和非教育性关系。学校实体是一个复杂的关系网络，学校教育的意义便在其中生成。关于对关系

---

① 关于教育行为或手段，这里主要是指为实现某种教育目的而采取的行为和手段。它不具有先天的教育意义，但以教育的名义或教育活动的形式出现在教育实践中。

的理解不同的人有不同的认识，“在某些人看来，关系既是人们之间进行互动和沟通的渠道，也是人们在生活世界中得以存在的基础；在另一些人看来，关系主要指的是行动者与他者相互区分，并借助他者进行自我认同的过程”。① 关系一般都是在人与人之间产生，人们对关系的理解也更多的是基于自我的存在来考虑他人、周围环境、物的状态等。这种基于自我存在的关系认识只是众多关系形成中的一种，关系是两种事物之间的相互作用、相互需要、相互区分所产生的某种联系。关系的形成又有众多切入点，可以从自我的存在入手，也可以从他人的存在入手，亦可以从先验的需求入手等等。如“主体-客体”关系、“我-你”关系、“他-我”关系还有就是生态关系等等。意义就是关系中所蕴含的那种实质性关联所可能产生的结果，这种结果本身也就意味着关系运动的朝向性。关系的多样性和复杂性存在，意义的产生也是在不断地变化之中。这是由于关系中实质性关联会随着关系网络的不断构建而发生变化。但是，一旦实质性关联确定，那么关系中的意义也就不会再发生改变，从某种意义上说，确定的意义一定包含着或反映出某种关系网络中的关系性质、结构和机制等。由此可以看出关系中的意义，不仅仅是一种指涉或某种意向性的成就，更重要的是一种关系的方向性。它反映着关系的运动朝向，即在一个复杂的关系网络中，所有关系最终所要实现的目标。“意义不仅是意向性的结果，也是某种情绪状态甚至是身体状态，我们切不可忽视意义问题始终与

① 渠敬东：《缺席与断裂——有关失范的社会学研究》，北京：商务印书馆，2017 年，第 161 页。

关系配置和制度安排等因素紧密联系在一起的。”①

学校主体之间的关系构建可以有不同的关系形式，它们构成了学校相对比较复杂的关系网络。主体与主体之间只可能同时存在一种关系形式，同一对主体不可能同时既是“主体-客体”关系，又是“他-我”之间的关系。这也就意味着，教育实践中的主体关系也只可能是一种，学校教育意义的产生所包含的实质性关联也是确定的。学校的关系要素是反映学校意义生成的“语境”以及主体化运动的机制基础。关系是学校教育运动得以实现的基础，在关系网络中既包含着活力产生的方向规定性，又包含着活力运动的可能性。学校关系是学校活力得以存在的形式化基础，且是其得以被把握和被显现的形式化内容。

这种学校认识的转变本质上是从教育规范认识向教育过程认识的转换。即教育意义的获得是过程的、生成的，而非基于教育本质认识或规范研究的教育行为对教育目的的实现。在这个过程中，教育行为所形成的关系语境是一个重要的因素，这也是以往教育认识所忽视的。教育行为的意义是在关系语境中生成的，而行为与意义之间并非直接统一，这也是学校认识的重要理论基础。学校不仅是一种教育实践实施的载体，它还是教育实现的过程及其中所包含的关系语境。这种认识基础本身也是对教育本质主义和形而上学认识的一种反思，学校不是教育本质认识的一种翻版和教育行为的形式载体。学校有其自身特点和性质，它本身构成了教育实现过程的一部分。这是因为

① 渠敬东：《缺席与断裂——有关失范的社会学研究》，北京：商务印书馆，2017 年，第 291 页。

教育是一种文化性和价值性的实践活动，即教育本身包含着价值和意义的方向引导，学校教育意义的实现本质就是学校关系的方向性符合教育的价值导向。

（三）学校本质的新认识

对学校的认识不能停留在学校教育实践的实施、教育实践对教育目的的实现等问题上，而要从学校教育实践以及其他非教育实践中，抽离出学校得以存在的要素。这些要素不仅是认识学校的视角，而且还是学校得以存在的实质性内容。从中既可以看到学校作为实体的存在，也可以分析学校教育意义的实现。作为场所、场域甚至是专门的教育机构都无法真正凸现出学校的本质。

学校是一个抽象的实体，其本质就是一个关系实体。在这个关系实体中，学校的主体和意义在实践中的具体表现都可以通过关系的形式化方式来展现。教育意义也只是学校意义中的一种，学校教育意义被作为一个维度放置在学校认识的整体之中。这三者彼此之间相互勾连，是对学校教育实践的一种形式化认识。这种形式化认识具有普遍性、实践性，是对学校的一般性分析。这种认识既能够体现学校的属性，也可以基于此来理解不同学校之间的差异性。学校之间的差异性不仅表现在学校之间的升学比率、基础设施、财政拨款等方面，而且首先表现在基于学校关系网络所产生教育意义的丰富性。尽管所有的学校都具有主体、关系和意义这三种一般性的要素，但是不同学校在这三个方面的具体认识和实践上有所不同。这一点也是不同学校之间学校活力存在差异性的根本原因。

不同的教育认识范式决定着不同的教育实践，它们在学校实体中所反映的关系也是复杂的，但是其教育认识却不会发生改变。这是学校实体得以存在的根本，也是学校活力得以生成的内在根源。学校实体是对学校教育实践过程的综合和整体反映，这也就必然包含着不同教育认识范式下的学校教育实践所形成的学校关系。这些关系是复杂的，所包含的意义是丰富多样的，但对教育意义的关系认识则是一致的。学校实体既与学校教育实践紧密相关，甚至表现为对学校教育实践过程的反映，又与其有着严格的区别，它有着自身的问题域，基于个体自我与自己的关系来考察学校实体中的不同关系形态，并通过对其关系的规定来确定学校实体中的教育意义。

由此可见，学校实体是对教育认识范式下的教育实践过程的关系认识。不同的教育认识范式都是对主体构建的主体化过程认识。在不同的实践模式中，学校实体的主体化内涵、关系状态以及意义多样性都有所不同。不同的学校教育实践体现出不同的学校关系，并表现出不同的关系形态，但是从关系角度对教育的认识却具有明确的规定性。学校实体是从关系角度来认识学校教育，并呈现学校的独立视角，通过主体、关系和意义来展现学校教育的发生和实现。学校实体是对学校教育实践的关系认识，但是也具有自身的独立性，之所以强调学校实体还在于教育实践忽视了学校视角的独立性。

学校作为一个独立的实体，基于学校的整体角度，才能使得学校活力作为真实的存在。基于主体的角度，我们可以认识到学校教育实践活动的本质，无论何种教育实践都表现为一种主体化过程。特别是现代教育以来，教育的主体化认识也在不断地发生改变。基于关系的维度，可以认识到学校的存在何以可能，不是所有教育活动的发生场所就一定是学校。它是教育实践发生的条件性关系以及产生的教育性关系所构成的关系网络，也可以说关系网络是学校教育场所的实质。基于意义的维度，可以认识到学校教育的生成实现方式，学校教育不完全反映在学校教育实践实现教育目的的结果上，它还反映在儿童个体的真实发展上，这种真实的发展是学校教育意义累积的结果。学校三要素之间不是孤立的，而是彼此联系，互为一体的，构成了对学校教育实践过程的关系层面的认识。这三个维度在认识和表现学校方面是有着严格界限的，但在表达学校教育方面却有着共同的内涵。主体化本身就反映个体自我与自己以及自我与他人之间的同一性和统一性关系，这种关联性本身就是学校教育意义，且存在于主体化过程中。

学校作为实体的本质，一方面可以为学校活力的认识提供一个学校的视角，从学校教育意义实现生成的角度来认识学校活力。基于学校教育实践角度的学校活力认识，其表现更多的是学校教育实践过程中学校主体的积极性、主动性，即教育实践实施过程中主体的能动性。这是从学校角度认识学校活力的现象表征，而未真正触及学校活力的实质内涵。另一方面，它也是对教育认识的一种转向，即从教育的规范认识转向教育过程认识，即从“我们是谁”转向“我们的现实是什么”的认识，从学校的实践认识转向学校的关系认识。这三种认识转向，使得我们可以从关系、主体和意义三方面对学校教育的实现过程进行相对比较完整的描述。但是这三种转向不是对以往认识的否弃，而只是一种视角或问题域的转变。

二、学校与教育：学校活力的认识基础

学校活力存在的首要基础则在于人们对教育的认识，学校中的不同教育认识有着不同的学校活力理解。如果对教育的理解还仅仅停留在对知识的掌握和能力的培养上，那么学校活力则也必然是一种激发学校主体积极性和主动性的组织活力。学校活力的认识不仅基于学校的立场，而且还体现在学校教育意义实现的关系认识中。学校与教育的关系是学校活力认识的基础，不同的关系方式形成不同的学校活力认识。学校作为一个独立的实体，其三要素统一于学校教育的关系认识之中，从而改变了以往学校与教育之间的关系认识。

（一）“教育”中的“关系转向”

对于教育的认识和理解，从古到今可谓是丰富多样，不胜枚举。不同理论有不同的教育认识，不同的教育认识自然也会形成不同的教育实践和活动，从而形成不同的教育事实。周浩波认为教育作为一种事实是不存在的，所有的教育都是在一种“价值框架”下获得意义。“‘教育’事实上是一个‘研究领域’而非学科，它只能由其他学科携带着自己的犁杖来此耕耘”①，教育的基本含义就是“使人向善”，所有教育意义的阐释都不能离开这一核心。对其解释也是多种多样的，如“促人发展的影响力”“道德观念的塑造”“本性或天性的生长”等等。这些都是基于不同理论形成的

① 周浩波：《教育哲学》，北京：人民教育出版社，2000 年，第 88 页。

对教育活动和教育实践的解释，并最终形成了对教育实践的指导和改造。

这些认识反映了两个共同点，一是从实践或行为的角度来认识教育，对“向善”的理解缺乏关系的视角。虽然杜威的“教育即生长”的命题强调关系，但其关系是人与环境相互作用所形成的关系，这种关系本身就在过程之中，其基础依然是实践的视角。二是对教育的认识重心在于“善”，而忽视了教育中所包含的动作“转向”，且“善”作为了教育先天的质的规定性。

以往仅仅从“手段-目的”或过程中的关系角度来认识教育及其过程，如何从关系的角度来理解教育意义，需要先厘清“教育”概念一词的最初含义。有研究者认为，当今英语世界所使用的“education”来自拉丁文“educere”，并经历了“从‘ducere’到‘educere’再到‘educare’的演变过程，是一个意义不断明确和不断具体化的过程，从‘ducere’的诸多纷杂的含义到‘educere’各义项中共同的‘往外带领’含义，到educare明确将意义固定在‘教育、抚养、训练’上，教育概念的形成，在逻辑上经历了一个漫长的过程”。[①] 这里只是从词源学的角度对“教育”拉丁文进行了考察，而未对这种词义转向给予文化解释。如“往外带领”是教育的动作，那么“带向何处”则是教育的内在规定性，不同的思想对这种“往外带领、引出、导出”的解释必然有所不同。

福柯在其晚期对古代哲学的考察中发现：“‘educere’的意

① 娄雨：《从 παιδε(i)α 到 education：西方“教育”概念的词源学分析》，《教育学报》2017年第3期。

思是‘伸出手，离开那里，从那里走出来’。这根本不是一种传统意义上的教育或传授理论知识或本领的工作。这其实是一种影响个体的行为，即向个体援之以手，让他走出他所处的生活状态、地位和方式。这是一种对主体自身生活方式的影响，不只是传授知识，从而取代无知状态。”① 福柯对教育的理解是基于个体如何实现主体化，或者说个体如何能够实现自身的“明智”而言的。

福柯的这种认识来自他对西方古代哲学的考察，对“关心自己”这一自我实践的认识。“‘关心自己’实际上是贯穿整个漫长的西方古代长达千余年的一条主线。‘关心自己’无论在希腊古典哲学，还是在希腊化-罗马哲学以及基督教哲学之中，都是一个具有支配地位的核心概念。”② 福柯对这一问题的考察本身就是其对主体谱系学研究的一部分，西方古代哲学中对主体的认识和主体化的过程远不同于西方近代意识主体出现以后的认识，且“自我实践”这一哲学主题也随着哲学的发展而慢慢地被边缘化。

关心自己在古代哲学中也发生一系列的变化，福柯通过对《阿尔西比亚德斯》的解读发现，苏格拉底、柏拉图对“自己”的界定，“自己”即“灵魂”，即“主体”，从本质上将“关心自己”的哲学实践活动与其他的关心活动区别开来。由于自己存在缺陷和无知，所以就需要先“认识自己”，这也就成为了“关心自己”的前提，随着哲学的发展，“认识自己”逐渐取代

---

① ［法］福柯著，佘碧平译：《主体解释学》，上海：上海人民出版社，2010年，第108页。

② 赵灿：《诚言与关心自己——福柯对古代哲学的解释》，上海：上海人民出版社，2017年，第169页。

了“关心自己”的行为。到了公元1—2世纪，“关心自己”的实践逐渐扩大化和普遍化从而形成了“自我教养”，“关心自己”成为了人的终生任务，其“批判-纠正功能”越来越突出。人们开始越来越关注自己的“错误、恶习、扭曲以及根深蒂固的依赖性”，并作为“关心自己”的基础，而不再“以无知和缺陷为基础”。[①] 关心自己的形式也得到了扩展，而不再局限于“认识”层面，“认识自己”只是“关心自己”的一种方式。福柯整理了四类“关心自己”的表达，“人们对自己的注意、关注；转向自己；自我的活动和行为；自己与自己的关系。这四类远非是‘认识’所能概括的，又因它们是主体自身针对自身人进行的，故也叫‘自我实践’”。[②] “关心自己”不是完全建立在对自我无知的反思基础之上，而是建立在对自己的“错误、恶习、扭曲”进行纠正的基础上。这种纠正不是基于从“无知”到“有知”的转变，而是基于从外转向内、转向自己、处理自己与自己之间的关系。当人们不关心自己时，则是一种不明智的状态，人们对自己缺少关心，对自己的状态以及对自己与自己的关系缺少反思和批判，教育就是那个促使自己发生转向作用的中介、活动或行为。主体如何通过自身构成自己，“这种援手，这种‘éducation’不是一种教育，而是另一种东西，或是不只是教育的某种东西”。[③]

---

① ［法］福柯著，佘碧平译：《主体解释学》，上海：上海人民出版社，2010年，第75页。

② 赵灿：《诚言与关心自己——福柯对古代哲学的解释》，上海：上海人民出版社，2017年，第190页。

③ ［法］福柯著，佘碧平译：《主体解释学》，上海：上海人民出版社，2010年，第108页。

从福柯对“educere”的词源和对“关心自己”的考察可以看出，教育不仅是一种基于“认识自己”的“培养-塑造”，还是一种基于“自己与自己关系”，使主体逃离自我与自己关系分离的状态，并发生“转向自己”的中介、活动或行为。其实教育的“转向”含义，在我们已有的教育认识和理解中早已存在，如人们常用柏拉图的“灵魂转向”来认识教育。福柯对于这种“转向自己”认识作了比较深入的考察，它主要总结了三种“转向”模式，即柏拉图模式、基督教模式以及希腊化-罗马模式。这三种不同的“转向”模式则意味着不同的教育内在规定性。柏拉图模式的转向，是从现象世界转向理念世界；是从外部转向灵魂，也就是意味着自由、意味着回归，这种转向是基于认识自己开始，也必然从自己的无知开始，但从无知到有知，依靠的是“回忆”，通过“回忆”实现灵魂的转向、转向自己，也就是“学习即回忆”。基督教模式的转向，是从一种存在转向另一种存在，如从死到生，从堕落到不朽，强调的是一种灵魂的重生。这种转向是基于主体内部的断裂，通过否定自己，来实现自我的重生，“转向了的自身是一个否弃了他自己的自身。否弃自身、消亡自身、在另一个自身中以一种新形式再生”。[①] 希腊化-罗马模式则不同于这两种模式，这种转向自身就是将目光从其他事物上移开，迈向自己、回归自己、实现自己，最主要的就是要回归到自我与自己的关系上，实现与自己的完善关系，这一点也是与前两种模式的根本区别。希腊化-罗马的转向自己强调通过“修习、练习、

① ［法］福柯著，佘碧平译：《主体解释学》，上海：上海人民出版社，2010年，第166页。

实践”实现自我与自己之间的一致性和完善关系，而不是建立在“断裂”的关系之上。这种转向是主体化的过程，更是一种自我实践。福柯认为人的“主体地位是用自我对自我的关系来界定的。他需要把自己塑造为主体，而且其中他者必须介入。这是一个在西方世界的整个自我实践和主体性的历史当中重要的论题”。①

以往人们对教育中的“导出、引出”的词源认识是基于“认识自己”的基础，而忽视了由于外部环境干扰、诱惑而使得自我与自己关系之间产生的断裂以及自己所发生的行为错误、扭曲、恶习和彻底的依赖性等问题。从而使得自我的发展或主体化不是基于自我对自己的关系，而是不断地成为了基于外部要求的某种事物主体，自我与自己之间的关系越加断裂，自我也就不断地发生扭曲、异化。人们渐渐很难将目光转向自己，而是更多地听从外部的声音和控制，从而进入了“stultus”（不明智）的状态，即对自我没有什么要求，不想得到自我，不再以自我为目标。但“人不是身体足够健康就可以自己走出这一状态。必须有人伸手帮助他，拉他出来：‘Oportet aliquis educat。’因此，关心自己必然要求有别人在场、介入”。② 福柯对“educere”的解释也是基于这一认识，并对传统意义上的“教育”确定了一种新的理解。

总之，教育最初的含义包含着精神或灵魂的转向，但是福柯通过分析和解读柏拉图的转向、基督教的转向，发现二者都

① 赵灿：《诚言与关心自己——福柯对古代哲学的解释》，上海：上海人民出版社，2017 年，第 203 页。

② ［法］福柯著，佘碧平译：《主体解释学》，上海：上海人民出版社，2010 年，第 105、108 页。

是人为设定了一种二元对立，即所有的转向都是转向已经设定的“善”，柏拉图希望转向一种理念的世界，基督教期望转向上帝和希望。但是在福柯看来，这些本身就是对自身的一种分裂，而无法真正实现对自己的转向。福柯晚期所说的自我主体化本身就是要对自我能够有所认识和了解，能够把握和对未来所可能出现的危险有所准备。这种认识已经不同于杜威所说的对“确定性”寻求的两种方式，即在感情和观念上改变自我，顺从决定其命运的各种力量，借此获得安全感；发明各种技艺，通过行动来改造世界，利用自然的力量为自己构筑安全的堡垒。他提出了第三种方式即转向自我，只有成为了自己的主人，才能真正实现对“确定性”的寻求。也就是说，福柯发现了第三条路径即转向自身，关心自我，一种自我实践。由此可以看出，教育的“导出、引出，拉出”不仅可以基于认识的角度来理解，而且也可以基于关系的角度来理解。只是随着人们对主体认识的变化，主体化的过程变得十分复杂，自我与自己的完善、一致性关系的实现条件也会变得十分复杂。教育的“向善”实践也转变为一种自我实践，即转向自我，自我与自己一致、完善的关系的实现。

（二）“主体化”的学校教育认识

1. 现代学校教育的主要特征

主体教育是现代教育的主要特征，也是现代教育的主要内容。在西方教育发展的历史中，“回顾一下现代理论和实践有所贡献的教育理论家的著作，便可以发现有一个主题贯穿其中，由这个主体可以派生出许多其他的观点，这就是：相信成长的内在力量，走向光明是人的本性。发展是人本身潜在力量的展开，而教育者要相信这种力量”。① 由此可以看出，现代教育对主体的强调和人的发展潜力和生长力量的信任，教育的对象是人，随着现代教育的确立和形成，教育的实施也需要尊重人的发展规律和为了人的本性发展，即教育强调尊重人的主体性，并逐渐发展成为一种主体教育。“对受教育者的主体性的关注可能是一个现代的关注，因为它与自由和独立有关，而这些概念从启蒙运动开始就在教育思想和实践中占据了主导地位。”②

文艺复兴以后，人的主体地位逐渐凸显出来，启蒙运动则进一步强调人的理性，康德将理性的使用看作是人走向成熟的标志。这一思想的变化在教育认识中也产生了重要影响。现代教育开始强调人的价值和意义，并打破了中世纪对儿童以体罚、惩戒、灌输的方式以及将儿童看作“小大人”来进行教育。在教育中，对人的强调首先是从人的自然性开始，即强调人的天性；随着认识的发展，则转向强调对人的科学性认识，即尊重人的主体地位和身心发展的规律等。“教育活动的主体和主体意识觉醒，这是开辟面向未来的新教育世纪的根本前提之一。”③ 随着教育认识的进一步发展，这种根本的前提已经逐渐地成为了现代教育认识和实践的主要载体或逻辑要素。现代教育的科学依据来自对人的主体认识，实践目的则

① ［英］伊丽莎白·劳伦斯著，纪晓林译：《现代教育的起源和发展》，北京：北京语言学院出版社，1992 年，前言第 6 页。

② ［荷］格特·比斯塔著，赵康译：《教育的美丽风险》，北京：北京师范大学出版社，2018 年，第 29 页。

③ 石中英：《教育学的文化性格》，太原：山西教育出版社，2007 年，第 134 页。

是为了实现儿童的主体性。可以说，现代教育的实践是围绕人的主体性展开的，所以基于主体性展开的教育实践也就是人的主体化过程。

主体教育是教育不断发展和进步的产物，是人们对教育认识不断深入和科学化的结果。石中英将主体教育看作是一种文化，即“主体教育不仅是以一种教育观反对另一种教育观，更是以一种文化观反对另一种文化观。它的意图不仅在于营造一种新的教育，而且在于营造一种新的文化”。① 同时它也被看作是一种批判性话语，即它“是建立在教育认识论、价值论和实践论批判基础上的形而上学的一种理想，一种标准，一种境界，而且是永远有待于完善的理想、标准和境界”。② 当它作为一个批判性的话语和一种文化不断批判以往教育实践，并不断形成以主体和主体性为载体的教育实践话语，那么一种新的教育形态也就不断地产生了。

“主体教育是一种基于主体哲学对教育培养什么样的人以及教育活动的认识，是一种教育的观念或教育哲学思想，它相对于依附性教育或客体教育而言。其基本观点是：人是教育的出发点，人的价值是教育的最高价值；培育和完善人的主体性，主体教育的过程必须把受教育者当作主体，唤起受教育者的主体意向，激发受教育者的自主性、能动性和创造性，使教育成为主体自主建构的实践活动。”③ 主体教育只是教育发展和认识

---

① 石中英：《主体教育的文化透视》，《教育研究与实验》1997 年第 1 期。

② 石中英：《“主体教育是什么?”：一种批判性话语》，《辽宁师范大学学报(社科版)》1999 年第 2 期。

③ 冯建军：《主体教育的历史透视》，《南通大学学报（教育科学版）》2005 年第 4 期。

的一种形态而非本质规定。它是我们认识教育和看待教育的一种新方式，主体作为教育认识的根本前提和培养的目标。

总之，这种对主体性和主体的前提认识，对于以往将儿童作为灌输、惩罚对象的教育来说是一种进步。但是，人们对主体和主体性的认识在不断地发生改变，那么这就需要我们重新反思主体教育的前提认识。这种反思则主要表现为以下几个问题：主体教育中所获得的对主体以及主体性的认识首先是将主体作为一种认识对象，其教育实践过程也自然表现出一种主体客体化的过程；主体性是否是一个先验的存在，即是否是一个有待培养的特性和作为某种实践、行为主体地位的表现；主体性的内涵是否也就仅仅表现为一种“主动性、自主性以及能动性”等一系列的实践特征；在主体教育中，主体既是教育实践的参与者，也是教育实践的目的，而对主体或主体性是如何被构建的这一过程本身缺乏反思，即对“我们的现实是什么”缺乏反思等等。既然主体教育是一种基于主体哲学的教育哲学思想，那么对于这些问题的回答也必然是对基于主体认识的现代教育进一步探索和研究的构成部分，甚至转变基于以往主体认识的现代教育，从而形成现代教育的新认识。主体教育是现代教育的主要特征更主要体现在其与现代教育对人的主体认识和主体发展强调的一致性上。当主体成为教育认识和教育意义产生的载体，那么学校实体中教育意义的内容也必然体现在主体的构建过程中。

2. 学校教育中的主体构建

现代教育的起源最早可以追溯到夸美纽斯，他将自然的原则运用到教育之中，尊重人的天性和发展规律。人在教育中的地位和认识得到了重视，教育的认识基础和实践形态则发生了重要的变化。有学者从主体的历史生成得出了教育的三种形态，即“群体主体-工具性教育；个人主体-个人主体教育；类主体-类主体教育”。[①] 尽管这三种分类未必是一种绝对的一一对应关系，即在个体主体的教育形态中也存在着工具性教育，甚至可以说也对应着工具性教育。但是，这反映了至少在文艺复兴和启蒙运动之后，人已经成为了教育认识和实践的对象，这也使得教育的认识论和方法论都得到了有效的改变。教育从作为培养人的实践活动转变为一种对儿童主体构建的过程。

比斯塔也强调主体化是教育目的之一，其实这种主体化不仅是目的还是过程。我们不仅要明确教育对人培养的主体化方向，而且还要考察人的主体被构建出来的过程。作为现代教育主要特征的主体教育不仅表现为对主体性的强调和实践主体的尊重，它还表现为教育实践过程中对儿童主体的构建。现代教育的认识论基础已经发生了精细化转变，即从对人的认识转向了对人的主体认识。这不是说教育要抛开对人的认识，因为主体本身就是人的一种哲学认识，教育对主体的强调恰恰是对教育价值的回归。正如王道俊先生所言，“主体教育论把教育的特点及其价值定位于对人的发展的意义，是对教育价值的回归”。[②] “教育的主体性是教育的本质特性。”[③] 所以，主体教育不仅强调教育中儿童个体的主体地位和主体性表现，而且还强

---

① 冯建军：《主体的历史生成与教育的三种形态》，《南京师大学报（社会科学版）》2000 年第 5 期。

② 王道俊、郭文安：《主体教育论》，北京：人民教育出版社，2005 年，第 26 页。

③ 王道俊、郭文安：《试论教育的主体性——兼谈教育、社会与人》，《华东师范大学学报（教育科学版）》1990 年第 4 期。

调教育的认识论和实践过程都基于主体认识和表现为主体建构，即主体成为教育的实践话语。

从教育史可以看出，教育中对实践的认识也有一个发展的过程，即从尊重儿童的主体和天性向尊重儿童的生长过程和环境转变。这也就形成了教育史中的两大教育范式：可塑性教育范式和生长教育范式，它们都是基于人主体的科学和自然认识而形成的。但从思想史的角度来看，思想家们对主体的认识却远不止表现为教育史中的这两种认识形态。但它们也对教育产生了重要的影响，形成了教育哲学认识上的不同教育思想流派。思想史中不同主体认识都会通过赋予主体以内容，来强调主体的正当性，但这些认识都在讨论一个根本问题“人对自己的定位问题”。“现代主义偏向以‘主体’来定位人，而后现代则反对。”① 从笛卡尔的意识主体开始，人们对主体批判便从无间断，并不断发展一直到后现代的主体观，这其间经历了复杂的转变过程。现代教育中的主体观念及其教育认识范式，也必然会随之发生改变。

从笛卡尔的思维主体到后现代的主体生成的认识过程，不仅包含着主体认识的变化，而且还包含着对主体认识重心的转移。笛卡尔的思维主体是一种对象化的认识主体，它是“认识论的前提，从而达到更可靠的‘客观’的知识的努力”。② 但这种认识则带来了主客二元对立的认识困境，自我成为了认识的中心。在教育中则表现为一种可塑性教育范式，完全忽视学生

---

① 苏永明：《主体的争议与教育——以现代和后现代哲学为范围》，台北：心理出版股份有限公司，2006 年，第 8 页。

② ［美］弗莱德·R. 多尔迈著，万俊人译：《主体性的黄昏》，桂林：广西师范大学出版社，2013 年，第 2 页。

的发展需要和规律，而仅仅将儿童作为被教育的对象，教育甚至成为一种产生“异化”的工具。存在主义面对人的危机，提出了人的绝对自由，将人的主体性看作是人的自由创造和选择，“人只是他自己的创造物。这就是存在主义的第一原理。这也就是人们所谓的他的‘主体性’”。[①] 存在主义改变了之前对象化的认识主体，并将“我-它”关系转变为一种“我-你”关系。

莱维纳斯基于我与他人的责任关系凸显自我的主体地位，他进一步批判了存在主义的先验主体和“我-你”关系，并将其转变为“我-他”关系。胡塞尔“致力于把先验的反思描述为一种单原子学交互主体之基础”。[②] 哈贝马斯将这种交互主体依然看作是意识哲学的主体认识。随着哲学的语言转向以及之后的实践转向的出现，人们对形而上学的本体论、意识哲学中的主体等认识发生了巨大的转变。哈贝马斯基于语言学提出了交往行为理论，并将人的主体性看作是能够运用交往理性与他人基于某种问题形成共识的交互性。主体间性成为了克服传统主体论的认识转变，人不再是认识的中心也不是对象化的主体，而是不断处于与他人交往关系中的主体，并在这种交往中不断获得主体性的交互主体。

但随着系统论和结构主义的发展，人的主体性和主体地位则逐渐被系统或结构本身的运作机制所取代，人也只是系统和结构中维持其运转的零件或要素。个体的主体性被彻底的否定。

---

① ［美］弗莱德·R. 多尔迈著，万俊人译：《主体性的黄昏》，桂林：广西师范大学出版社，2013 年，第 2 页。

② ［美］弗莱德·R. 多尔迈著，万俊人译：《主体性的黄昏》，桂林：广西师范大学出版社，2013 年，第 45 页。

除此之外，精神分析关于人的潜意识的认识，也颠破了主体概念的存在。这是因为以往人们关于主体性的认识，以及人在实践中所表现出的主体性行为，都只是意识作用的结果，但忽视了潜意识在这种行为中的作用和意义。后现代的主体认识则直接否定了主体概念的存在，福柯则更为直接的提出了“人之死”的口号。

福柯对人和人文主义的批判更多是从知识型的角度来进行的，人们对人的想象和培养更多的是基于有关人的知识型，并总是被自身设定的知识所束缚。当我们逐渐成为了知识型所规定的某种知识和行为主体时，作为一个自由的，充满可能性的人也就不再存在了，即“人之死”。这也是福柯通过知识考古所得出的重要结论。故他的工作或批判重心则在于从权力关系和历史的角度来考察主体客体化的过程。福柯通过对主体的谱系学考察，得出一个重要结论，即“什么构成了现在的我们”。福柯的结论是振聋发聩的，对主体的考察不能仅仅停留在意识主体哲学上，需要反思我们的话语实践，需要反思我们的行为，但是这种反思是历史的、实践的。

从这一认识脉络中，关于主体的认识在不断地发生改变，认识重心也从关于主体的本质和形而上学的认识转向关于主体如何被建构的认识；从先验主体作为认识的出发点转向主体作为实践构建的产物；从对主体认识的哲学思辨转向对主体认识的历史考察；从“我们是谁”的认识论探索转向“我们的现实是什么”的实践论分析。总之，关于主体的认识发生了根本性的转变，后现代对于“我们是谁”这个问题也给出了不同于之前本体论和意识哲学中的主体认识。后现代“解构”之旅也是从“主体”的认识和形成开始，对“主体化”“主体性”等问题给出了深刻的认识思考。

后现代通过对人的“主体化”和“主体性”等问题的批判和反思，构建了人与规范、制度、真理/知识、他人之间关系认识。也就是说在这些关系之中，我们的主体性是被构建出来的，“我们是谁”的问题也需要从这些关系中来回答。这也就意味着教育学研究中的“我们是谁”的认识，则需要先回答“什么是我们的现实”，即“作为隶属于这一现实的我们是谁”。[①] 这一问题的转变也就意味着教育学研究的闭合循环结构发生了一个重要的转向。这个闭合的循环结构也不再是绝对的正确和合理，主体化的过程也不再仅仅是“手段-目的”的行为模式，而需要放置于实践关系中来考察。“什么是我们的现实”，也就意味着需要思考构成“现在的我们”的关系是怎样的，我们如何在这些关系中获得了现在的自己。

以往教育学研究忽视了教育意义或影响产生的关系条件和关系中所包含的权力，也忽视了关系的复杂性和对关系本身的反思。后现代的主体观打破人作为一种认识对象的观念，从历史实践的角度发现人的主体化和主体性的过程，并强调关系中的权力对人的规训和生产。这就启发我们，在教育学研究中，需要考察施加教育影响的条件问题，即对教育实施过程中的关系构建。它改变了教育学研究对教育理解的一般图式，增加了“关系”的维度理解。这种关系维度不是仅仅考虑教育者与受教育之间的教育性关系问题，而是要放在一个更广义的范围内，即在一个关系系统中去考虑学校本质实现和教育意义产生的

① ［法］福柯著，潘培庆译：《什么是批判？/自我的文化》，重庆：重庆大学出版社，2017 年，第 68 页。

"语境"问题。这也是学校活力所要解决的根本问题。因此，学校活力从根本上说是一个实践研究，离开实践谈活力是不现实的，也是不可能的。活力在关系中，生于关系。

随着后现代主体的认识，先验的主体、作为具有某种本质特性或本性的主体被解构了。这也必然会产生不同于以往的教育认识，以往的教育实践模式是基于先验的主体认识或人的本性来塑造个体，而先验的主体被解构之后，教育实践模式则是从个体与外部环境相互作用来认识个体的生长。福柯则从实践的技术、策略和知识话语来考察个体主体化的过程，即个体是如何被纳入真理游戏之中而成为主体的，主体化是权力关系的产物。他打破了先验的主体之后，没有寻找解决之道而是去考察主体化的过程，进而提出了人们在这一过程中如何形成和构建自我与自己的同一关系。福柯对主体化过程的实践考察则为学校活力生成研究提供了一种新的方法和视角，即从学校实践中的复杂关系来考察。

福柯"将我们获得主体建构的过程称作为主体化（subjectivation）"。①。主体和主体性是现代学校教育的前提，且学校教育作为一个培养人的实践活动，学校教育的过程则是对儿童主体不断建构的过程，即主体化的过程。只是基于不同的主体认识，主体化的过程也就有所不同，其中典型的两种过程是"塑造过程"和"生长过程"。主体化的过程只能表明主体被构建的情况，但是何种主体化是教育的结果属于教育的过程，需要进一步分析和确定。个体主体化的过程无非包括两个

① ［法］巴迪欧著，蓝江译：《小万神殿》，南京：南京大学出版社，2014 年，第 101 页。

方面，一方面学校教育为个体的自由发展提供了良好的环境和条件，从而保证个体的主体化过程就是儿童不断成为自主和能动的主体。另一方面学校教育实践通过价值规范、知识学习和道德养成不断培养儿童个体适应社会要求。

这两个方面表现为个体化和社会化，它们是儿童发展的两个主要方面，这两个方面则始终处于一种对立的状态，即社会化往往被看作是一个主体客体化的过程，个体化会走向极端造成个体主义，其核心问题就在于对社会规范的接受对个体而言到底是导致自由还是社会化，社会化和个体化何时交接，即社会化和个体化是否是两个独立的过程。正如罗蒂所说："'教育'一词涵盖了两个截然有别但又缺一不可的过程，即社会化和个体化。"① 学校教育的主体化过程也就表现为这两个方面，从关系的角度而言则更能体现出二者统一于主体化过程。

随着现代教育的产生与发展，无论学校实体还是学校教育，其内涵都越来越表现为一种对主体的培养、塑造或者构建，即本质上表现为一种主体化的过程。主体化是学校教育实践的结果，但其过程却可以通过学校实体的关系层面来认识，并通过关系的关联方式来确定学校教育意义的实现问题。主体化在学校教育实践和学校实体中的表现方式是不同的。从学校教育实践的角度而言，它体现为学校教育实践中的技术或策略将儿童作为塑造或构建的结果，即表现为基于人的主体认识、尊重人的主体地位和发展人的主体性。从学校实体的角度而言，它则是个体在学校关系中所形成的自我与自己以及自我与他者之间的关系性质。人是教育的培养对象，将人作为教育主体并构成

① Richard Rorty. *Philosophy and Social Hope*. London: Penguin Books, 1999: 117.

教育认识的根本前提和逻辑起点。作为主体化的教育过程在学校实体中也必然存在关系上的表现。

作为学校实体的三要素在学校教育的关系认识中，有着不同的作用。学校教育过程就是个体主体化的过程，它是个体在学校关系中所形成的不同关系形态，这些关系中的关联方式构成学校的教育意义。学校实体的三要素可以直接反映学校教育实践所形成的不同的关系、意义和主体化的内涵，但其关系是复杂的，意义是多样的以及主体是被建构的。也就是说，学校实体所反映的主体化内涵不全是教育性的，学校与教育之间的关系也不同于基于教育实践所获得的关系认识，即直接同构的关系。

（三）学校与教育的“非直接同构”

在以往的认识中“学校”概念总是在“学校教育”的使用中而遭到忽视。伊利奇认为要认识学校，并获得共识可以通过不同的方式，但“无论采取哪一种方式，都要求我们首先提出关于学校与教育之间关系的某些假设”。① 由此可以看出，对于学校与教育之间的关系在伊利奇看来，其本身就只是一种认识方式的选择，对学校的认识则可以完全抛开“教育”一词。本研究将学校与教育之间关系的假设作为出发点，通过提出一种新的认识假设，赋予学校一种实体性认识，不同于伊利奇如此极端的否定和割裂了二者之间关系的学校认识。

“虽然不断地声称狭义的教育就是‘学校教育’，但实质上

① ［美］伊利奇著，吴康宁译：《去学校化社会》，北京：中国轻工业出版社，2017 年，第 33—34 页。

很多理论并不以现实中的学校为依据或物质基点，只是根据某个理论出发点来推理论断，而不考虑它们在学校中实现的可能性和可行性。因而，学校一词倒成了某些教育理论中可有可无的虚概念，缺乏任何实质性、物质性内涵。”① 国外的劳伦斯也明确指出“学校和教育，这两者不是相同相等的东西”。② 当学校与教育之间的关系不再是一种直接同构的关系，而是一种非直接同构关系时，学校教育的关系运动也就自然“浮出水面”，学校活力的过程性基础也就得以展开论述。

关于学校与教育的直接同构认识主要源于两方面认识：一方面是对学校教育与教育之间的混淆；另一方面则是学校建制背后的认识论。关于学校教育与教育的关系，“在更加周到地考虑的悖论中，学校教育常与教育相对立，并以教育的名义被排斥。教育开始于学校教育结束之时；学校中断了儿童的教育；更糟的是，学校进行的是确实错误的教育”。③ 这是学校教育实践中常见的现象，学校教育常常因被作为一种发生在学校中的教育实践而等同于教育，以致出现沃尔什所批判的情况。学校教育与教育的混淆容易忽视对学校教育实践所产生意义的反思和批判，直接将学校中的教育行为作为教育意义实现的手段。学校教育与教育的混淆使得学校教育就是学校中教育目的的实现或教育行为的实施，故学校与教育也就被看作是直接化同构，学校的视角也就因为这种同构性而被教育的

① 周浩波：《教育哲学》，北京：人民教育出版社，2000 年，第 248 页。

② ［英］伊丽莎白·劳伦斯著，纪晓林译：《现代教育的起源和发展》，北京：北京语言学院出版社，1992 年，第 3 页。

③ ［英］沃尔什著，李六珍译：《教育：一个概念，多种用法》，瞿葆奎主编：《教育学文集·教育与教育学》，北京：人民教育出版社，1993 年，第 44 页。

实践或理论视角所取代。

学校建制是学校作为一种专门教育机构的制度化形式，其认识论基础则是基于教育的可塑性认识范式建立起来的。可塑性认识范式下的学校教育，强调行为与教育意义是直接实现的，它本身就是对儿童观念的培养和塑造，或者说是心灵的构造。学校教育更多地体现为教学活动和训育活动，学校的建制则必然围绕着更加有效和有利于教学活动的开展和对学生道德观念的训育而不断完善。但是随着人们对教育认识的不断深入和制度化学校教育在实践中暴露了越来越多的问题，教育家们开始批判制度化的学校教育，并改变了以往对学校教育的认识。学校的制度化是建立在可塑性认识的基础上，而新的教育认识并不能很好构建和修正学校的制度化问题。对学校的教育批判也更多地存在于这种学校建制对儿童的个体发展所产生的消极影响，甚至有学者提出废除学校，促进儿童的个体发展。基于儿童个体发展来批判学校建制问题，其本质就是对传统教育认识范式的批判。从废除学校这一激进观点可以看出，人们对学校的批判主要在于对教育专门化的不信任。但这些批判都是基于对学校与教育的直接同构的认识，即认为学校就是专门化的教育机构，其中的教育实践则必然会促进儿童的发展，事与愿违的结果和手段、目的的二元对立则成为后来教育家们批判的对象。

从学校关系而言，学校中的这些教育行为形成了不同的关系，而意义就存在于这些关系之中，存在于儿童个体的主体化过程之中。学校中的意义并非全是教育性意义，它还包含着非教育性的意义。学校只是通过教育性关系促进人的发展和成长，学校本身无法实现人的发展。选择学校是在选择教育性关系强的场所。由于以往对学校教育意义的认识更多的是基于可塑性，因而学校教育意义也主要从教育行为或教育实践上来认识。随着学校制度化的不断深化，学校教育意义则主要体现为教育目的的实现。学校教育已经完全成为一种基于学校体制机制和制度的教育实践活动，一旦制度或学校体制机制对儿童个体的发展不利，学校教育则必然会偏离教育的规范性要求。这也是在现代学校活力认识中，不少教育研究试图从学校的体制机制角度进行改革的原因。从上述可以看出仅从体制机制改革来实现学校活力是远远不够的，这是因为体制机制不是对教育行为的规定，而是对关系的固定化。

学校的体制机制是基于某种教育观念或教育实践中的关系规律所形成的某种相对比较固定的关系"轨道"，它是学校教育运作的基本保障。学校教育不同于个体化教育、家庭教育等，它是一种更为复杂的教育实践，仅仅从某种教育行为或实践来考察学校教育意义的实现是不够的。在学校中，教育行为与教育意义不具有直接的实现性，学校教育意义存在于学校关系之中。这是因为无论是先验主体的观念论还是行为意义的现象学，都忽视了行为所在的关系情境。

先验主体的观念论认为，只要教育行为符合儿童观念发展的一般规律、学习兴趣，就能有效实现儿童观念的构造，这种构建儿童心灵的行为就是有教育意义的行为。但"先验主体的理性结构太宽泛，太笨拙，以至于不能察觉所有这些狭小、细腻但又十分重要的差异"。① 也就是说，这种先验主体的观念论

① 汤明洁:《福柯知识考古学的认知和主体变革——以中西文化差异问题为例》,《哲学动态》2017 年第 5 期。

是对人的一般性塑造，忽视了儿童个体本性在本质上的差异性。在学校教育中，基于这种教育观念所形成的教育体制机制、教学组织形式、课程内容的设置等等试图通过教育行为来直接实现教育意义或教育目的。这是传统教育实践在学校教育中的一般范式，这种认识范式从本质上是一种对人的“同一”塑造。随着制度化教育的进一步发展，学校教育则主要表现为一种“手段-目的”的模式，学校成为了一种标准生产的工厂，儿童的发展成为了一种目的的达成。学校的体制机制及其制度，完全是一种基于先验主体的行为、目标的构想，在这种构想中，忽视了儿童的差异性。学校教育成为了一种体制机制的观念性运作，儿童的差异性和个性服从于这种体制机制。学校教育意义的获得是儿童在观念上的塑造，在实践中教育行为甚至是对儿童的一种标准化生产，很难说教育行为与教育意义是直接实现关系。这种认识也使得本来作为一种专门化教育的教育理想成为教育的对立面存在，其根本原因在于这种哲学认识所具有的局限性。正如莱维纳斯所说“作为第一哲学的存在论是一种权力哲学”。① 因而学校所谓的教育行为不完全具有教育意义。

行为意义的现象学认为，行为构想的实现就是行为意义，行为意图包含着行为的意义，学校是一个充满意义的实体。尽管舒茨提出“意义脉络”和“经验基膜”的概念，来表达行为意图的意义总是在脉络和基膜中获得最终的确定。但“意义脉络”的形成本身就表明了它是一系列的连续的行为意图，是由各个意义单元所构成的关系综合。它强调不同行为之间的连续

① Emmanuel Levinas. *Totality and Infinity*. Translated by Alphonso Lingis. Pittsburgh: Duquesne University Press, 1969: 46.

性，以及后一种行为对前一种行为意义的改变。经验基膜是这种意义综合的最高级。这种认识后来受到哈贝马斯的社会理论和布迪厄的批评，其中布迪厄的批评则是否定了行为意图在实践场域中的作用和意义。在布尔迪厄看来，学校场域中具有某种固定的关系结构原则，这种原则来自实践的历史性，并构成了人们行为的习性。学校场域中行为的意义受习性的制约，表现为对实践场域逻辑的显现和意义再现。人的行为意图并不能如舒茨所说能够产生行为意义，行为的意义包含在已有的实践逻辑之中，所以布迪厄说“实践就是一列自带轨道的火车”。在布迪厄的理论看来，教育意义的实现与教育行为没有直接的关系，它只是意义的表达和凸现。此外，行为意义的现象学分析，也忽视了个体存在的关系环境，而将这种关系环境想象得过于理想化。“海德格尔之所以向现象学发出挑战，是因为主观意向性分析在很大程度上陷入了理性的窠臼，没有足够重视生存的具体状态；尽管构成性分析是现象学功不可没的成就，但它毕竟是建立在既定的知识基础和意向基础上的，没有对蕴含在存在之中的其他重要因素进行追问。”① 由此学校中的教育行为并不能直接实现教育意义。

由此可以看出，学校不是一种基于简单的教育行为实现教育意义的专门化机构，也无法基于某种教育理论所构成的教育体制机制就能充分实现学校教育意义。学校教育实践是复杂的，它不同于某种教育实践的实施，对学校教育意义的考察需要从学校关系中获得。以往的学校认识混淆了学校关系和学校教育

① 渠敬东：《缺席与断裂——有关失范的社会学研究》，北京：商务印书馆，2017 年，第 231 页。

关系，学校关系是一种常态，学校教育关系则是需要不断地构建和完善的结果。学校本质上是一个关系有机体，存在于关系中的意义自然也是复杂的，并非只有教育意义。这种关系有机体不仅仅是学校教育意义存在的基础，而且也是学校教育意义生成的“语境”，即学校教育意义是在关系中生成的。故学校教育意义不是学校作为教育实践实施场所的自然呈现，也不是学校基于某种教育理论构建的教育机构所呈现的“手段-目的”模式，更无法从学校教育行为及其意图中获得，而只存在于学校关系之中。学校与教育之间是非直接化同构关系，并作为一个关系有机体存在，构成学校教育意义实现的条件。

教育是一种实践活动，它的发生都必然会在某个场所中，教育活动不只是发生在学校中，也会发生在其他的场所。然而学校作为一个教育场所的理解和去理解一个教育活动的发生场所之间却有着根本的差异性，即学校是一套关系系统，这些关系之间存在着不同的意义和反映着不同的行为技术和策略。这也是它不同于其他教育形式，如家庭教育、个别化教育等的地方。学校是人们在实践活动中形成的一系列的关系系统，这些关系系统不同于制度化的那些关系结构。制度化的关系结构只是学校关系系统中的一部分，是不完整的。因为学校是学校主体之间所有关系的总和，而制度化的关系结构只是对某些关系的固定化和教育实践组织化。学校活力的实现就是要不断地改变主体之间的关系、改变学校关系系统，从而不断地改革和完善学校体制机制。

总之，学校不再是教育实践活动的“附庸”，它们有着自身的认识视角——关系，从这一视角出发我们能够获得对学校的本质认识，解决学校教育中的悖论问题。学校不再仅仅作为一个场所、机构甚至理论化的行动结构，而是作为学校教育发生的关系载体。学校作为一个关系实体而存在，学校教育意义则在其中得以生成，且这一点也是学校教育与其他教育形式的根本不同。学校关系中蕴含着复杂的意义，教育意义只是其中的主要意义。学校与教育之间并非一种直接同构关系，这也是学校活力关系认识的前提。

三、学校活力的关系认识

基于以上论述，学校活力不是基于学校教育实践所表现出的主体行为的主动性和积极性等现象表征。学校活力基于学校的立场，从学校作为一个独立实体的角度来认识。学校实体的认识只能表明学校活力存在的可能性，学校与教育之间的关系认识表明学校活力存在于学校教育意义关系实现的过程之中。学校活力是一种真实的存在，而不是教育实践中主体的精神状态。但学校活力不是教育意义的关系实现，而是其关系运动中的创造生成力。学校活力所存在的学校关系不是一种纯粹的存在，而是学校教育实践实施的结果，实践化关系是这一“运动”产生的基础。这也是基于关系对学校活动认识与以往学校认识中基于实践对学校活力认识的不同之处。

（一）不同学校观中的“活力”

学校的认识直接关系着对学校活力的理解，因为不同的学校认识包含着对学校与教育关系的不同认识。研究学校活力，仅仅认识这些尚有些笼统，仍需对学校认识做更进一步的认识和分析。基于上述三种对学校的认识，学校主体、关系和意义等是构成学校认识的三种基本要素，这三个要素也是学校活力存在的认识基础。这三个基本要素在不同的学校认识中有着不同的理解，因而对学校活力的认识也必然有所不同。

1. 作为场所的学校活力

学校是教育实践的场所。作为场所的学校为学校教育的产生提供了基础的物质设施和环境条件，与教育具有天然的一致性。作为场所的学校不构成学校教育意义实现过程的实质部分，学校活力的认识和生成基础也就是教育实践中的关系和意义。这一认识中的关系主要指师生关系、学校环境、基础设施与儿童成长的关系；意义则主要指儿童的自然天性和主体性的形成。儿童成为学校活力的立足点，儿童的积极性、活泼等成为了学校活力的主要经验表现，儿童的自然天性和主体性的不断获得则成为学校活力的内在根源。

从对学校活力话语的考察中可以看出，基于儿童主体的学校活力内涵也十分丰富，如“自然天性”“身心和谐发展”“儿童的生长”等的实现。这些认识不仅仅体现了不同时期的教育观念，而且还体现为教育实践中的教育目的。学校活力就是儿童自然天性的释放、身心和谐发展和儿童的不断生长，这些也是教育目的的不断实现。故基于儿童主体的学校活力反映了传统的活力观念，即将活力看作是“隐德莱希”，目的或潜能的实现。学校活力从某种意义上就是学校教育实践过程中儿童自然天性、潜能的不断实现。学校活力的内涵与外延则统一于儿童天性释放的过程之中。

学校活力的这种认识是基于学校与教育的关系形成的。学校只是作为学校教育实现的外部条件，其本身并非是学校教育意义实现的构成要素。学校作为教育实践发生的场所，学校与教育之间也就具有天然的一致性，即学校教育就是教育的狭义内涵。学校活力指向了学校教育实践的形成过程。作为场所的学校对关系、主体以及意义的认识也都体现在教育的实践中，学校自身内部的关系和主体的复杂性呈现于教育实践过程之中。学校中的意义，也仅仅体现为教育实践本身对儿童天性、经验和身心和谐等观念的实现。

作为场所的学校的这些特点则形成了基于儿童主体的学校活力认识。它无法形成超出这种认识的学校活力内涵。造成这种学校活力认识的根本原因则在于其中所包含的教育认识方式以及对学校与教育关系的认识。

2. 作为机构的学校活力

学校作为专门的教育机构，是制度化教育发展的基础和教育科学化的结果。作为机构的学校承担着实现教育目的的任务，并基于某种教育认识来配置学校中的不同教育资源。作为机构的学校的教育性主要体现在学校基于某种教育认识对自身结构化来实现教育目的。学校的最大特点就是组织性和目的性，其中组织性就是对学校教育资源的时空配置，也包括对学校主体之间关系的结构化。学校教育是教育认识的实践形式，教育认识或理论保证了学校实践的科学化、合理性甚至是合法性。学校也就是基于教育认识或教育理论而成的某种教育机构，并通过对教育资源的配置和关系结构的调整，来实现教育目的。作为教育机构的学校教育实践也就表现为“行为-目的”模式，学校机构就是基于某种教育认识或理论对资源和关系的配置和结构化。学校与教育之间是直接同构的关系，学校的组织结构和行为模式符合某种教育认识或教育理论。

学校与教育的同构关系是学校作为教育机构的基础。学校教育就是在教育资源配置和关系结构的基础上发生的，这也就决定了学校活力存在于教育实践的全过程。学校主体之间的关系构建是基于学校教育实践过程所表现出的一种“行为-目的”模式。学校教育意义则表现为通过资源配置和关系建构等行为实践以实现教育目的。学校教育实践是一系列有计划性、组织性和目的性的行为活动，它们的实施在于完成教育目的。学校活力主要表现在对教育实践过程的组织和实施上，即对关系的调整、资源的配置等和不断发挥学校主体的积极性和主动性，使整个学校机构能够有效的实现教育目的。学校活力可以看作是对学校主体及其关系、资源等的组织活力。

基于对学校活力历史话语的考察，学校活力的改进大多是从关系角度、学校的体制机制以及管理制度入手。学校活力的外在表现不仅仅在于儿童的主体性和能动性，还在于教师、校长的积极性和主动性。学校作为一个独立的机构或系统，学校活力还表现在学校自身的能动性和自主性等方面。学校活力的这种认识依然与学校和教育之间的关系认识难以分开，即学校与教育的同构性。学校教育是教育的实践形式，学校教育的实践展开是基于教育的认识和观念，学校机构的关系结构和资源配置等也都是基于教育理论形成的。这是教育科学化的结果，学校机构的组织构成本身即是教育实践活动发生的物质性表现，学校（组织结构）成为了教育实践发生的过程性载体，而不仅仅是实践发生的空间载体。这也是学校与教育同构的根本所在。

基于这种认识，学校活力就是学校机构的组织活力，就是学校体制机制对学校教育实践的管控程度，就是学校整体与外部社会的互动能力。这种学校活力包含了现代科学时期的活力观念，活力被分离为机体系统与“活的状态”，合理的机体系统本身就是系统活力。换言之，这是从关系系统的角度来认识活力。因而，学校活力主要体现为在合理的学校组织结构、体制机制、管理制度等基础上，学校主体所表现出的积极性和主动性以及学校整体的能动性。学校活力不仅表现为目的、潜能的实现，而更表现为学校机构基于合理的组织结构的健康有效运转（即教育实践的有效展开）。

3. 作为场域的学校活力

场域是从关系空间的角度来认识学校，学校场域中空间关系表现出历史性、结构性、客观性以及再生产性。学校场域中的教育实践也因此具有自身的逻辑。学校教育意义的实现取决于已经客观存在的关系位置，学校主体之间的位置关系决定了他们行为所可能产生的意义。这些关系位置同时也制约和影响着学校主体的行为意图和行为方式的选择。布迪厄一再强调，场域要放到关系中去理解，学校作为场域是学校针对整个社会而言的，学校处于不同的社会关系之中，学校场域的关系位置就是社会关系的一部分。学校教育实践的逻辑，不是基于某种教育认识或教育理论的实践展开的逻辑，而是学校教育实践在历史和社会中所形成的关系逻辑结构。对于学校场域说而言，学校与教育之间的关系也是一种直接同构的关系，学校的教育性体现为基于已有关系结构的“客观意义的恢复或复活”。就整个教育系统而言，学校中的已有关系位置则表现为学校的体制机制甚至包括管理制度。

学校教育意义的实现虽然依赖于学校主体的行为和实践，但其行为或实践的意图和方式选择都是在已有的关系结构逻辑中展开的。行为人的意识和意图在整个结构逻辑中并不起决定作用，学校主体的行为只是“各种不同的乐器演奏”，使其成为一场“无意识的交响演奏会”的正是已存在的关系结构逻辑。因此，学校教育实践本质上是一种象征性实践，学校教育意义早已蕴含在那种关系结构之中。但这并不意味着学校只是一个死气沉沉的空间场域。学校场域中已有客观的关系结构形式之间的差异性、不对称性等决定了学校主体之间的运动。学校教育意义的实现就是场域内习性对学校主体关系结构所蕴含的“客观化意义的恢复或复活”。习性规定着学校场域主体的行为方式和行为意图，并通过对其行为方式和意图的制约，从而使得不同主体在已有的关系结构中行动。正是通过这些行动使得结构得以“再现”，意义得以“复活”。但这不意味着学校主体没有创造性，他们对关系结构的修正和改变，也恰恰是他们复活的补充条件。

以往学校教育意义的产生是基于行为及其关系的调整，而学校场域的教育意义是基于行为对已存在关系结构“客观意义的复活”。作为“一列自带轨道的火车”的学校教育实践，它的活力体现为“火车”的动力，其动力源就在于自带轨道自身的习性。习性是学校教育实践的生成动力，习性的双面特性使得学校教育实践源源不断地生成。作为场域说中的学校活力不仅仅体现在学校主体的创造性和自由，更主要地体现在学校场域关系结构中教育意义的不断复活，学校场域中已存在关系结构与教育意义实现的内在循环。其中教育意义的实现不是行为实践的创造生成，而是关系结构客观意义的复活，这一点是与以往教育实践的认识最大的不同。这也决定了场域说中的学校活力也与之前的两种学校活力认识有所不同。学校活力在场域说中的内涵则是学校的自主性、自组织能力，学校主体的创造性和自由，主要表现为学校教育运动实现的自主运动。

基于对学校活力历史话语的考察，现代学校活力的认识和改进话语则更多地将学校看作是一个自组织，自组织能力本身就是学校活力的重要内涵。学校自身的自主性，不仅仅表现为学校在管理制度中的自主决定权，也表现为学校教育实践的自主运动，后者是更为根本的内涵表现。场域说中学校活力则为学校教育实践的自主运动提供了理论认识。此外，场域说中的学校活力所体现的活力观念则较接近生命科学的活力认识，薛定谔和高普利津运用热力学第二定律对生命自主运动的解释。他们引入了一个“负熵”的概念和有序来解释自主运动，与场域说中学校活力的“习性”和“已存在的关系结构”有着相似的解释力。

综上所述，学校是学校活力存在的物质载体，不同的学校认识反映出了学校活力认识的差异性，也反映出学校与教育之间的关系认识的不同，这一点则是学校活力认识彼此存在差异的根本所在。以上三种对学校的认识，都是基于学校与教育直接同构的关系认识来实现的，由于对学校认识的重心不同，从而造成了学校活力内涵和现象表征的差异。但是，学校活力不是学校主体的积极性、主动性、学校系统能动性以及基于已有关系位置所产生的驱动力。学校活力是针对学校整体而言的，而非针对学校某个组成部分。学校活力是对学校教育意义不断持续生成的一种力量性描述，它有真实的指向性和针对性，并通过学校关系的形式化来得以显现。这种关系的形式化就是基于学校教育实践所形成的关系整体认识，这种关系基于学校教育实践，并反映实践所形成的真实意义。

学校活力是基于学校立场，对学校实体内部教育意义实现的关系研究，而不仅仅是基于学校教育实践形成的认识。二者之间的根本不同在于教育实践是从教育目的或教育理论的角度来反映学校教育，忽视了学校中的“关系”。学校活力是对学校教育意义实现或本质实现的认识，如果仅仅从教育实践的角度而言，学校活力则体现为教育目的的实现，主体的积极性和主动性的激发。但是通过上述分析，教育实践的实施与学校教育意义的实现并不具有完全一致性。故而，对学校活力的认识要从能够反映学校教育实践真实意义的“关系”入手。学校实体中的关系和意义的变化和确立都离不开学校教育实践，学校教育实践调整、改造和固化着不同学校主体之间的关系，也不断地构建着关系之间的意义关联。学校活力不存在于纯粹的主体关系中，而存在于学校教育实践实施的关系结果中。要实现对学校活力的关系认识，则需要进一步探究学校中“关系”的本质。

（二）实践化关系：学校中“关系”的形式

学校教育实践与教育意义之间并不完全具有一致性，学校实体中不仅包含着教育性关系，也包含着非教育性关系。这些关系共同构成了学校的关系系统，并成为考察学校教育意义的重要载体和视角。学校实体中的关系认识，不是否定和脱离学校中的教育实践，而是将这些教育实践转化为关系来理解。在未进行教育实践之前，学校主体之间、学校主体与文本、学校主体与学校空间都存在着一系列的关系，这些关系的存在也是构成学校实体的一部分。在教育实践实施之后，学校中的关系得到重新调整，教育实践所形成的新关系也被融入到整个关系系统中。甚至教育实践也在不断地形成某种关系“轨道”，这些关系“轨道”使得教育实践所产生的意义稳定在关系之中，从而不受外界关系“语境”的影响。这种稳定的关系“轨道”一方面是教育实践历史性的结果，被布迪厄称为“实践逻辑”，另一方面是基于某种教育理论的实践构造，则被称为学校的体制机制。

教育实践可以转换为某种关系来理解，那么关系可以看作是对学校进行全息认识的一种工具，甚至是方法论。以往对学校的认识更多的是从学校的教育行为来认识，特别是在传统教育认识范式下，教育行为在实践中所产生的实际意义则会因其是基于教育理论的认识或“手段-目的”的行为模式而被忽视。这些真实的意义只有从关系视角中才能得以展现。因为“意义不仅是意向性的结果，也是某种情绪状态甚至是身体状态，切不可忽视意义问题始终是与关系配置和制度安排等因素紧密联系在一起的。行动筹划和意义解释的过程始终夹杂着相互理解、相互认同、相互沟通等各种关系，以及这些关系之间相互叠置、相互错连、相互断裂的关系，即渗透着权力关系的关系”。[①] 因而只有将行为或实践转换至关系层面才能使其背后以及在关系“语境”中所包含的意义得到真实显现。

由此可以看出，仅仅从学校的教育行为或实践角度来认识学校教育意义，则会使学校的意义空间变得狭隘。一方面，基于“手段-目的”的模式认识学校教育，易将行为的意图及其对教育目的的实现本身看作教育意义的实现；另一方面，以往的教育认识忽视了学校关系本身的复杂性，将学校作为一种理

---

① 渠敬东：《缺席与断裂——有关失范的社会学研究》，北京：商务印书馆，2017 年，第 291 页。

想化的教育场所，学校教育意义是学校意义唯一的本质存在。这种认识从教育实践出发来确定学校中的关系，而忽视了学校中关系存在先于教育实践，教育实践只是对学校中关系的一种再造、固化甚至配置。

从学校关系的角度可以看出，“教育只是提供了‘材料域’，而且这些材料都是不确定的、模糊的，只有在某一解释框架的选择、赋予其意义之后才能被确定下来，才能进入分析的视野”。[①] 也就是说，学校中的教育实践所蕴含的意义需要一定的解释框架，而这种最一般的解释框架就是关系，只是这些关系不同于学校中的“先有”关系，它们是经过教育实践构造而得以显现的。学校首先是一个关系实体，作为专门化的教育形式先天具有不同于和不局限于教育实践中的关系，教育实践形成了关系的复杂性。

学校的组织行为和活动受到教育理念和教育认识的影响，但是这种影响本身不直接构成或形成学校中教育意义或教育活动的直接生成。正如石中英所说，“一部教育问题史在主要的方面并不表征人类逐渐逼近绝对的‘教育之真’的历史，而是在教育价值需求的引导下，不断地对教育问题及其所包含的意义重新诠释，对教育行为重新规范，从而构建新的‘教育之善’的历史”。[②] 现代教育的出现，特别是基于儿童主体的教育认识的出现，使得学校关系与教育实践之间的辩证关系在主体认识的基础上变得更加清晰。“教育研究在当今世界中处于如

---

① 周浩波：《教育哲学》，北京：人民教育出版社，2000 年，第 92 页。

② 石中英：《教育学的文化性格》，太原：山西教育出版社，1999 年，第 95 页。

此的大分化状态，它已使‘教育’的本体意义全部消解了，这是使职业教育研究人员十分不安的事，于是一种本能的反抗便产生了。”① 这也就是说，学校中的教育意义很难基于一种教育本体认识来获得，学校教育意义的认识方式和实践方式不再局限于某种行为模式。因此，只有从学校的关系视角才能使教育实践的视域范围得到扩展，并由此真正获得对学校及其教育意义的真实认识，我们将教育实践所形成的关系结果称为实践化关系，它是学校关系中的主要组成部分，也是学校教育意义的重要载体。实践化关系的形成也是构建学校关系有机化和关系“运动”的主要方式。

实践化关系是人们基于某种教育认识或理念，通过学校教育实践的实施，对原有学校中的关系产生调整、改造或固化等作用，而获得的一种包含实践意义的新关系。这也可以理解为学校教育实践所进行的关系转换，使得学校可以从关系维度得到一般性和统一性的认识。实践化关系本质上剥离了教育实践本身所包含的行为意图，使其所产生的实践意义在关系中得以显现。此外，实践化关系是基于对其他关系的调适、改造和固化形成的，它在同关系中所包含的技术和策略的相互作用中，使得彼此之间相互兼容、融合，也使得整个学校关系呈现有机化。因而实践化关系包含三个层面的特征，即意义性、方向性和互动性。

第一，意义性。教育实践包含某种目的的实现，教育行为具有某种行为意图，教育目的和行为意图的实现，则意味着某种意义的实现。当教育实践转换为实践化关系，那么意义也被

① 周浩波：《教育哲学》，北京：人民教育出版社，2000 年，第 92 页。

转化到关系之中，且在转化过程中可能会发生转义。由此可见，学校教育实践或教育行为中所蕴含的意义，只是基于某种理论的判断，因为教育实践和行为本身是基于教育理念而实施的，那么它们自然也就包含着教育意义。但是如果将这些实践或行为放置关系视角中来考察，它们只是构成整个学校关系实体的一部分，其意义也将在这个学校关系实体中发生转义。实践化关系中的意义不完全等同于学校教育实践或行为中的意义，而是将教育实践或行为对学校关系的调适、改造和固化的过程中所产生的意义“强化”或转义。

也就是说学校教育实践虽然是行动的完成，但它所转换的关系却与学校已有关系存在相融或相斥两种情况，实践化关系中的意义也依据这两种不同的情况而被重新确定。教育实践关系转换的本质就是教育实践中的技术或策略的关系表现。学校中的关系体现着不同的技术性策略，这些关系在制约和规范着教育实践。当实践化关系中所包含的技术性策略与学校关系“语境”相容时，其意义则主要体现为技术性策略试图通过关系构建所要达到的目的；当实践化关系中所包含的技术性策略与学校关系“情境”相冲突时，其意义则会发生转义，主要体现为技术性策略对学校关系的改造和调整所产生的后果。总之，实践化关系是教育实践关系转换的结果，其中包含意义性，但这种意义性不是教育实践在行为层面目的和意图的实现，而是关系中所包含的技术性策略所试图实现的目的或对学校关系的改造和调整所产生的后果。

第二，方向性。教育实践具有目的性，而进行关系转换之后，目的性则表现为关系上的方向性。通过对意义性的论述，可以知道这种方向性也不是教育实践目的性的简单转换，而是关系中技术性策略的目的性。也就是说，实践化关系中的意义就是关系中的方向，在这里“意义”不是指涉，而是方向。由此也可以看出，实践化关系中的方向性不是行为或行动的指向或导向，而是教育实践所产生的结果在关系中的表现。教育实践本质上就是学校主体之间的相互作用，不同的作用方式则表行出不同的主体关系。从教育历史的发展来看，儿童的发展逐渐趋向主体化理解，在现代教育之前，儿童的主体性并没有得到重视和尊重。现代教育日益凸现了儿童的主体性，甚至开始将儿童的主体性作为教育的归宿和本质。后现代教育则认为教育的这种主体化的认识本身就是一种规训，是意识哲学的表现。它否定了儿童主体的多样性、生成性和历史性，教育实践是对儿童自我与自己同一性关系的割裂，即在关系上则表现为“断裂”。

尽管教育实践在目的或意图的导引下不断得以实施，但它们的行为也可能会造成关系上的断裂。教育实践在行动意义上并无方向性可言，但它们的行动效果在关系上的表现确实表明了关系中技术性策略的方向性。具体而言，这种方向性是关系中力量的作用方向，教育实践的目的是促进儿童的发展，那么这种方向性也就表现为儿童个体与自己，与他人之间的关系趋向。教育实践在行动层面总是表现为促进儿童发展的冲动，但在关系层面，儿童个体是否朝向“自我同一”和“与他人统一”的方向发展则需要考察实践化关系中所蕴含的技术性策略所欲实现的目的。学校是一个关系实体，其中所包含的意义不只有教育性意义，教育实践在关系层面的表现才能真正反映其所包含的真实意义。学校关系中的教育性关联是通过对关系不断调整来实现的，而教育实践所转换的实践化关系是调整这些关系的主要力量。

第三，互动性。实践化关系不是静态的关系存在，而是关系改造和调整的结果。这是因为教育实践是一种目的性行为，在行动层面有一定的指向性和针对性。尽管在关系层面其真实的方向不一定与行为层面的方向相一致，但是表现在关系层面，它是“搅动”整个学校关系的重要力量。这种力量在实现目的的过程中总会对学校中的关系进行再造、调整或固化，从而产生关系之间的互动。这种互动性的作用不是关系层面的直接表现，而是教育实践在实现教育目的过程中所呈现出的结果在关系层面的表现。在杜威看来“人们只会一般地谴责或者赞颂力量，而不考虑它是作为达到目的的一种手段。力量作为力量是对抗性的，这种对抗是本质上的”。① 也就是说，实践化关系中的互动性就是教育实践所表现出的关系力量与学校关系中的力量对抗。力量首先表现为关系双方之间的相互作用，教育实践表现为关系双方中的一方，它作为一个实现目的的手段力量，则必然也是一种关系力量。无论教育实践是否实现行为层面的教育目的，其在关系层面都会对学校中的关系进行调整、改造或固化。从关系层面，实践化关系的互动性来自教育实践实现教育目的所呈现出的关系力量，作为一种目的实现的力量，调整、改造或固化学校关系。学校本身就是一个复杂的关系实体，它是教育实践不断调整、改造和固化的结果。实践化关系的互动性才使得学校关系之间的关联方式、结构等不断地发生改变，从而使学校活力有得以存在的可能。学校关系之间互动所表现

① ［美］杜威著，王成兵等译：《杜威全集（第十卷）》，上海：华东师范大学出版社，2012 年，第 173 页。

的力量对抗就是教育实践不同目的或意图的冲突在关系层面上的表现。实践化关系是对学校教育实践过程进行的关系层面的描述，学校关系中的教育意义不会自动生成，而是需要教育实践真正地不断促进儿童的发展。学校关系中最主要的部分是实践化关系，实践化关系中的互动性使对学校教育实践进行关系层面的描述成为可能。

实践化关系的互动性意味着学校中关系之间的相互作用、意义的固化或转义。当实践化关系的互动所反映的是力量之间的融合时，它会固化原有关系中的意义，否则会促使原有关系或实践化关系中的意义发生转义。学校教育意义的关系生成不是教育实践对教育目的和行为意图的实现，而是实践化关系的互动性所产生的具有方向性的结果。教育实践在行动层面上的意义与在关系层面上的意义并不完全具有一致性，学校教育意义也表现在实践化关系上意义的固化或转义。

总之，实践化关系作为教育实践的关系转换，教育实践对目的或行为意图的实现在关系层面会产生意义的固化或转义；教育实践中的目的性在关系层面则表现为方向性；教育实践在目的实现的过程中所产生的结果表现为关系的调整、改造或固化，在关系层面表现为互动性。学校作为一个关系实体，实践化关系使得学校可以从关系视角获得全息认识。也就是说学校中的教育实践可以进行关系转换，并且使其所包含的真正含义在关系中得以呈现。实践化关系使得关系之间的互动与关联成为学校活力得以产生的过程性的基础前提。实践化关系沟通了学校的实践/行动层面与关系层面，并使学校的全息认识有得以实现的可能，故学校关系中的“运动”也基于实践化关系得以刻画。

（三）关系“运动”：学校活力认识的核心

学校活力不仅是基于学校的立场，而且还是关于学校本质的实现。学校活力只有在学校立场中才能获得存在性认识，只有在学校本质实现的内部运动中，才能得到深入的理解和解释。基于上述对学校本质的认识，这种本质实现的内部运动也就是学校中的关系“运动”。学校活力的内涵与生成认识都是基于这种关系“运动”形成的，离开了关系“运动”，便无法形成对学校活力的本体认识。关系“运动”是学校活力内涵以及生成的认识核心。

1. 关系“运动”存在的基础

前文已经讨论了学校活力存在和认识的基础，即从学校的认识要素、学校与教育及其非直接化同构关系、实践化关系等方面来阐述。这种认识体现了教育实现认识的视角转变，即从实践视角转变为关系视角。视角转变的产生在于教育问题认识方式上的差异，即在行为与教育意义的关系上。20 世纪之后，教育实证主义的出现使教育认识发生了根本性的转变。周浩波认为“这股思潮才是真正地把‘教育’作为事实而进行处理的。他们并不先在头脑中构造着教育应该是什么的问题，而是先肯定教育的客观存在这种事实，进而通过多种方法去描述这种事实的种种性质”。①

也就是说教育作为事实的研究“首先要说的是‘教育是什么’，而不是‘教育应该是什么’，即它是在对教育作事实判断

① 周浩波：《教育哲学》，北京：人民教育出版社，2000 年，第 77 页。

而不是价值判断”。① “对于教育是一个什么样的事实的确定以及如何来解释它，强烈地依赖于某种‘解释的框架’。”② 基于教育理念所实施的行为不一定构成教育事实，教育事实的存在依赖于解释它的框架，不同的教育理论和出发点对教育事实会做出不同的认识或批判，事实在先，理论解释在后。教育意义的内涵不同、教育意义的实现方式不同，这主要取决于教育理论的解释框架。教育问题的事实研究不完全是一种实证主义的认识方式，基于事实的关系研究也可以看作是在这种认识视角的基础上产生的。

但教育问题具有价值属性，之所以存在教育事实，是因为存在具有教育价值的教育行为或活动。石中英认为“在任何教育问题中既有事实的因素，也有价值的因素。两者比较起来，后者还是更为主要的方面。只有当人们从价值的角度来讨论那些问题的时候，它们才能转化为教育问题”。③ 这两种认识都是从教育现实中出发，基于某种教育理论认识或价值判断来确定教育事实的存在，这种对教育问题的认识方式已经不同于教育规范研究的认识方式。他们都没有事先设定关于教育的本质认识，或基于某种教育理论展开教育活动，并将此作为教育实践。他们认识到意义或价值是生成性的存在，是在教育事实之中的，而基于教育理论展开的行为活动不一定具有教育性的意义或价值。

石中英在谈论教育学的文化属性时，也指出不同国家的文

① 周浩波:《教育哲学》，北京：人民教育出版社，2000 年，第 78 页。

② 周浩波:《教育哲学》，北京：人民教育出版社，2000 年，第 84 页。

③ 石中英:《教育学的文化性格》，太原：山西教育出版社，1999 年，第 101 页。

化对教育的认识和理解也有着巨大的差异性，不存在一种科学的、本质的教育认识，不同的文化中包含着不同的教育认识的价值标准。这两种认识是对形而上教育认识范式的一种转变，在教育意义的内涵、教育意义的实现以及教育理论与实践之间的关系等方面的认识都与教育规范研究的认识有着本质性的差别。在行为与教育意义关系的认识上，他们自然也不同意基于教育本质的形而上学认识，即基于某种教育理论或教育本质所实施的行为就一定可以实现某种教育意义。这是因为一方面他们对教育事实的判断本身就是基于已完成教育实践中所包含的教育性价值和意义，而非基于教育理念的实施所得到的教育实践。另一方面对教育事实存在的认识和教育价值认识的判断本身都不是一种先验的判断。正如索尔蒂斯所言，“在教育方面必须作出价值判断，而且有些价值决断将是非常关键的，但通过下定义来作出决断，很难说是最理智的方法”。[①] 行为与教育意义的直接实现关系无法据此得以完成。这也就造成了以往对教育的定义是从可塑性的角度来考虑的，对教育定义的四个要素，只是对理想教育活动的一种描述，但是缺乏对教育实践层面的真实考察。

行为和教育意义的直接实现关系是以往教育理论研究和教育学研究在认识论方面陷入理论与实践“泥沼”的根本原因。这种直接化的认识忽视了教育意义产生的条件性，实践中教育产生的复杂性，以及实践中意义的多样性。人们总是认为存在一种关于教育活动的实体，而却忽视了这种实体存在的意义环

---

① ［美］索尔蒂斯：《教育的定义》，瞿葆奎主编：《教育学文集·教育与教育学》，北京：人民教育出版社，1993 年，第 31 页。

境的复杂性以及这种实体与其他意义实体并存及其相互转化的可能性。正如前文所说，教育事实的存在是基于教育理论的解释框架和教育价值而言的，教育事实与教育实践不完全一致。也就是说，无论哪一种教育理论的解释框架或价值标准，教育事实意味着促进儿童发展的教育活动的存在。

教育意义的产生不仅仅是教育者作用于受教育者的教育实践，它还需要考虑教育者和受教育者之间的关系以及教育者实施手段的技术、策略等问题。教育从来不是一个纯粹理论的问题，对教育的考量也不能从理论的设想中来获得，而要从实践中去把握教育，把握教育的意义和价值。通常人们会认为教育者基于某种教育理论或教育本质对受教育者实施某种影响便可使受教育者获得成长。但这一认识的理论性条件的保障或论证是不足够的，是无法从主体及其观念的可塑性认识范式中得到有效的保证的。也就是说，从理论上说教育者对受教育者实施某种影响从而使学生产生某种积极发展的路径保证过于简单。因为在实践过程中，无法保证人们基于教育本质或教育观念所实施的行为就一定能够产生所期望的那种影响，且那种影响也未必能够对学生产生人们所期望的效果。这其中的原因主要在于忽视了行为/实践产生教育性意义所在的关系“语境”或实践情景。

对受教育者所施加的影响要考虑语境，任何一种行为或者说中介都不能有一种固定不变的意义，它的意义和产生的影响都受到具体实践情景的影响。但以往的教育认识，对实践情境的忽视，往往表现为一种主体中心论的认识，或是一种结构论的认识。说其是主体中心论的认识在于我们通常认为教育是培养人的实践活动，我们要做的就是如何从先验主体的认识出发来进行主体的培养和塑造。说其是结构论的认识在于人们已经勾画出了一套关于教育实践活动的基本要素和框架，教育活动要通过这些稳定的基本的教育要素来保证教育意义的产生和人的发展。教育实践中充满了大量的结构或者说场域，它们会促使我们的教育行为意义发生“质变”。学校中也同样存在大量的教育空间，要不断地扩大学校中的教育空间，不断地将已有的结构和场域中的某种意义结构通过关系的改变来使其加入教育空间之中。

“概念的真正意涵来自各种关系。只有在关系系统中，这些概念才获得了他们的意涵。”① 教育概念的真正意涵也只有在关系中才能得到真实显现。如果认可了教育者与受教育者之间产生影响和效果的非线性关系，那么保证教育性关系或教育意义的产生则是活力的价值和意义所在。在学校中，学校活力就是对教育性关系的创造生成力。

学校是一个育人的关系实体，人们要在这样的关系中不断地完成其本质的自我实现，保证教育意义的实现，从而实现儿童的发展。这是学校的本质属性和根本任务。学校中其他功能的实现，依赖于这一任务的完成，即在实现对人的培养过程中实现学校其他某些功能。无论学校对人的培养还是实现某些功能，都是基于人们对教育的某种理想性期待。但是“教育理想只是支配学校运营的力量之一，学校也只是为教育理想的物质实践提供一个预演的场所，但并不保证它必然实现”。② 这种认

① ［法］皮埃尔·布迪厄著，李猛等译：《反思社会学导引》，北京：商务印书馆，2015 年，第 121 页。

② 周浩波：《教育哲学》，北京：人民教育出版社，2000 年，第 266 页。

识从学校的物质性、独立性看到了学校与教育的非直接同构，而没有看到学校的本质属性就在于教育性，即教育意义的实现。如果忽视了这一根本属性，那么学校实体便不复存在。

在学校实体中，关系是教育实践实施的结果，教育实践的复杂性也就使得学校关系具有复杂性，这些是关系“运动”存在的基础。此外，学校教育意义的实现是复杂的、具有条件性的，这是学校中关系运动产生的根本前提。关系中的运动不是“再生产”的运动机制。只有如此才能正确地认识学校活力，而不纠缠于教育实践的表象，混淆学校活力的本质与现象表征。

2. 关系“运动”的实现

学校中的关系“运动”不是经验层面上教育实践的实施与完成，它主要是在实践化关系中考察学校教育意义的实现问题。这种意义实现是从关系的作用方向来认识，不是对意义的具体化或规定性的认识。学校中的关系“运动”就是基于学校实体对教育意义实现的关系变化过程的认识。只有基于学校关系视角才能对教育意义的生成进行一种真实的呈现。这是由于一方面教育实践中的意义在实践化关系中才会得到真实的呈现；另一方面是在学校的关系中才能呈现意义之间的转义和相互影响。关系“运动”只有基于实践化关系所产生的关系斗争和关系同一才能得以实现。

学校中的关系不是一种纯粹的形式存在，而是教育实践实施的结果，由此形成的关系中具有不同的技术性策略。它们在关系中意味着不同的作用方向，并表现出实现目的的力量。正如杜威所说力量是一种实现目的的手段。在实践化关系中它还具有方向性，是对关系双方作用方式的表征。但这种力量的方向性不是由教育实践所实现的目的决定的，而是由实践化关系中的技术性策略所决定的。这是因为教育实践的实施与教育意义的实现不具有完全一致性，而突出表现为关系层面上所包含的技术性策略。所谓技术性策略就是为达到某种效果或目的经过精心谋划而采用较为“经济”的技术手段对关系中作用方式的隐蔽化处理。技术性策略包含经济原则和隐蔽原则，其中经济原则就是通过较少的成本付出实现效果或目的的最大化。在学校教育实践中，技术性策略本质上是对期望关系的构建，其构建方式往往是借助一些看似合理的、正当的方式来进行。如教育实践中的“过度表扬”，在福柯所说的“监狱”机制、临床医学的机制中，都包含着大量丰富的技术性策略，且是通过权力关系的构建来实现其目的和效果最大化。因此，教育实践中技术性策略的隐蔽性，使得学校教育意义的真实实现不是表现在教育实践中，而是表现在学校关系之中，只有教育实践实现关系转换才能将实践中的技术性策略真正地呈现出来。

随着学校教育实践的实施，学校关系中原有的关联被打破，通过调整、改造或固化，甚至构成了实践化关系的一部分。学校中的不同关系包含着不同的技术性策略，同时也表现出不同方向的力量，它们之间的相互作用呈现出关系不断地经历着调整、改造或固化的过程，其中的意义也在不断发生固化和转义。教育实践对原有关系的作用并非一种操作性行为，这其中包含着力量之间的对抗、技术性策略之间的斗争以及意义之间的冲突与转义。这正是学校教育实践和关系复杂的表现，也是关系“运动”实现的前提和基础。

关系中的技术性策略只是实践化关系过程中所表现出来的内容。关系“运动”不是关系的构建运动，而是关系中的教育意义实现过程，且表现为关系朝向儿童个体发展的方向。关系力量的对立是在实践化关系形成过程中不断实现关系同一性所表现出的对抗性的作用方式。学校本质的实现就是儿童个体的发展或者说教育意义的实现。学校关系中的对抗性力量是受同一性制约的，并不断地朝向同一性方向转变，基于此实践化关系的形成也就是教育意义不断生成的过程。学校关系“运动”就是在实践化关系不断形成中技术性策略所表现出的力量对抗使得关系作用方向朝个体发展或教育意义的实现转变，由此所产生的关系变化的过程，即关系中教育意义不断实现的过程。

学校中关系“运动”根本在于关系中的斗争性力量不断地朝同一性转变。这一过程是关系中不同方向力量之间斗争的结果，存在一种力量使关系不断朝向同一性，并使关系“运动”不断持续实现。这种力量就是学校活力，存在于关系“运动”之中，本身也属于实践化关系过程中的一部分。学校关系的有机化就是这种力量最终的结果。然而，一旦学校关系固化、结构化，使得其中只存在一种技术性策略，由此产生的力量将会在关系中占主导，并决定关系作用的方向。结构化关系使得关系之间的作用方式比较稳定，关系之间对抗的内容也得到确定。这种结构化的关系也就是韦伯所说的“科层制”的关系结构，也接近布迪厄的实践结构。学校实体中不再存在关系变化，关系“运动”也就消失了，学校自然变得死气沉沉，活力不足。由此可以看出，学校关系中只有力量的对抗，并不能使学校关系“运动”持续不断的产生，这是由于斗争性脱离了教育意义的核心——同一性。学校关系“运动”的产生是建立在关系斗争性的基础之上的，但只有斗争性是无法实现关系“运动”

的。学校关系“运动”就是基于关系斗争性朝向学校教育意义实现的关系变化过程。

3. 学校活力的核心意蕴

活力的指向是本质实现的运动，表现为一种自足的关系运动。这种关系运动不仅存在于生命有机体的内部，而且也存在于非有机体内部。学校活力就存在于这种不断朝向本质实现的关系运动中，并最终表现出自足性。随着人们对“活力”认识的转向，即从本质的展现力量转向本质的实现力量，学校活力的认识也随之发生改变。这是学校活力关系认识的哲学基础，那么如何从关系运动的角度来明确学校活力的内涵则是需要进一步的分析。

首先，学校关系“运动”不是教育实践实现教育目的的过程，而是学校关系中力量之间的斗争性趋向同一性，运动朝向教育意义实现的关系变化过程。在学校关系变化的过程中，促使和维持学校关系作用和运动不断朝向同一性和教育意义生成实现的力量就是学校活力。尽管学校关系中存在着不同力量间的斗争性和方向，但是也存在在斗争性的基础上不断地促使学校关系有机化，并朝向教育意义实现的方向运动。这是因为学校活力不仅与“死”相对，而且也与“关系权力”相对，即表现为与斗争性相对的“同一性”。斗争性是力量间的排斥、分裂和对立，同一性就是事物自身的同一。学校活力存在于学校教育意义实现的关系运动之中，并表现为斗争性的同一性转化，这一转化的过程就是学校教育意义生成的过程。学校活力使个体实现自我的同一，即学校教育意义的生成实现。

学校活力的认识是基于学校关系的全息视角考察学校教育

意义实现的关系运动，且存在于这一关系运动中。学校活力是学校在各种复杂的关系系统中保持学校教育意义持续生成的能力，也是学校能够对不利于个体发展的关系进行有效转化的能力。故此，学校活力的内涵之一就是促使学校关系有机化和教育意义不断实现的生成力。学校活力不是一种本质性或本源性的问题，而是学校当下良好内在性关系的表现，表现为关系性力量。

其次，学校活力基于关系的调整、改造而不断实现学校教育性关系的生成。这种关系的生成不是斗争性的结果，而是通过创造性关系的构建使关系作用不断朝向教育意义实现生成的结果。也就是说，学校教育意义的实现关系不是单一方向的固定方式或结构，或本质展现的某种关系“轨道”，而是基于实践化关系不断对原有关系的改造和新关联性的创造性生成。学校活力是教育意义实现的关系生成力，但这种生成方式不是简单、机械地形成某种固定结构，而是通过对教育性关系的不断创造性构建来实现。

故学校关系实体的有机化本身就是一个教育性关系不断被创造生成的过程。这不同于布迪厄将学校的关系再生产作为学校活力本身。关系之间是一种比较固定的关系位置，所谓的差异性也只是不同主体所在位置上的不同，而与主体自身的个体化和社会化的发展并无实质性的联系。即使承认学校中存在不同的场域，它虽然存在很多位置关系的构型，但是这些场域都不能完全覆盖学校中的所有关系，并且这些场域的作用和意义也只有在学校关系实体这个关系整体中才能得以呈现。这些构成场域的关系本身也不断地被新的实践改造着，并不断创造新的教育性关联，这些新的关联性则逐渐改造着场域中的历史性和形成新的习性。从这种意义上，学校活力可以是关系结构中的教育意义生成的循环，但更主要地表现为学校教育性关系的创造性生成力量。质言之，学校活力的内涵之一就是学校教育意义实现关系的创造性构建和改造。

最后，前两种内涵并不能真正表明学校活力的核心，生成力和创造性都是表明学校教育意义实现的关系运动的方式。学校活力内涵的核心则是保证这种关系运动能够朝向教育意义实现的方向展开，也只有关系运动不断朝向教育意义实现的方向展开，才能说明学校活力的存在。学校中的关系无论多么的复杂和多样，它们总是要不断地朝向学校教育意义实现的方向运动。这种促使学校关系不断走向有机化、学校关系不断趋向教育性关系、并不断形成促使学校教育意义实现的关系“语境”的方向性规定，则是学校活力的另一内涵。在学校关系中有许多不同的力量方向，即使教育性关系中的方向也不是单一的，而是多样的。在学校中的这些关系运动中，学校活力则规定着这些关系运动的方向，即使学校活力的创造性内涵也是朝着教育性意义实现的方向进行关系调整和改造。这种方向的规定性是学校活力区别于其他关系力量的根本特性。故学校活力的内涵之一就是学校关系作用的方向性规定，这种方向性规定就是朝向教育本质实现的方向，朝向关系有机化的状态。

综上所述，学校活力不是对学校教育实践实现教育目的的反映，而是对学校教育意义实现的关系运动的关注。学校活力所在的问题域不是学校教育的规范性研究，而是学校教育意义实现生成的关系运动研究。学校活力的三个内涵都存在于学校教育意义实现的关系变化过程——关系“运动”之中。但这一过程中，关系中的力量方向是多样的，关系形态也是多元的，关系中的意义也是复杂的，只有朝向教育意义实现的关系力量才是学校活力。学校活力作为关系性力量，一方面包含着与“关系权力”相对应的“力”的认识，主要是表达关系双方相互作用的方式；另一方面包含着一种关系双方相互作用的方向性。学校活力存在于关系“运动”之中，关系的创造性构建、关系作用的方向性规定以及关系的教育性意义生成只是学校活力的三个内涵。这并不能说明学校活力是关系“运动”产生的原因，但这三个内涵统一于关系“运动”之中。

学校活力不仅作为一种与关系斗争性相对的关系性力量，包含着对关系的创造、关系作用的方向性规定以及关系的教育性意义的生成等内涵，而且还作为一种与关系机械、僵化相对的关系状态，包含着基于学校活力作为关系性力量的作用，学校关系最终所实现的统一性和有机化的结果。故学校活力也关注学校关系的统一问题，即如何将学校构建为统一的关系有机体，使学生在与所有学校主体、物、环境的交往过程中都能获得教育意义。学校活力就是在学校关系实体中，使关系作用朝向教育意义实现的方向性规定。这一实现不是教育本质的展现，而是教育本质的实现，不是固有教育关系的显现，而是教育性关系的创造性构建。基于学校活力的方向性规定和关系创造性构建，学校关系所产生的多元性，也正是人们对学校活力日常用法中“活而不乱”的体现。学校活力的这两个含义虽有所不同，但都统一于学校关系“运动”之中。

综上，学校活力就是在学校关系实体中，通过教育实践对学校关系的改造实现学校教育意义和关系状态有机化的创造生成力。这不同于以往学校认识中的活力认识，即从基于教育实践转向基于实践化关系的认识转变。学校活力不是一种静态的关系性力量，而是存在于学校教育意义实现的关系运动之中的创造生成力和方向性规定。学校活力既是关系运动中促使关系作用和关系意义朝向教育意义方向的创造生成力，又是学校关系基于这种力量不断实现关系统一和有机化的关系状态。由此可以看出，学校活力所存在的关系“运动”本身就是学校本质实现的关系变化过程，故而学校活力是学校的属性之一。

第五章
学校活力生成的构型

学校活力不是学校本质的力量显现而是学校本质的实现力量，且学校活力存在于学校教育意义实现的关系运动中，学校活力是关于学校教育意义生成实现的关系研究。本章要解决的主要问题是在学校教育意义实现的关系运动中，探寻学校活力生成的理论逻辑和实践路径，从二者之间的联系中形成学校活力生成的整体构型。

一、学校活力生成的基础

学校中的“关系”形式是实践化关系，学校活力是从关系层面反映学校教育实践整体和综合状况。这就需要从学校的关系运动中探寻学校活力生成的一般过程，进而得出学校活力生成的理论逻辑和实践路径。在此之前，要先研究学校活力生成的基础，即学校活力生成的哲学认识基础、意义基础和认识前提。

(一) 学校活力生成的哲学认识基础

学校教育是一种制度化和专门化的教育组织形式，学校教育意义实现的过程是复杂的和具有条件性的。学校教育实践过程本身无法直接等同于学校教育意义的实现。学校教育的理论研究与实践研究的根本区别就在于此，教育理论只是去思考学校教育意义实现的逻辑可能性，实践研究则需要思考学校教育意义实现过程的条件性和过程性。因此学校教育认识中包含着两个哲学问题，即“我们是谁”或者“我是谁”，“我们的现实是什么”或者说什么构成了我们的现实。学校活力是关于学校教育意义实现的关系研究，基于不同问题基础的学校活力认识，学校活力提升的方式和生成的过程也必然会有所差异。

1. 传统学校活力认识的问题基础

以往教育学研究的问题都在回答这样一个教育哲学命题：“如何发展人”，而对这一问题的回答主要是从“我们是谁”开始的。即基于人性、自然天性和先验的主体认识来确定教育目的，并据此选择教育教学的方式和方法等实践方式。已有研究是从人的心理及其发展规律、道德形成过程、价值认识方式、主体意识等方面的理论认识来回答“我们是谁”的问题。教育也就由此成为了一种人们有意识施加的影响，学校教育则是实现这种有意识影响制度化和组织化的表现，即作为一个“系统性、组织性和专门的机构”。[1] 教育学研究也就主要集中在如何保证教育影响的有效性，从而使施加的有意识影响能够有效地促进儿童的发展上面。

---

[1] 叶澜：《教育概论》，北京：人民教育出版社，2006年，第12页。

这可以看作是教育学研究的一般方法论。它在学校教育中表现为一种闭合的循环结构，这种认识方式是先验本体论和意识哲学在教育学上的“投射”，且在教育实践上表现为“手段-目的”的二元模式。教育实践基于已构建的理想模式展开，在这种认识中关系维度没有被凸显，忽视了教育实践的复杂性且缺少对教育意义实现的关系条件的考虑。教育实践基于教育目的的实现来进行调适，整个教育实践过程对学校教育意义实现的真实情况缺少考察，人们甚至直接将教育目的的实现看作教育意义的实现。基于这种问题研究的学校教育认识，其学校活力的提升和生成主要是从学校主体的主动性和积极性等方面来实现的。学校通过有效的刺激手段和体制机制改革来激发学校主体的积极性和主动性，从而提升学校活力。学校主体的状态成为增强学校活力的切入点，这是因为人们将学校活力看作是学校教育实践过程中的一部分。

此外，将学校主体的主观状态作为增强学校活力的切入点还在于学校与教育之间的关系认识上。一方面，这种认识下的学校通常被认为教育实践发生的场所，学校教育实践的发生就是学校教育的实现，学校主体作为教育实践主体，其主观状态自然也就成为了学校活力表现。在这种认识下学校活力就是有活力的学校，充满生机的学校。对学校活力的认识也就自然停留在学校活力的现象表征层面。另一方面，学校活力不是一个静止的存在物或实体，而是存在于教育性关系实践中的一种动态力量，学校与教育关系的“直接同构”认识掩盖了这种动态力量的存在。人们基于这种认识在处理学校活力不足问题时，往往采用一种“头疼医头，脚疼医脚”的方式，即激发学校主体的积极性和主动性，而非深入学校活力生成的逻辑来寻找根源。

2. 学校活力关系认识的问题基础

在学校教育研究中，我们很少关注学校教育过程中人被塑造或主体生成的条件性（无论是历史条件，实践条件还是关系条件）。学校教育研究仅仅依靠对“我们是谁”这一哲学问题的解决是不够的，它容易忽视学校教育实践的复杂性和忽视对“我们的现实是什么”的条件性考察。对教育的认识不仅可以基于“认识自己”的角度，而且也可以基于“关心自己”的关系角度。基于前者的教育实践立足于某种先验主体认识或本体论认识，对个体进行理想化的培养和塑造从而实现“向善”的结果，即实现灵魂、“神性”和“理念世界”的转向。基于后者的教育实践是立足于因自我与自己的断裂而造成的扭曲、恶习和对外部的依赖与服从。通过促使个体进行自我反思，“修习”的自我实践，从而实现自我与自己的同一、完善的关系。无论哪一种教育实践都是一种主体化过程，由于自我和自己之间的关系不同，对主体的认识以及主体化的内涵也有所差异。学校教育实践的主体化过程就是个体的一种自我实践，并表现在自我与自己的关系上。

从学校的关系维度，学校教育意义的实现表现为自我与自己的同一、完善关系。由于人们对转向自己的认识不同，因而在学校教育实践中所表现的方式也有所不同。特别是人们将“认识自己”作为“关心自己”的前提，那么教育实践也就变得越加复杂，学校中的关系也必然十分复杂。学校教育实践与教育意义的非完全一致关系，也使得这种复杂关系还包含着个体自我与自己的分裂。在学校教育实践中转向自己的自我实践是在复杂的关系环境中展开的，学校主体也是在这种复杂的关系环境中不断形成自我与自己的不同类型关系。要考察学校教育意义实现的关系运动，就必须从主体化的复杂关系入手，而不断促使同一关系不断实现的创造生成力也必然在这种复杂的关系得以体现。因此，学校活力生成的问题基础不是基于“我们是谁”和“认识自己”这一哲学问题，而是基于“自我与自己之间”和“我们（主体）的现实是什么”这一哲学问题。

学校与教育的非直接化同构意味着学校存在多样的关系和意义。学校中不仅包含有教育性关系和意义，还包括非教育性的关系和意义，它们彼此交织，共同形成了学校真实的关系状态。也正是这一现实，学校活力的存在才得以凸显，并促进着学校关系的有机化和教育性关系的持续生成。因此，学校活力生成的切入点是基于“我们的现实是什么”在学校中所反映出的真实的关系状态。也就是说现在的“我们”是怎么形成的，需要对“我们”进行“关系还原”。这种“还原”是对学校关系的整体和综合的认识，基于此找出自我与自己的真实关系状态。以往人们对现在“我们”的批判往往依据先验的主体认识，认为要“揭露、解放、发现自我的隐蔽实在”并通过教育的手段来不断塑造和改变。但是福柯则认为：“自我不应该被视为可能被掩盖的一个实在；自我应该被看作是我们历史上发展起来的技术的相关物。于是，问题就不在于拯救自我，不在于‘解放’自我，而在于考虑如何才能设想和我们自己关系的新类型、新种类。”① 自我作为一种技术发展的产物，一种自我与自己的关系，不存在一个先验的主体和自我，重要的是我们

① ［法］福柯著，潘培庆译：《什么是批判？自我的文化》，重庆：重庆大学出版社，2017 年，第 89 页。

如何处理自我与自己的关系。这种问题认识使得我们对学校活力的认识转向了关系视角，并将学校中真实的关系状态作为学校活力生成的切入点。

学校活力不是对学校教育过程中主体认识和学习程度的反映，而是关于学校教育意义实现的关系状态和运动的研究。它反映的是学校实体中教育意义实现在主体化过程中的关系状态和运动。学校活力是对学校关系不断朝向教育意义实现和有机化状态运动展开的综合性整体反映。因而学校活力从一开始就不存在于儿童的认识过程之中，而存在于学校教育意义实现的关系运动之中。这并不意味着基于观念认识和塑造的传统教育不存在活力，因为传统教育范式中也存在着不同的主体关系。

这两种问题基础不是相互对立、不可融合的。尽管后者相对前者来说发生了转向，使学校活力的研究转向学校关系。但是在“我们是谁”这样的问题中也存在“我们的现实是什么”，也存在不同的关系问题，它们只是一种观察视角的不同。二者之间不同的地方在于，基于本体论和先验主体所形成的学校活力认识，忽视了关系层面的考察。所谓进行关系层面的考察不是停留在师生主体之间教学关系，而是从主体层面反映教育意义的实现、个体自我与自己之间的关系、个体自我与他者之间的关系等学校中真实的关系状态。这些考察都不仅仅是教育实践的静态关系，而且还是从主体化过程中反映学校关系的状态与运动，从复杂的学校关系观察学校关系的运动和有机化。因此，基于关系视角的学校活力生成的切入点是普遍的、客观的，并存在于各种不同的教育认识之中的。

综上所述，学校活力生成的切入点可以从教育意义实现的关系条件和内涵来认识，二者也是从一正一反的两个角度来表达。学校教育意义实现的关系是复杂的，这种复杂性意味着学校教育性关系需要不断得到建构，学校教育意义实现的关系需要朝向有机化状态展开和运动。学校教育意义实现的内涵则是自我与自己的同一关系的实现，对个体自我关系的考察，对我们的现实是什么的考察则也必然是学校活力生成的切入点。这两个角度是学校活力生成逻辑的一体两面，我们的现实是什么就是对复杂关系的反思和考察，这些复杂关系也构成了我们现在的主体现实。学校活力不是对教育实践实现教育目的的反映，而是对学校教育实践不断被实施，关系不断被调适、改造和固化所表现出来的一种朝向有机化状态和教育意义实现的运动。它不涉及学校教育实践中的价值观念引导、知识传授、情感与态度的培养等，它只是对学校教育意义实现的关系状态和运动进行考察。故此，学校活力生成则必然是从学校现实中的关系状态入手，在学校已有的复杂关系和我们的现实基础上考察学校活力如何得以生成。

（二）学校活力生成的意义基础

学校活力是对学校实体中教育意义实现的关系状态和运动的研究，但教育意义在学校关系中如何体现，对这一点的认识构成了学校活力生成的意义基础。随着现代教育的发展，无论学校实体还是学校教育，其内涵都越来越表现为一种对主体的培养、塑造或者建构，即本质上表现为一种主体化的过程。主体化是学校教育实践的结果，但其过程却可基于学校实体的关系层面来认识，并通过关系的关联方式来确定学校教育意义的实现问题。主体化在学校教育实践和学校关系实体中的表现方式是不同的，就学校教育实践而言，它体现为学校教育实践中的技术或策略将儿童作为塑造或构建的结果，即表现为基于人的主体认识、尊重人的主体地位和发展人的主体性。就学校关系实体而言，它则是个体在学校关系中所形成的自我与自己以及自我与他者之间的关系形态。人是教育的培养对象，将人作为教育主体并构成教育认识的根本前提，作为主体化的教育过程在学校实体中也必然存在关系上的表现。学校活力作为教育意义实现的关系创生力量，其生成也必然存在于主体化的关系之中。

从主体的角度考察，学校教育的过程就是个体主体化的过程，这种主体化的过程不仅有着不同的实现方式，也包含着不同的实践内涵。但这并不是说主体化过程就是教育，一方面是因为主体化是一个比较宽泛的概念，另一方面是由于学校教育实践与学校教育意义的非完全一致关系，教育实践对主体的构建也不都是促进儿童个体发展的过程。实践的复杂性导致了主体化概念的宽泛性，要确定学校中主体化的教育内涵，可以通过对主体客体化进行认识和批判来实现，并基于此形成对学校教育意义实现的关系认识。

1. 主体客体化及其批判

现代教育用“主体”来对人进行定位，儿童主体成为学校教育的出发点和逻辑起点，那么学校教育的意义也就必然表现为对儿童个体的主体构建，即主体化。在现代主义主体观中，主体性是教育实践实施的目的，即培养具有主体性的人。后现代对主体认识发生了根本的转变，即一方面否定先验主体的存在，另一方面批判现代学校教育实践对人的压制、生产甚至异化。在基于先验主体认识的学校教育实践中，“人只是被化约到逻辑的一面，也就是说化约为纯粹的理智，化约为推理。”①对个体压制、控制甚至异化的过程则是主体客体化。主体客体化也是一种主体化实践内涵，只是这种主体化是儿童主体被外部环境或学校教育实践强制形成的。关于对这种主体客体化的批判大体有两个路向，其根本问题都是在回答学校教育实践对人的异化生产。一个是基于人的工具理性，考察学校教育实践中的“手段-目的”的二元对立的行为模式，从而得出学校教育对人的经济和文化再生产；另一个则是基于实践中的技术、策略和知识话语确定学校教育权力关系的存在，从而得出学校教育对人的控制和规训以及对主体的建构。

当人们沉浸在对主体的信任和雀跃的时候，如果说批判理论是对人的工具理性的批判，是一种启蒙的辩证法。那么后现代主义者则开始反思了主体概念本身，结构主义否定了主体的作用和价值，福柯从知识考古学得出“人之死”，认为人只是人文科学发展的一个历史阶段，随着研究对象的转移，“人将被抹去，如同大海边沙滩上的一张脸”②。之后，福柯又通过谱系学的方法，从实践关系的角度来构建关于人的主体谱系学，进而寻找人的主体被纳入到真理游戏之中的方式。前期是在考察人知识的对象，关于人的话语实践也在不断地生产和规定着人的主体性，后期虽然是从谱系角度来考察人的形成，但是这种考察不过是对话语实践的一种扩充，即从实践中的权力关系来研究人如何被生产出来的。

---

① ［法］涂尔干著，李康译：《教育思想的演进》，北京：商务印书馆，2016年，第406页。

② ［法］福柯著，莫伟民译：《词与物》，北京：生活·读书·新知三联书店，2016年，第392页。

前者强调话语实践对人的生产，后者强调实践中的技术、策略等对人的控制，从二者的关联性来看，实践中的技术和策略本身也更多的是基于知识话语的方式来得以实施，从而表现出一种隐性的手段方式，即规训。这是福柯在其著作 *Discipline and Punish: The Birth of the Prison* 中提出的，他将 discipline 作为一种规训的手段，且其自身具有学科、知识的含义。规训是一种控制手段，一种不同于以往通过杀头等手段来显示君主权力和权威的手段或仪式的物质表现。它是通过符号、戒律等手段驯服肉体的权力技术。这也是福柯从惩罚的谱系学中所发现的“discipline”的成分，即知识或学科的成分，也就是权力表现的新形式，福柯将其称作“权力-知识”。“权力和知识是直接相互连带的；不相应地建构一种知识领域就不可能有权力关系，不同时预设和建构权力关系就不会有任何知识。”① 正是权力技术形式的改变，监狱这种社会配置才得以产生，权力对肉体的控制形式表现为一种“权力解剖学”，而“一般而言的惩罚以及具体而言的监狱属于一种关于肉体的政治技术学”。② 在福柯看来，监狱不只是一种社会配置，它更是一种社会类型，并蕴含着知识和权力关系的规训手段。

福柯对主体客体化的分析方式和入口不同于以往的批判手段，他从实践中看到了构成权力关系的权力技术，并将主体客体化过程看作是权力关系作用的结果。也就是说，福柯的考察方式就是将实践中的技术、策略和知识话语看作是权力关系形

---

① ［法］福柯著，刘北成等译：《规训与惩罚》，北京：生活 · 读书 · 新知三联书店，2010 年，第 29 页。

② ［法］福柯著，刘北成等译：《规训与惩罚》，北京：生活 · 读书 · 新知三联书店，2010 年，第 32 页。

成的实践基础。福柯对主体的考察是从关系的角度来认识，权力作为一种关系力量，并对人主体产生着生产作用。实践是构成关系的重要基础，学校教育实践可以看作是构成学校关系的不同力量。有些实践构成学校关系中的权力，而有些则构成了学校关系的活力，不同的力量则使得关系表现出不同形态，从而形成不同的主体化内涵。这是因为学校教育实践不仅包含着促使主体客体化的权力技术和权力关系，而且还包含这促使主体发展的活力关系。因此，学校教育实践所形成的不同关系构成了人们认识和判断主体化内涵的重要基础，学校教育过程中主体化的教育内涵则也可以通过关系来表示，并具有明确的关系标准。主体化的教育内涵则必然是对关系中权力的反抗所形成的新的关系形态。

权力关系的形成离不开具体的实践。在福柯看来，这些实践包括知识形式的话语实践，技术、策略性实践以及对人口、性和健康的调节与控制。这些实践都只是构成权力关系的权力技术，它们构成了关系中斗争的一方。福柯对人形成的两种不同方式，都只是形成权力关系的权力技术的不同表现，其核心都在于分析人是如何进入真理游戏之中的，它们只是对这一问题的不同角度和方式的回答。知识考古学所得出的“人之死”的结论是对人文科学的反思，其中也折射出了话语权力的存在，并为权力认识的转向奠定了基础；通过实践中技术、策略的谱系学考察，来认识人的主体在实践中是如何被主体化的，则是对前一个问题的具体分析。前者可以看作是后者的结论，后者可以看作是前者的具体分析，福柯对后者做了更深一步的研究，并认为不存在关于人的“解放”或“拯救”，只存在我们如何构建“自我与自己关系的新类型或新方式”。他将人如何被主体化放置在了“转向自己”的基础上进行认识，并将自我与自己的同一关系的实现作为反抗权力的标准或基点。人的终结问题也就被进一步转化为自我与自己的关系上，而不是关于人的人文科学认识上，因为随着人文科学研究对象的消失，人也自然会消失，而关于自我与自己的关系类型则可以是多样的和具有差异的。因而他进一步将自己的研究总问题得以概括，即“我们的现实是什么”，也就是现在的我们是如何被构建的，对主体的“救赎”也就体现在自我与自己的同一关系上。

由此可以看出，福柯从实践和关系的角度分析了主体客体化的形成，关系中的权力一方构成了主体客体化的主要力量，同时也为我们分析主体化提供了一种新的分析方法。福柯在对主体客体化的分析中也找到了主体化的出口——自我和自己的同一关系。因为福柯对主体的认识也是基于自我和自己关系角度来认识的。他将主体客体化看作是一种自我与自己关系的断裂。教育是一种关系转向，转向自己并实现自我与自己同一关系的过程，也为主体化的教育内涵提供了一种基础和标准。

福柯对主体客体化权力关系的分析，为我们认识主体化提供了一种一般性的分析方法，但作为主体化教育内涵的判断标准是否只有这一个方面，则需要我们进一步的分析。福柯的权力理论只是分析了自我与自己关系的断裂，并将他者对自己的控制和压制等实践看作是一种权力技术和方式，进而忽视了自己和他者之间统一的可能性。因为，在福柯看来，自我与自己的关系断裂正是源于自己与他者之间的权力关系。

霍耐特基于米德的社会心理学实现了对黑格尔承认学说的“自然主义转向”，“黑格尔的‘为承认而斗争’主题被限制在自我意识形成条件这个问题上，‘意识哲学转向’使黑格尔失去了主体间性概念”。[①] 除此之外，霍耐特将福柯以权力为基础的社会理论视为早期批判理论困境的“系统理论解决”。他将社会中权力关系所体现出的斗争性，看作是承认理论形成的动力基础，其社会经验形式则表现为“蔑视”，并基于“承认与蔑视的关系、蔑视与反抗的关系”构建了其承认理论。这种理论是对哈贝马斯交往主体间性的一种深化，但也更是对福柯权力关系理论的进一步补充。他的承认理论包含三种主体间性承认形式，即“爱、法权和团结”，这三个维度从某种程度上与福柯所要处理的三大类关系几乎是接近的。但是，他的承认理论更加侧重自我与他者之间的统一关系，这一点则是与福柯不同的。霍耐特也看到了社会关系中的斗争性，但是在对权力关系抵制的路径上，则选择了与福柯不同的方向。福柯基于自我与他者之间关系的“断裂”，提出“关心自己”和转向自己，实现自我与自己的同一。霍耐特基于黑格尔的“为承认而斗争”提出了试图将自我与他者之间关系的斗争性转化为自我与他者之间的承认关系，即主体间性的承认。霍耐特不仅看到了社会关系中斗争性的一面，而且还看到了其统一性的一面，这种统一性就是主体间性的承认形式。

这也是他面对社会权力关系所采取的不同于福柯的抵制方法和形式。这种强调主体间性承认形式对应着实践自我关系，个体自我在与他人相互作用过程中，通过获得他人的承认从而确定个体的自我。“我们要求在自己的经验中承认他人，并在他人的经验中承认我们自己。如果我们不能在他人与我们的关

---

① 王风才：《承认 · 正义 · 伦理》，上海：上海人民出版社，2017 年，第 115 页。

系中承认他人，我们便不能实现我们自己。当个体采取了他人的态度时，他才能够使自己成为一个自我。”[①] 也就是说，自我是社会性的自我，它是在自我与他人的关系中实现的，“它必须得到他人的承认，才具有我们想要归之于它的那些价值”。[②] 因此，米德认为，当一个自我出现时，它一定包含着他人的经验，不存在一个完全独立的自我的经验。由此可以看出，个体自我的实现不仅仅是通过自我与自己的同一关系来实现，而且还通过自我与他者之间的承认关系来实现。只是前者的自我是一种个体化的自我，而后者的自我是一种社会化的自我。这也为主体化的教育内涵提供了另一条标准，即自我与他者的关系统一。

如果说霍耐特的承认理论是对福柯理论的进一步补充，那么还需要说明个体对社会规范的接受到底是一种异化还是自由。只有这一问题解决了，我们才能说，二者为主体化的教育内涵提供了两条并行不悖且统一的标准。在福柯看来是社会规范和知识话语构成了主体客体化的条件，在霍耐特看来这是社会化自我形成的条件。霍耐特的承认理论是基于主体之间交往关系来实现对“为承认而斗争”的重构，它“服从‘以斗争体验为中介的承认运动’这一理性观念论前提，而不是将其理解为人的社会化条件下有限世界的内在化过程”。[③] 这一点则是它不同

① ［美］米德著，赵月瑟译：《心灵、自我与社会》，上海：上海译文出版社，2005 年，第 153 页。

② ［美］米德著，赵月瑟译：《心灵、自我与社会》，上海：上海译文出版社，2005 年，第 161 页。

③ 王凤才：《承认 · 正义 · 伦理》，上海：上海人民出版社，2017 年，第 117 页。

于福柯“规训”认识的地方，“承认”的实现是以斗争为中介的，而非通过对社会规范和知识话语的直接接受而实现的主体客体化。在福柯看来个体在社会权力关系中是被动的、无能为力的，而霍耐特却看到了这种关系中斗争性实现转化的可能。正因为个体的被动和无能为力，福柯才将自我与他者之间关系的断裂看作是自我与自己关系同一的条件；而斗争性转化的实现则是促使个体通过斗争实现自我与他者的承认关系，实现关系的统一。霍耐特通过对福柯权力理论的改造使这种关系转向了主体间的承认，以另一种关系方式实现了自我走向自己。

因此，学校主体关系之间的作用是迫使自我不断地放弃自我，否定自我，那么这种关系所生成的就是权力，如果关系之间的作用是迫使自我不断地走向与自己的同一，那么这种关系所生成的就是活力。这也与中国古代对活力现象的理解相近，即“生生不息”“日新”。但是这种关系作用的方向不是唯一的，包括关系的同一和统一。它们也是教育中个体发展的两个方向，即个体化和社会化。因此，主体化的教育内涵则包括个体化和社会化两个方面，学校教育意义在关系中的实现则表现为同一性和统一性，学校活力的生成一定是在这两个方向统一的主体化过程中实现。

2. 学校教育意义的关系认识

后现代的主体认识论，特别是福柯对“人之死”口号的提出，使对人的认识进入到了一个历史的、关系的维度。人们对人的认识不再是固定不变的，而是由过去的关系所构成，人总是充满历史性和关系性。这也就意味着教育学研究的认识基础发生了改变，教育研究的对象不是一种有待“教育”的对象，而是不断被生成的结果。在教育研究中不仅要考虑如何培养人，还要思考如何构建产生教育意义的关系以保障教育活动的展开，而不可简单的将教育看作是教育者对受教育者施加的有意识影响。因为人与人之间有意识施加的影响不一定会产生促进人发展的教育意义，还可能会产生规训的意义。对于这一命题的回答和思考，需要认识到教育产生的关系维度，教育者施加教育影响的关系“语境”。

人们总是基于教育理论来论述教育对个体和社会的意义，却忽视了教育过程的复杂性以及教育意义产生的条件性。以往教育理论研究的认识假设就是教育理论对教育实践具有直接的指导作用。从教育功能而言，这种假设同时也隐含了对教育的一种理解，即行为与教育意义之间具有直接实现关系。在教育实践上，教育的实现则是一个相当复杂的过程，在这一过程中对教育的理解不能停留在教育的功能和作用上。

对教育意义产生条件的研究是教育研究中最重要的一个组成部分，同时也是教育学学科进一步成熟的重要一步，还是摆脱理论与实践泥沼的重要认识基础。以往的教育理论研究主要是从教育理想和教育价值观念出发来论述教育、人与社会的关系，但是在理论进入实践时总会出现这样、那样的问题，因为这过程中容易忽视实践中的复杂性。因此，对教育意义产生条件的研究是教育理论研究的一个重要组成部分，同时也是教育理论如何更好地理解实践和改造实践的一种方法论。

后现代的主体认识使我们将对主体的认识转向儿童主体的现实构成上，这使学校教育认识中呈现出一个新的问题域，即“什么构成了我们的现实”。主体客体化的存在也更加促使我们要关注学校教育意义实现的条件性和学校教育实践的复杂性。现代教育将主体作为人对自己的定位，学校教育的过程则是个体不断主体化的过程。学校教育实践是学校关系的基础，学校教育实践所呈现的复杂性则必然也表现为学校关系的复杂性上。学校教育实践的复杂性以及主体观的不同认识，使得个体主体化的内涵变得十分丰富。主体化在学校关系中既表现为同一和统一，也表现为断裂和同一化。学校教育意义体现在个体主体化的教育内涵上。主体化的教育内涵不仅是教育实践实施的结果，而且也可以通过自我与自己的同一关系以及自我与他者之间的统一关系来表示。学校作为一个关系实体反映着学校教育实践运动的真实情况，学校教育意义的关系实现表现为个体在学校关系上的主体化过程。学校教育意义的关系实现也就可以通过自我与自己的同一关系以及自己与他人的统一关系来表示，即个体化与社会化两个方面。

但是仅仅从这两个方面还不能表明学校教育意义的关系实现过程。从个体的发展角度而言，个体化与社会化是教育的两个截然不同的方面，但它们又统一于个体发展。学校教育意义的关系实现过程也必然是两种关系的统一。这两种关系的统一需要我们回到对“教育”的认识上。教育的本意是“引出、逃离”，这本身包含着个体的发展是从一种状态转向另一种状态。即从自我与自己的断裂状态转向同一状态或者从自我与他者斗争性状态转向统一状态考察主体化的教育内涵。这两种状态只是学校教育意义的两个不同方面，但在关系中却是统一的，在统一的方式上也有着不同认识的差异性。

罗蒂认为：“社会化应当先于个体化实现，为自由而开展的教育不能没有一些预先设定的限制。只有通过社会化过程将一个动物塑造为一个人，然后他/她自身又通过对此社会化过程的反叛，并幸运地伴随着自我个体化以及自我创造。”① 个体化与社会化的统一方式是个体通过对社会化的反叛而实现的自我个体化。霍耐特认为不同的承认关系分别对应着不同的实践自我关系，承认关系的实现则意味着个体自我的形成。这种方式在福柯看来，是不可思议的。因为在福柯看来自我与他者之间存在着斗争性关系，且这种斗争性永不消失，通过这种关系形成的是主体客体化，是教育实践中规训的结果。在当前的教育研究中，有人常常将规训作为一个同时具有正反两面意义的事物来看待，认为规训有积极的一面，这是将规训和社会化混淆的结果。因为规训只是表达社会或学校中关系的斗争性（权力关系）所产生的意义，其结果是主体客体化，而非强调经过斗争性而实现统一性的结果，即主体社会化。尽管福柯看到了自我与他者的断裂，进而转向自我与自己的同一，但他并非完全否定他者的作用。在福柯看来，他者对于个体自我而言是一种中介，即实现自我与自己同一的中间媒介，其对教育本意的解读也正是从这一意义上得出的。基于对外部环境的反应和抵抗，自我与自己的同一关系不是只存在唯一一种形式，而是具有多种形式。所以福柯的自我“挽救”之道在于对自我与自己同一关系类型和种类的创造性构建。这本身也是自我与自己关系面对外部环境所作出的反应和同一。在福柯看来个体化与社会化的统一是以自我与自己的同一关系为基础，并面对外部环境而不断实现自我与自己的不同关系类型的社会化表现。

---

① Richard Rorty. *Philosophy and Social Hope*. London: Penguin Books, 1999: 118.

无论哪一种统一方式，它们都有一个共同的认识，即它们不承认存在一个先验的主体或人性的本质。正如罗蒂对激进派的批判："激进派错误地认为一旦社会压迫被除去，就会浮现出一个真实的自我。根本就不存在柏拉图和施特劳斯所说的那种人类本质。"① 那么学校教育意义的实现则必然是一种主体不断被构建的过程，即主体化，在学校关系上表现为统一性和同一性。个体化和社会化的统一问题反映在关系上并不存在孰先孰后的问题，二者本身就是一个统一过程。它们只是不同关系类型所表现出的不同关系状态。自我与自己的关系不是一种与他者绝对断裂的纯粹状态，自我与自己同一关系的实现也存在于自我与他者斗争性转化的过程之中。也就是说，学校教育意义的关系实现是个体自我不断通过与他者的统一来进一步改造自我与自己同一关系的过程。这一结果则是个体自我的同一也具有自我与他者统一关系的内涵和意义。主体化包含的个体化和社会化统一于个体及其发展之中。学校教育意义的关系实现一定体现在关系的方向和性质上，即朝向同一和统一的方向展开并表现出主体化的教育内涵。学校活力的生成就建立在一系列的关系之中，并基于关系的运动而实现。

（三）学校活力生成的认识前提

当人们对"活力"的认识逐渐从"神秘的实体"转向"关系运动"，与其相对的概念则不仅仅表现为"死"，而且还表现为"权力"，即一种造成关系机械、僵化甚至压制，以及造成

① Richard Rorty. *Philosophy and Social Hope*. London: Penguin Books, 1999: 117—118.

自我与自己关系断裂的关系力量。学校活力是关于学校教育意义实现生成的关系研究。它表现在自我与自己关系的同一和自我与他人关系的统一上，与其相对的“权力”则表现为促使自我与自己关系的断裂，是学校关系中的斗争性。

这里所谓的“斗争性”主要是指学校教育实践中对个体发展产生阻碍的权力技术在关系上的表现，并呈现出的对抗性、压制性、对立性和差异性区分。这种力量不是一种实体性力量，它是实践中权力关系斗争性状态的表现。学校活力表现为一种促使学校关系不断有机化和学校教育意义关系不断生成的力量，而其生成则表现为对关系中斗争性的转化。在布迪厄看来，所谓的“斗争性”是天然的，是由实践者在其所在的位置关系所决定的。黑格尔认为，斗争性是事物之间的本质关系，而在布迪厄和福柯那里斗争性则被具体到了关系实践中，可以看作是对黑格尔关系中斗争性的一种经验化认识。

布迪厄对斗争的理解是基于位置关系的排斥性，是其背后的社会资本、已有的社会结构之间的排斥性及对自己利益的维护或着扩大。“他们对世界（以及场域本身）的特有观念正是从这种观点或位置中构建出来的。”① 人的主体化不是规训的结果，而是文化再生产的产物。福柯对斗争性的理解则是从关系之间的话语来理解的，人总是被不同的话语所规训，但又试图通过自身的话语来控制别人。但其与布迪厄的根本差别在于，福柯权力的匿名性，它的力量不是来自已有的社会资本和社会分化，而是来自话语本身或者说是真理机制。

① ［法］皮埃尔·布迪厄著，李猛等译：《反思社会学导引》，北京：商务印书馆，2015 年，第 134 页。

无论是福柯还是布迪厄，他们对人的理解都是从关系中的斗争性来阐发人的形成，福柯对权力的关系认识可以看作是黑格尔矛盾性和斗争性观念认识的经验化认识转变。传统的权力分析更多的是将其作为一种否定性、支配性和可占有性的力量实体，所形成的关系也就是一种支配关系，表现为一种“控制单位-反应单位”的行为模式，这与传统学校活力认识相对应。当我们将学校活力看作是学校教育意义在关系中的创造生成力时，作为关系中斗争性的权力如何实现关系视角的认识则是学校活力生成的前提。

学校关系中的斗争性主要表现为关系中的权力或权力关系以及实践中的技术和策略。人们对权力的认识不是一开始就是从关系开始的，以往权力认识更多的是指向政治领域，权力本身被作为一种支配性、否定性力量，或者被作为个人或集体可占有的位置或财产。在福柯权力理论之前，权力的认识大致有两种模式，一种是契约模式，另一种是国家主义思维模式。总之，权力是一种具有否定性和支配性的实体化的力量形式，它具有物质形式载体。20 世纪 70 年代以来，福柯的权力理论研究被视为当代最重要的权力分析学说之一。福柯的权力理论不是要提出一种权力的新“理论”，而是“要探讨权力关系得以发挥作用的场所、方式和技术，从而使得权力分析成为社会批判和社会斗争的工具”。① 传统的权力理论对权力关系的分析缺少工具，“我们往往将权力关系还原为

---

① Michel Foucault. “The Subject and Power”, “Two Lectures” in *Power - Knowledge: Selcted Interviews and Other Writings 1972—1977*. ed. Colin Gordon. New York: Pantheon, 1980: 80.

生产关系，还原为国家机器或法律，却从来没有理解权力关系本身”。① 福柯的权力理论使人们对权力的认识从可占有性实体转向了关系力量，权力关系也随着实践中技术、策略和知识话语的调适而呈现出多种形态。所以“在现代社会中，权力渗透到社会的各个不同的局部领域，使用灵活多样的策略来运行。而在家庭、国家、教育和生产关系中，权力的形态是多种多样的”。② 福柯在对权力认识的分析上，也特别强调了教育中权力的关系形态及其多样性。

福柯对权力的理解不同于之前的权力认识，即“传统政治学根据法学的契约模式把权力的占有设想为一种权力的让渡，马克思主义的统治理论按照国家主义的思维模式把权力的占有理解为国家机器的取得”。③ 福柯对权力的理解是从关系的角度，他认为权力在关系之中，权力是创造性的、流动性的，多形态的，而不是一种符号或地位的象征。他从关系视角解释了社会关系中的斗争性和生产性，这种关系视角也打破了将权力作为一种支配性和控制性的实体力量认识。此外，福柯的权力不仅仅存在于政治领域（但与政治领域的权力认识不同），而且还广泛的存在于社会领域。它是社会关系中的斗争性表现，福柯的权力或权力关系可以看作是黑格尔矛盾或斗争性普遍存在的经验化分析。他分析了实践中的技术、策略、知识话语等，

① Michel Foucault. “The Subject and Power”, afterword to *Michel Foucault: Beyond Structuralism and Hremeneutics*. Hubert L. Dreyfus and Paul Rabinow. London: Harvester Press, 1982: 208—226.

② Michel Foucault. “Power and Strategies”, in *Power - Knowledge: Selected Interviews and Other Writings 1972—1977*. ed. Colin Gordon. New York: Pantheon, 1980: 139.

③ ［德］阿克塞尔·霍耐特著，童建挺译：《权力的批判：批判社会理论反思的几个阶段》，上海：上海人民出版社，2012 年，第 150 页。

其中技术和策略包括监视、检查、区分、自我技术以及真理机制等。这种关系视角的权力认识与传统的权力观念存在着巨大的差异性，主要表现在以下几个方面。

第一，权力是一种斗争性的关系，而不是支配性的实体力量。福柯将权力看作是一个广泛存在，且不可摆脱也不必摆脱的关系。也就是说，权力不是仅仅存在于政治领域，而且还是构成社会关系、分析社会冲突的一个基础和工具。福柯权力的斗争性认识，摆脱了传统权力观念唯一的政治性，而具有了普遍的社会性。它存在于所有的社会关系中，并表现为关系中的斗争性。这种关系中的"斗争性"构成了权力理论的基础范畴，也是社会关系的基础现象。"他的基本模式是斗争在策略上的主体间性。权力的概念则以社会斗争的这种在实践中的跨主体性加以阐明。"① 李康将福柯的权力看作是"以各种形式联系不同社会关系的'线'"②，因而社会关系就是一个巨大的权力关系网络。但是，将权力看作是一条"联结线"，这也就意味着将权力作为一个同质性的事物，这样才能将不同社会关系联系到一起，而这与福柯对权力的本质理解是相冲突的。在福柯看来不存在同质的权力，权力只是一种斗争性关系，这只表明了权力的性质，而没有表明其具有相同本质。此外，李康及渠敬东将由权力关系构成的关系称为"权力关系的关系"。权力关系本身是作为关系中的一方，而这种权力关系本身的形成又是权力的构成，这里的权力关系就是指关系中的斗争性，即

---

① ［德］阿克塞尔·霍耐特著，童建挺译：《权力的批判：批判社会理论反思的几个阶段》，上海：上海人民出版社，2012 年，第 153、167 页。

② 李猛：《福柯与权力分析的新尝试》，黄瑞琪主编：《再见福柯：福柯晚期思想研究》，杭州：浙江大学出版社，2008 年，第 126 页。

权力。“权力的关系归根到底是力量的关系，即战争性对抗。”①这也表明权力是关系中的一种斗争性力量，但不具有同质性，而具有多样态。所谓的权力关系网络并不意味着它是一种同质性的关系结构，而只是表明社会关系处在一种斗争性的关系之中，即处在一种毛细血管式的权力关系中。但这并不意味着每一个权力关系是同质的，且可以相互联结形成一个巨大的关系网络。

况且，权力关系网络的形成也不是权力联结的结果，而是不同实践中技术、策略和知识话语共同作用的结果。这种联结无规律可循，但都是朝向某一个共同的方向，即主体生产的方向。权力作为关系中的斗争性和生产性的力量，则不断促使个体朝向主体客体化的方向展开。这种力量不是一种实体，而是表明一种方向性。实践中的技术、策略和知识话语不同，其权力关系的形态和形式也不相同，但权力关系中所包含的关系力量的作用方向以及所包含的斗争性却都是相同的。在实践构建的权力关系网络中，尽管不是所有的权力方向都是一致的，但是其在各自的关系中的作用方向是相同。这是因为实践中的技术、策略和知识话语的生产性目的是明确的。权力只是表明了实践生产性的关系方向，这种关系方向在具体的实践关系中就是一种斗争性力量。此外，福柯强调人与人之间的关系本身就存在权力，这是因为彼此之间就分属于不同的话语空间，彼此的话语之间又具有强烈的差异性，这种差异性就决定了他们之间的斗争性以及话语的生产性。这也是福柯在强调权力的时候，

① ［法］扎尔卡著，赵靓等译：《权力的形式——从马基雅维利到福柯的政治哲学研究》，福州：福建教育出版社，2014 年，第 148 页。

往往将其与实践中的知识话语相联系的原因。

第二，权力是一种生产性实践，在运用中才能呈现。这种生产性主要表现为对人的主体及主体性的生产，“当今社会的斗争越来越围绕的，是人要成为怎样一种主体”①。这种主体生产过程离不开权力的作用，权力就存在于人的主体化过程的关系之中，并表现为一种斗争性力量。但是这种主体化的生产不是一种依靠外部强制力量和先验的主体认识对个体塑造的结果，而是人们在斗争性关系中，不断被规训和生产的结果。这种权力是内在过程性的，而非是外在控制性的存在。权力在主体生产过程中不仅仅表现为一种消极的规训力量，而且还表现为一种积极的创造性力量。这也是与传统权力观念不同的地方，传统认识中的权力只是一种支配性、控制性和否定性的力量，是建筑在“控制单位-反应单位”的模式之中。

这种权力表现为基于对主体及主体性生产不断改变和完善实践中的技术、策略。生产实践中所使用的技术、策略等都不是直接朝着主体的塑造方向展开的，而是通过更加有效的方式来实现主体化的生产。因此，这种权力的积极创造性力量还表现为一种生产的有效性上。主体的生产不是权力塑造和压制的结果，而是个体与权力共谋的结果。此外，权力的生产性是在实践过程中呈现的，而不是像传统权力认识一样，是一种实体，与占有、拥有等观念相联系。它只有在实践的技术和策略实施和运用中才能呈现。权力不是一种可以被占有的实体，只有在实践运作中，权力才存在。“权力施展不仅仅构成伙伴之间、

① ［瑞］菲利普·萨拉森著，李红艳译：《福柯》，北京：北京人民大学出版社，2010年，第237页。

个体之间和集体之间的关系，它还是一些行为作用于另一些行为的方式。只是在一些行为向另一些行为施展它的时候，只是在它运作的时候，权力才存在。”①

第三，权力是一种知识话语权，通过真理机制获得合法性。传统的权力观念是一种宏观的支配和控制力量，其实践也更多的是一种象征性的。然而作为知识话语的权力则是一种微观的权力，其实践也更多表现为通过训练、监视、检查等手段来实现权力控制。这些实践手段或技术的出现本身就是知识/科学认识的结果，它们使权力的实施更加有效和隐蔽。权力和知识之间相互联结，权力生产着知识、知识也承载着权力，话语形式是权力的另一种形式。权力是在运作中得以呈现的，话语形式的权力则存在于话语实践之中，并呈现出一种真理机制，即基于人们对真理的接受实施权力。这种权力形式是福柯通过知识考古学的方法找到的，其中最典型的就是关于“疯癫”“不正常人”“性”和“生命”等话语，临床医学和监狱的诞生本身也是权力的话语形式的实践结果。权力不再是一种同质性、集中性、总体性的权力观念，而更多地表现在知识话语对人的规范、监视等的微观权力之中。这些权力的实施不是随意和盲目的，而是一种科学性和经济性的关系运作。权力的合法性不是来自法律上的权力让渡或国家机器的占有，而是来自真理机制的构建。福柯的权力-知识观是其权力观的核心，无论是实践运作中的生产性权力还是关系中的斗争性力量，这些认识都是基于它而形成的。作为生产性实践的权力，其生产性

① ［法］福柯著，汪民安译：《主体与权力》，汪民安主编：《福柯读本》，北京：北京大学出版社，2010 年，第 290 页。

就是基于真理知识而实施的主体建构。其中所使用的技术、策略、规范和训练等权力技术和策略都是源自对真理机制的运用。作为斗争性的关系力量，其斗争性不是基于主体与主体之间的力量、利益等支配关系的认识，而是基于个体之间的话语权的争夺。

福柯对权力的认识则摆脱了实体权力观的狭隘认识，而将权力看作是一种关系。这种关系不仅存在于占有者与非占有者之间，而且还存在每个人之间。由此，权力也就摆脱了本质主义的束缚，呈现出流动性、创造性和多样态。权力不是一种因国家机器的占有而得以存在的支配力量，而是在实践实施过程中所体现出的一种控制性、对抗性和斗争性的关系力量。“福柯不把权力看作一个神秘的本质，而是把权力看作一种并不具有必然的本质形式的关系，强调权力在于其实施，因而对权力作了非本质主义的分析。”① 福柯对权力的分析既不是基于利益的模式，也不是基于权威的模式，而是基于“战争的模式”，即他将实践所形成的关系中的斗争性，看作是权力的一般属性。这种关系的斗争性不只是表现为对立状态，它还揭示这种状态形成的实践和话语根源。即从实践中的技术、策略和知识话语来揭示关系中的斗争性，以及这种斗争性对主体的生产性。权力的这三种含义是相互包含，相互渗透的，它们是对社会关系与主体化过程不同层面的反映，但归纳起来，权力就是一种基于实践中的技术、策略和知识话语实现主体生产的斗争性关系力量。

① 莫伟民：《从解剖政治到生命政治——福柯政治哲学研究》，上海：上海人民出版社，2018 年，第 118 页。

二、学校活力生成的逻辑

教育认识的关系转向使得主体化过程以及学校教育意义都得以在学校关系中呈现。学校活力正是对这一过程和意义如何生成的考察，即关于学校教育意义实现的关系运动和关系状态的研究。学校活力存在于学校教育意义实现的关系运动中，那么学校活力的生成则必定存在于这一关系运动如何生成的认识中。由于学校教育意义实现的复杂性和条件性，学校活力的生成逻辑需要回答学校关系中斗争性是如何被转化，从而使学校关系趋向同一性和统一性，并呈现出学校关系整体有机化的活力状态。

然而，这种生成逻辑的实现是基于实践与关系的联系来理解和认识的。实践是关系的基础，关系是对实践意义的呈现载体。学校活力的生成逻辑主要表现为两个方面：一方面是实践化关系，即从实践对关系的调适和改造等方面来理解学校活力在关系运动中的生成以及创造生成力在关系转化中的实现。它包括关系改造和关系转化，且统一于实践化关系的形成过程之中。另一方面是关系“实践化”，即对实践化的教育关系的实践构建，并基于此来理解学校活力状态的理论生成，即关系“语境”的构建和关系有机化的生成。

（一）关系改造：学校活力的生成

1. 关系改造的方式

实践是关系的基础，关系改造就是实践对关系的调适和改变。关系中的斗争性源于实践中的技术、策略和知识话语，并表现出权力关系。关系改造的目的是为了克服斗争性，实现关系的同一性和统一性。故关系改造的方式也就表现为对权力的抵制与教育实践自身的反思性。基于此，学校活力的生成也才能得以实现。

1.1 权力的批判与学校活力

传统权力观念的批判必然是基于权力实体认识基础之上的。法兰克福学派早期的批判理论主要是基于国家理论的社会强制模式，强调权力的支配功能，将权力关系看作是一种支配关系。它从“经济再生产、行政管理控制、个体心理整合”三个层面来分析自由资本主义，并将这三个层面共同归咎于工具理性所导致的主客二元对立的行为模式，将社会行为归咎于经济再生产行为，人在这种行为中不断地异化、丧失自己的个性。“早期批判理论一直处于自然支配批判的历史哲学框架中，受制于生产劳动范式，陷入了马克思主义传统的功能主义还原论，从而导致社会缺失的困境。”① 其对权力的抵制就是对权力的否定、撤除和摆脱。

派纳基于福柯权力批判的方法将对权力的批判集中在对形成“我”的意识形态的批判。这种批判不仅表现为一种对外部控制力量或压制力量的“撤除”，其关键在于“能够从中获得个体的自我意识形态质询、社会配置以及历史危机等彼此之间相互关系的自我反思。”。② 其具体的方法就是“自传”。也有研究者提出对权力的抵制应该从权力关系入手，“儿童的批判不

① 王风才：《承认·正义·伦理》，上海：上海人民出版社，2017 年，第 64 页。

② Pinar, William F. The Unaddressed ‘I’ of Ideology Critique. *Power and Education*, 2009, 1(2): 196.

可能‘脱离’权力关系，而必须‘通过’权力关系、在权力关系之中才具有可能性。儿童的主体性是权力关系的产物，权力关系与主体性的相互建构，既是抵制的出发点，也是抵制的重要内容。权力抵制的内容不应该仅仅限于对课程内容领域和儿童受到的权力压抑状态，而更应该深入分析儿童经历的实践和存在的条件”。①

这种认识基本符合福柯的权力关系认识，但是将抵制看作是独立于主体性的一部分则是对福柯的权力关系认识的一种偏差。权力是关系中的一种力量形式，而非是一种独立的实体，这种力量不是依靠对意识形态、国家机器等的形式占有而获得支配的权力。这种观点提出将对儿童主体性的反思放到权力关系中无疑是正确的，但是文章并未对权力关系本身作出明确的分析。因为基于不同的权力认识，便会形成不同形式的权力关系，如支配关系，这种关系依然可以形成对主体性的生产，但其批判或抵制的出发点或内容就不再是从权力关系入手，而是对外在压制权力的反抗。

如果将主体的构成看作是关系中权力和抵制相互作用的结果，而否定从权力关系的内容来进行抵制的可能性，那么这是否就意味着我们面对这种权力无能为力。福柯的处理方式就是从构成主体生成的实践关系入手，通过知识考古学和谱系学来考察知识话语、实践中的技术、策略、知识话语和自我技术等，来获得主体是如何进入真理游戏之中的认识，也就是考察主体化形成的知识话语和技术的条件。福柯将主体看作是自我与自

① 戎庭伟:《福柯、主体性与权力批判——兼论批判教育学的批判理论》,《全球教育展望》2014 年第 5 期。

己的关系，并认为不存在对自我的“解放”和“拯救”，而是要形成或构建自我与自己关系的新类型。而对新类型的构建则必然需要从构成主体的实践关系中来考察，通过处理关系中的不同力量以及力量方向，从而确保个体自我的自由。这也是福柯在晚期回到希腊化-罗马时期考察自我实践的原因之一。他试图通过一种转向自己的自我实践来确定和获得一种关于自我主体的新方法。这同时也是福柯从关系角度认识权力并试图通过对实践关系的改造和关系中斗争性的转化，使自己与外部环境的关系发生断裂，实现“转向自己”的自我实践，从而达到自我与自己的同一关系。

与其说霍耐特的“承认理论是哈贝马斯理论方案的进一步发展”①，倒不如说是对福柯社会权力关系分析结果的解决方案，即对社会权力关系所体现的斗争性关系的解决。福柯并没有将社会的矛盾和斗争性看作是理性的辩证法，而是从权力关系分析了社会矛盾和斗争性存在的合理性。法兰克福学派早期从工具理性的角度，批判了社会矛盾的存在，即社会对人的异化和控制，而福柯以权力分析为基础的社会理论对其进行了“系统理论的解决”。福柯通过知识考古和谱系学所得出的主体构建的关系基础，将主体的问题放置在自我与自己的关系上。霍耐特对这一斗争性问题的解决则是将主体的问题放置在主体间的关系上。通过对关系中斗争性的转化，实现主体间性的承认，从而达到自我与他者之间的统一关系。

此外，福柯的权力关系不是由于权力作用而形成的关系，

---

① 王风才：《承认 · 正义 · 伦理》，上海：上海人民出版社，2017 年，第 96 页。

而是关系中存在斗争性而表现出的权力形式。正如福柯所说，他更多的时候使用“权力关系”而不使用“权力”，这是因为权力关系中权力总是存在的。权力只有在使用和运用中才能出现，它是基于真理机制形成的一种斗争性关系。福柯也经常批判传统权力分析经常混淆权力关系和支配关系。他认为“权力关系在人类关系中有极为广泛的存在，它在个人之间，在家庭内部，在教育关系中，在政治体制中等到处运作。我们会发现某些权力关系满足一定条件，我们可以称之为支配事实或支配状态。在支配状态中，权力关系不再是变动不居，使各方能够运用某种策略来改变这些关系，而是成为牢固确定的冻结状态”。① 这也进一步说明了福柯所谓的权力不是一种支配性力量，而表现在关系中的斗争性，这种斗争性因技术和策略对关系的改变而形态多变不一。无论是基于真理机制的话语权力，还是基于实践中的技术、策略的生产性权力，它都只是斗争性的关系力量。但它不是关系中的唯一力量，在关系中还存在反抗的力量。福柯自己也承认权力的存在前提是存在反抗，反抗的消失则权力也不复存在。因此，权力的批判重点在于关系的改造。

对于学校活力的认识而言，与学校活力所对立的认识基础不同，那么我们对学校活力的认识也必然有所不同。当人们将学校活力不足的原因归咎于传统权力的压制，那么人们对改进学校活力的措施也就主要集中在对传统权力的批判。如扩大办

---

① Michel Foucault. “The Ethics of Care for the Self as a Prictice of Freedom”, in *The Final Foucault*. eds. James Bernauer and David Rasmusen. Cambridge, Mass: The MIT Press, 1988: 3.

学自主权，提高人们的创造性，提高主体的积极性、能动性和主动性，营造学校自由、民主的氛围等等。这些措施从某种意义上可以使得学校活力不足的情况有所好转，但是这些行为并能真正触及学校活力生成的根本。因为学校活力存在于学校教育意义实现的关系运动中，那么学校活力的生成也必然基于这种关系的实现。扩大了办学自主权，却没有改善和营造学校教育意义关系实现的能力，那么学校活力不足的情况未必能得到改变，反而可能会越改越乱。因此，学校活力是基于学校实体中教育意义实现的关系认识，这就需要从关系角度来认识其对立面——权力。福柯也一直强调权力关系中一定存在反抗，不存在反抗的权力关系是不存在的。从权力的角度而言，关系中的这种反抗力量就是“活力”。

学校活力的不足根源在于关系之间的斗争性，不在于意识形态和自主权的丧失。这种不同的认识差异根本在于人们对权力的认识不同，因而对学校教育问题的批判范式也就有所不同。在前文已经论述，活力是与权力相对的一种认识或概念，而非仅仅与“死”相对。人们对权力有着不同的认识范式，这也影响着我们对活力生成的分析方式。权力认识方式的不同，使得对其抵制和实现学校活力的方式也不相同。对权力的认识有很多种方式，如支配型、压抑型、意识形态型、法律义务型等。但这些类型都是突出权力对资源和位置的占有，并表现为外在控制性和支配性。这种对权力的认识在学校中表现为对教育实践及其制度、体制的规定，即通过制度和体制来规定教育实践的实施，从而体现权力的作用。这种传统权力理论在早期法兰克福学派看来是工具理性的表现，在制度和体制方面表现为科层制的构建，从而保证权力支配的有效性。如果人们基于这种权力认识来解释和分析学校活力不足的原因，那么他们对学校活力也必定是从权力对人的生产和异化角度来进行认识。这种认识虽然反映出了学校教育对象主体客体化的结果，并从“再生产”“压抑理论”和“工具理性”的启蒙辩证法等角度分析了学校因人的异化而活力不足。但是这些认识都是属于一种权力的宏大叙事，而对主体异化具体的过程缺少分析，缺少社会性，是一种劳动生产范式的套用。

福柯的权力认识是将权力作为一种关系，权力广泛地存在于社会关系中，并不断对主体进行建构，从而造成人的主体客体化，即自我与自己关系的断裂。他从权力关系的斗争性出发，对社会中的冲突和斗争进行“系统理论的解决”，即将社会看作是一个充满权力的关系机体，进而分析当前社会现实存在的合理性。通过主体谱系学的梳理，权力在关系力量上表现为一种不断使个体自我与自己之间关系发生断裂，自我不断服从外部要求，并逐渐主体化。因此，对权力的关系认识使得人们从关系角度认识学校活力的生成成为可能。学校活力的“浮现”不是对外部压制性权力的反抗、抵制甚至是撤除，而是学校关系所表现出的同一性和统一性趋势。具体表现为个体自我与自己的同一关系以及自我与他人统一关系的形成，这两对关系是学校活力得以生成的载体。学校活力的生成也表现为个体自我关系的同一和自我与他人的统一。这种统一不是直接实现的，而是在克服关系中的权力，在关系斗争性中实现的。

1.2 教育实践的反思性

学校教育实践的过程就是个体主体化，其教育内涵表现为学校关系同一和统一意义的实现。学校教育实践以实践化关系的形式构成学校实体的一部分，实践、关系和意义三者之间的关系构成了学校活力认识和分析的基础。实践是关系的基础，基于实践的关系改造之所以可以实现学校活力的生成，还在于教育实践本身具有反思的特性。基于教育实践反思性的学校活力生成需要从学校中的“关系、实践和意义”三个方面来认识。其中关系与意义本身就是学校实体的构成部分，故对三者之间的关系认识则主要从实践与教育意义的分离，以及实践与关系的直接关联两个方面来论述。

1.2.1 实践与教育意义的分离

学校教育实践与学校教育意义之间并非完全一致，学校与教育之间也非直接同构。究其原因就是实践与教育意义之间的分离，学校教育实践所包含的技术、策略和知识话语从某种程度上没有促进教育意义的实现，甚至产生了非教育性的消极意义。实践是关系产生的基础，基于不同的学校教育实践所形成的学校关系也必定不是完全只包含教育性关系而是由多种意义关系所构成。学校教育意义实现的关系是复杂的，多样的，甚至是有条件的，学校也就不是一个纯粹的教育实体，学校教育意义的实现表现为一种关系运动。实践与教育意义的分离在于实践中的技术、策略和知识话语所造成的关系断裂。作为实现目的和意图手段的实践不是单个行为，而是一个行为系统，其自身包含有技术、策略和知识话语等。这里实践不是指亚里士多德所说的德性实践，它自身包含有更复杂的因素。

任何实践都不是一种可以直接达成实践目的和意图的手段与行为。因为实践在实施的过程中总会面临着斗争性，且实践自身为实现目的所使用的技术、策略也包含着权力因素。前者的存在造成实践不能直接达成对目的的实现，使实践与教育意义分离；后者的存在造成实践本身偏离了实践目的和意图，使实践成为一种权力手段。由于教育实践者陷入“手段-目的”的行为模式之中，且只考虑目的的实现，从而忽视了对实现目的技术和策略的教育性选择。实践本身是复杂的，其所形成的学校关系也必定是复杂的。因此我们很难直接说学校教育实践与学校教育意义之间是完全一致的关系。这里的所谓的“完全一致”就是指学校教育实践必然产生学校教育意义。从学校教育实践的复杂性可以看出，学校教育意义的实现是具有条件性的，在关系意义上则表现为生成性，而非以往所认为的直接实现关系。

实践中所包含的技术、策略和知识话语是构成权力关系的重要条件，它们本身就构成了关系的斗争性——权力，这种权力往往具有隐蔽性、微观性。这些权力的技术和策略在学校教育中表现为“身体训练、时间安排、空间监视、检查、纪律、规范以及区分”等方面。福柯将这些越来越趋于精细化、科学化和隐蔽化的权力技术称为规训，也正是这种权力的存在才促使监狱的诞生。这种规训权力不是一种权力实体，而是一种权力关系，在实践运作中才能得以呈现。学校教育实践中也包含着这样的规训权力，并不断地对主体进行构建。

自规训权力进入教育领域以来，人们对它的研究先是从对课堂中、学校中的规训空间进行分析，之后的研究大多沿着批判的方向进行。但是也有学者认为，教育中存在规训是正常的，甚至将规训作为教育意义的一部分来对待。这种认识是对福柯规训思想的一种误解。福柯的规训思想来自对规范的认识，由此考察权力的形式，而非对权力存在范围的考察。教育中存在规范，并且这些规范具有明显的教育意义。但是福柯不关心这种意义是什么，而关心教育者通过规范约束学生所具有的那种力量。这种力量本身所产生结果的教育意义远远小于规训和驯服的意义。这种看似对学生发展有益的行为和规范力量背后隐藏着对学生规训和驯服的目的，教育意义也只是一种表层的意义，而真正对儿童产生影响的主要是规训。

将规训和教育划等号，是误解了福柯对规范的认识。尽管教育本身也具有规范性和价值性，但是福柯对规范的认识是强调权力的存在形式。它是从一种宏观的、显性的实体权力转变为了一种微观的、隐性的关系权力的认识。规范所代表的仅仅是一种真理性的话语，这种真理性的话语在福柯看来就是微观权力得以实现的基础和根源。教育中的规范则是一种价值性规范，也是一种价值性话语。它对人进行一种善的价值引导，其本身并没有绝对的真理性，也不是一种真理性话语。这种价值引导应是基于儿童的自由选择，而非一种强制性的灌输和压迫。因此，这种价值话语无法生成一种权力，更无法实现对人的规训。如果教育中的价值规范成为一种绝对的，不容置疑的真理性话语，那么此时的教育活动就是一种规训。

权力关系是广泛存在的，“在权力关系的核心，以及作为它们存在的永恒条件，存在着来自自由方面的反抗和某种根本的固执”。[①] 这种反抗来自自由方面，但这种自由在实践中表现为反思性，即个体对实践技术、策略和知识话语的反思，基于自我与自己关系状态以及自己与他者关系状态的判断。因此，实践本身还包含着另一个重要因素，即反思性，这种反思性不是人们对实践结果的反思。它主要体现在实践过程中，是实践

---

① ［法］福柯著，汪民安编：《福柯文选Ⅲ · 自我技术》，北京：北京大学出版社，2016 年，第 136 页。

本身所具有的一种特性，正如实践中包含技术、策略和知识话语一样。这种反思性就是对实践过程的反观，即实践对目的和意图的实现的反观，对实践关系状态的判断反思。教育实践就是一种反思性实践，“在与常规性教育实践相互依存、相互作用的过程中实现价值，并不是完全独立的教育实践形态”。① 这种反思性实践一方面构成了与权力关系的对抗和反抗，另一方面则是构成实现关系中斗争性转化和关系改造的重要力量。这种反思性是实践的特性之一，它本身也是通过实践中的技术、策略等手段来实现对关系的改造，只是这种改造的方向与权力的斗争性方向相反，是对这种斗争性的转化。

1.2.2 实践与关系的直接关联

实践与学校教育意义之间是分离的，学校教育实践与学校教育意义之间并非完全一致。我们无法从学校教育实践中获得对学校教育意义实现的全息认识，但却可以通过学校关系来反映。学校关系中包含着大量的意义，不同的关系形式则包含着不同的意义。“尽管意义和关系并不具有同构特征，但也可以在两种关系中（权力关系和反抗关系）发现意义的要旨。存在的意义完全建立在关系中。”② 这种非同构特征并不表明关系与意义之间并无关系，关系是意义的载体。意义就是关系中所蕴含的那种实质性关联所可能产生的结果，这种结果本身也意味着关系运动的展开方向。即使行动意义的现象学解释也同样离不开关系的关联性。“行动之所以有意义，是因为它借由筹划

---

① 熊川武：《论反思性教育实践》，《教师教育研究》2007 年第 3 期。

② 渠敬东：《缺席和断裂——有关失范的社会学研究》，北京：商务印书馆，2017 年，第 163、167 页。

作用以幻想形式对未来行动进行重演，只有通过内在时间意识，筹划和行动的关系才是可理解的。”① 此外，行动意义的解释还受到意义脉络的影响，也就是说不同的意义单元放入不同意义脉络中，其行动的意义必然不同。这是因为不同意义单元的解释是基于其与整个意义脉络之间的关系实现的。所以关系与意义具有密切的关系，它们虽不具有同构特征，但却具有一致性。关系可以看作是意义的载体，并构成意义生成的“情境”或“语境”。关系的存在是多样和复杂的，意义的产生也在不断地变化之中。这是由于关系中的实质性关联会随着关系网络的不断构建而不断发生变化。因此，学校关系中包含着丰富的意义，学校教育意义的实现也体现在关系运动之中。人们无法从实践中获得对学校教育意义的全息认识，却可以从关系中来实现。

学校教育实践与教育意义的非完全一致性，使得我们无法获得学校教育实践实施过程中所包含的真实意义。基于“手段-目的”的实践方式来认识学校教育意义，那么学校教育的真实意义往往会被目的实现所掩盖。要真实地反映学校教育实践中的意义问题，需要借助关系，通过关系中的实质性关联来认识学校教育实践所产生的真实意义。基于上文分析，学校教育意义中的这种实质性关联则表现为自我与自己的同一关系以及自我与他者之间的统一关系。我们之所以可以从关系来把握学校教育实践中的真实意义，是因为实践与关系之间具有直接关联性。学校教育实践不断形成和构建学校关系，由于实践中的技术、策略和知识话语，使得学校不同主体之间形成了一个复杂

① 渠敬东：《缺席和断裂——有关失范的社会学研究》，北京：商务印书馆，2017 年，第 169 页。

的关系网络。它就是我们理解学校教育实践中的真实意义和对学校意义进行全息认识的基础。

这个巨大的关系网络，不仅包含着权力关系，也包含着反抗关系，不仅包含着自我与自己的关系状态，也包含着自我与他者之间的关系状态。这个关系网络不是一种纯粹的事物间的关联性结构，而是实践中的技术、策略、知识话语和反思性对关系的不断调适、改造和固化的结果。通过关系的改造从而改变关系中的实质性关联，即关系运动的方向，以及改变学校意义存在的关系“情境”或“语境”。我们将实践对学校关系的不断改造，看作是实践的关系转换，从而将实践实施所产生的真实含义通过关系加以呈现。“特殊事件的意义取决于某种永远在它们背后的东西。”① 学校教育实践也正是通过这种关系转换，使学校关系运动得以呈现，学校教育研究中的学校视角得以成为可能。这种实践与关系的直接关联，就是实践化关系，也是实践构成学校实体的一种方式。

学校活力只能在学校实体中存在，是学校实体的一种属性。它反映的是学校实体中教育意义实现关系运动的一种力量。关系运动是实践的结果，但是实践与教育意义实现的运动并无直接的关系。实践导致的关系运动可以分为两种：一种是趋向僵化的运动，一种是趋向生机的运动。这种关系运动方向只能从关系中获得，实践只能表明目的的实现与否，且目的实现并不能表明关系运动的方向。因为为了目的的实现而忽视手段教育性的二元对立的行为模式在学校教育实践中并不少见。因此，

---

① ［美］杜威著，陈亚军等译：《杜威全集（第四卷）》，上海：华东师范大学出版社，2012 年，第 9 页。

学校中的“实践、关系与教育意义”之间并不是一种完全一致的关系。

通过上述分析，实践与教育意义之间是分离的，实践的真实意义需要通过关系来表达，而关系与意义之间是紧密联系的。就学校实体而言，学校教育意义的实现表现为学校关系的同一性和统一性；就学校教育实践而言，学校教育的实现则表现为个体化和社会化。二者是从不同的视角对个体主体化的反映，同时二者之间有着内在的一致性。这是因为实践是关系形成的基础，个体化表现为关系上的同一性，社会化表现为关系上的统一性。因此，学校中的“实践、关系与教育意义”本质上是可以具有一致性的。只是这种一致性需要基于实践对关系的改造，通过关系中斗争性的转化才能得以实现。学校活力在学校教育实践和学校实体关系上具有了一致性，它的生成逻辑不仅表现为实践对关系的改造，而且还表现为实践化关系趋向有机化。

2. 学校活力的生成

无论是基于权力批判的认识还是基于对学校中“实践、关系和教育意义”之间的关联分析，它们都将学校活力的生成指向对关系的改造。通过关系改造，实现关系中“斗争性”的转化以及实践、关系和教育意义的一致性。无论基于哪一种认识，学校活力的生成都表现在实践化关系中，并基于实践化关系对学校关系进行改造。学校活力是关于学校教育意义生成实现的关系研究。这反映出学校活力的生成不仅仅表现为实践层面、制度层面的改革，而且还表现为关系上教育意义的实现生成与关系整体的有机化。

学校活力及其生成存在于学校关系运动之中，存在于实践化关系中。但这并不意味着学校活力是一种可以从实践角度得以把握的力量实体。学校活力研究不是教育的规范性研究，而是对学校教育意义实现的关系研究。学校活力得以存在的学校教育意义生成的关系运动不是某种教育实践的结果，而是对学校教育实践对学校关系改造所产生的同一性和统一性的综合描述，是实践化关系使学校关系整体趋向有机化的综合表现。因而，学校活力的呈现是众多学校教育实践的结果。对学校活力的把握无法从某个学校教育实践入手，而应该从学校教育实践进入学校实体的实践化关系中来把握学校活力及其生成。此外，学校活力只反映学校教育意义实现的关系运动和状态，学校活力的生成则只反映学校关系状态发生转化和实现有机化的转变。学校活力作为一种创造生成力，其中“力”的概念也不是一种真实的力量实体，而是一种关系运动和关系转化的方向性规定。因而这种力的生成也就是关系运动如何发生转向。

福柯的权力及其关系的研究只是实践的一部分，他所关注的就是实践中的技术、策略以及知识话语对人所产生的主体客体化。它在关系上表现为自我与自己的关系断裂，即对关系中斗争性（权力）的强调。学校教育实践中所使用的技术、策略和知识话语也必然会产生权力关系，即作为学校关系中“斗争性”存在的实践形式。权力不是一种占有性的支配力量，而是一种关系中的生产性和斗争性力量，这种力量只有在实践的实施中才能得以呈现。权力关系只是关系的一个方面，关系的另一个方面则是活力。二者犹如作用力和反作用力，共同生产着主体和实现个体主体化。不是在权力关系之外存在一种反抗的力量，而是反抗的力量与权力共同存在于关系之中。权力在实践中的关系表现为一种自我与自己的断裂，自我不断地听从于外部世界，从而造成主体不断客体化。

无论是权力还是活力，它们的对立表现在关系上，不是一种力量实体的对抗。它们都是实践的构成，也同时都是实践的结果。权力关系表现为一种关系的斗争性，活力关系则表现为一种关系的同一性和统一性。福柯的权力和以往之间的权力研究是不同的，福柯的权力是不具有方向性的，也不是基于绝对权威的支配力量，它就是关系，只要存在关系，就会存在权力。我们也必须看到关系中的反抗性，而这一点则是研究学校活力的一个更为根本的前提。权力关系不是一个独立存在的关系，李康所提出的“权力关系的关系”就是将权力关系作为一个独立的存在，而福柯认为“权力关系自身产生了并携带着冲突和裂隙”。这种冲突和裂隙就是对手双方的战争关系所造成的，即在实践所形成的关系中还存在着反抗和对抗。福柯的这种权力关系认识是让人费解的，因为他一方面强调关系中的斗争性所形成的权力关系，另一方面又强调权力关系的存在前提是反抗。权力既是构成关系的力量一方，同时又是关系本身，这看起来是矛盾的，也难怪李康会提出这样的认识和表达。其实，福柯对权力及其权力关系的认识是一致的，权力关系对于福柯来说只是对实践中技术、策略和知识话语的一种表达。这些都构成了关系中斗争性的一面，其产生的结果则是自我与自己关系的断裂。因而活力关系所表达的同一性和统一性，也只是对实践中技术、策略和知识话语的一种表达，但是这些构成了关系的统一性的一面。二者基于自我与自己之间的关系状态实现转化。

学校教育实践是一个复杂的行为系统，它不是可以用“手段-目的”二元对立的模式所能概括的。这样只会忽视学校教育实践所产生的复杂关系和丰富意义。学校关系也是一个复杂的关系实体，这里面不仅包含着关系的斗争性，也包含着关系的同一性和统一性，其关系形态具体表现为自我与自己关系的断裂和同一。学校教育实践在不断的创造着新的关系，并通过实践化关系不断地对学校关系进行调适、改造和固化，改变着学校中的关系状态。这种关系的改造既可以使得学校关系斗争性加剧，也可以使关系中的斗争性实现转化，还可以使关系中的统一性和同一性得到固化。

学校教育实践对关系的改造是基于实践中的对抗性策略和技术。这种对抗性来自实践本身所具有的反思性，但究其根本则是个体自我关系的同一和自我与他者的统一的实现。实践中的技术、策略和知识话语是形成权力关系的重要条件和手段，但是权力关系的存在是以反抗为前提的。这种反抗是面对实践中的技术、策略所采取的对抗，面对知识话语的真理机制其对抗形式可以是不接受和拒绝、也可以是创造新的知识话语和解构已有的知识话语。反抗本身不是一种权力关系对立面的力量存在，它本身也是一种实践，是借助实践中的技术和策略进行的一种实践性对抗。“反抗，其定义，即是逃脱的手段。”[①] 权力关系总是通过不同技术和策略来不断地对那些反抗点进行镇压，且这些权力关系“无论是因为它们固有的发展路线，还是在遭遇正面抵抗之时，都倾向变成获胜策略”。[②] 这种获胜的策

① ［法］福柯著，汪民安编:《福柯文选Ⅲ · 自我技术》，北京：北京大学出版社，2016 年，第 137 页。

② 同上。

略就是保证权力关系的持续存在。然而这并不意味着反抗的实践是消极的、机械的，它本身也是具有策略性。“事实上，在权力关系和斗争策略之间存在着相互吸引、永恒连接和永恒颠覆。每一种权力关系至少潜在地暗示着斗争策略。”[①] 这也说明权力关系与策略关系之间是可以实现互动与转化的。

这种对抗性的策略或技术本身也是一种实践，也包含着某种实践关系。但是这种实践关系的获得是基于与权力关系的对抗，针对权力关系进行策略性和技术性实践改造的结果。在福柯看来，每个反抗或对抗策略都梦想变成一种权力关系。即使存在与权力对抗的实践，也不能保证这种对抗性的实践改造就一定是朝向活力关系展开的。这就需要把握这种对抗性实践的关系朝向，是实现一种新的权力关系还是朝向一种关系的同一和统一。学校教育实践的对抗性是来自实践自身的反思性，这种反思性本身是对实践中技术、策略和知识话语所形成的权力关系的对抗，并通过改变实践的技术和策略来解构或对抗原有的权力关系，从而形成新的关系。但是这并不意味着，实践自身的反思性可以直接实现对权力关系的改变，它需要不断调适。这也是福柯为什么说权力关系和斗争策略之间是永恒连接和颠覆。如果实践自身的反思性没有根本性的立足点，这种反思依然只是一种权力关系的反抗性前提的存在，其反抗点则是漫无目的的。

学校教育实践的本质决定了其反思性是来自个体自我关系同一和自我与他者关系统一的状态，所以这种关系改造也

---

① ［法］福柯著，汪民安编：《福柯文选Ⅲ · 自我技术》，北京：北京大学出版社，2016 年，第 136—137 页。

必然驱使关系朝向同一和统一状态展开。权力关系的对抗是一种策略性的对抗，它们之间不断地改造着关系，也不断形成新的实践化关系，学校关系网络也随之不断变化。这种关系的改造不断地使权力关系的斗争性朝向关系的同一和统一。在这一关系改造产生的关系运动中，学校活力便不断生成。学校活力的生成是对关系的斗争性转化，但转化的方向则是由学校教育实践自身的反思性和学校教育实践的本质所决定的。这使学校活力具有明确的方向性规定，偏离这种方向性则不是活力，而这也可以看作方向性规定为何是学校活力内涵核心的理论基础。

（二）关系转化："创造生成力"的实现

实践化关系对学校关系的改造则使得学校关系不断朝向同一性和统一性的方向展开，从而表现为学校教育意义生成实现的关系运动。它的产生则是关系改造的结果，这也是学校活力存在于学校教育意义实现的关系运动中的理论基础。由此可以看出，学校活力内涵实现的理论基础是基于关系改造所产生的关系转化。

关系改造产生了学校活力，但是学校活力的内涵体现在关系转化的认识之中。关系改造只是一种实践活动，而关系转化一方面是实践的结果，另一方面则意味着关系状态和性质本身发生了改变。学校活力作为关系改造的结果，其内涵则必然体现在新生成的关系之中。关系转化本身蕴含着三个方面内涵，即向哪里转化、如何转化、转化后的关系意义，这三个方面分别对应着学校活力的三个内涵，即"方向性规定；创造性；学校教育意义的关系生成"。"如何转化"意味着关系改造的方式，它是一种技术性和策略性实践行为。但是这种行为本身不是一种消极的、机械的，而是一种为实现“斗争性”转化，所进行的创造性关系改造。关系改造的策略性也表明其实践行为就是一种创造性关系改造。这种策略性关系改造的对象即“斗争性”策略，也要求实践行为是一种创造性的。

对于其余两个方面的认识，二者具有相关性，即形式与内容的关系。也就是说，当我们回答了“向哪里转化”，也就可以大体说出“转化后的关系意义”。因为二者都是基于对学校教育意义的关系认识。虽然学校教育实践的本质规定了关系改造的转化方向，其改造的结果不仅仅是实现了转化，而且还生成了学校活力。转化的方向性成为了学校活力内涵的核心，即方向性规定。转化之后的关系状态较之以前已发生了根本的改变，那么其中所包含的意义也必然发生了改变。前文已论述，意义与关系中的本质性关联相关，关系的改造，改变了这种本质性关联，也就意味着意义的改变。基于关系改造所产生的学校活力，也必然包含着对这种意义的生成。学校活力的存在不仅仅停留在关系改造之上，因为关系改造是一个实践行动，当斗争性发生转化后，也就意味着一个关系改造单元结束了，但学校活力却依然存在，其本身体现在改造之后的转化关系之中，维持着关系意义的生成。这也从某种程度保证了关系运动的持续进行。因此，学校活力的内涵中也就包含着学校教育意义的关系生成。

虽然，我们明确了学校活力的内涵与学校教育意义实现的关系运动都与关系转化、关系改造相关。但是学校活力存在于学校教育意义实现关系运动之中的合理性和具体内涵，则需要从关系转化的路径来分析。所谓关系转化的路径就是斗争性转化的解决方案，它包含了对关系转化那三个方面问题的解决。关系转化的路径包含了学校教育意义的关系实现问题，学校活力与关系运动都存在于其中，并随着路径的变化而变化。对学校关系中的斗争性认识不同，人们对实现斗争性关系转化的路径也就不同，转化的路径大体有两种。一种是“转向自己”的自我实践，即构建自我与自己同一的不同关系类型；另一种是“交往行为”的承认实践，即构建自我与他者统一的主体间性的承认关系。它们认识的共同点则是对关系斗争性存在的承认，并将其作为各自理论的出发点，它们都不承认先验主体、主体性和绝对真理的存在。不同点则表现为它们对“规范”存在问题的认识，其核心观点就是罗蒂所说的“对社会规范的接受是导致自由还是异化。”① 这三个方面的不同认识形成了“斗争性”转化的不同路径。

1. 自我关系同一的关系转化

福柯认为规范是权力技术的一种历史演变结果，也是现代社会控制的主要特征。它不仅具有方法论上的意义，而且它也是构成“监狱”诞生的主要权力形式。所以，在福柯看来，监狱不仅是一个惩罚的载体，而且还是一种社会类型。正如霍耐特所说“‘规范’的概念是福柯为那些不再承担压制性功能，而是承担生产性功能的权力工具所追求的目标选用的最一般的术语。”② 这种权力类型被称为规训，这种不断规训化的结果则使得关系对手的行为程式化，表现出一种“规范化的”行为，

① Richard Rorty. *Philosophy and Social Hope*. London: Penguin Books, 1999.

② ［德］阿克塞尔·霍耐特著，童建挺译：《权力的批判：批判社会理论反思的几个阶段》，上海：上海人民出版社，2012 年，第 161 页。

社会关系不断机械和僵化。福柯对规范的认识是从其规范性的力量入手，即将这种规范性的力量看作是一种规训，一种权力形式或技术。规训的核心是知识话语及其运用。无论是中期的“解剖政治”还是晚期的“生命政治”，它们都只是权力两种不同形式。它们彼此的管治对象发生了改变，即从“身体”转向了“人口”，其手段也从“戒训”转向了“调节”，这也分别构成了“针对个体肉体的戒训权力”和“针对整体人口的调节权力”。调节权力中也包含着戒训的权力，因为调节权力的核心依然也包括知识话语，只是知识话语转变成了医学、生物学以及人口统计学。因此，福柯认为“肉体的戒训和人口的调节构成了生命权力机制展开的两级”。① 但其核心的改变则是知识话语的改变，其规训的权力本质并没有发生改变。福柯的规训思想无论是在中期还是在晚期都没有发生改变，改变的只是产生规范性力量的知识话语。

这种规范性构成对人的主体生产和主体客体化，从而使得自我与自己关系的断裂。福柯对关系斗争性的理解正是从这一断裂关系来认识的，因而规范是构成学校关系斗争性的一部分。规范对于福柯而言则是一种外部控制力量，是个体与他者之间的规训，不可能存在相互转化的可能。因此，福柯对于这种关系斗争性的转化则是从历史的角度，通过对人的“效果史”的考察，提出了“转向自己”的自我实践，即“自我与自己关系的同一”，关系的转化也就从关系的“断裂”转向“同一”。这一自我实践的过程福柯称之为“修习”，这一实践就是“从希

---

① 莫伟民：《从解剖政治到生命政治——福柯政治哲学研究》，上海：上海人民出版社，2018 年，第 244 页。

腊化时期开始，人们就参与到‘教化’自身的真正进程之中”。[1] 但是，福柯在“转向自己”的自我实践中，并非是完全脱离外部世界的影响，而是将其作为一个实现关系同一的中介。在自我实践的过程中被发展出来一套自我技术，但这些自我技术是包含在自我实践之中的，但随着人们对自我实践的认识转向了“认识自己”，这套自我技术则以知识话语的形式被强制性地用于个体发展之上。

如果将学校关系中的“斗争性”看作是外部规范和技术等造成的对自我与自己的关系断裂，那么学校关系的转化则是基于自我实践中的技术、策略和知识话语所形成的“转向自我”的关系改造的结果。在这一过程中，学校教育意义的实现体现为个体化，以及关系的同一性。学校的关系运动也就是从自我关系断裂向自我关系同一的变化过程，学校活力也就是实现从“断裂”向“同一”的关系转化的创造生成力。

2. 自我与他者统一的关系转化

其实福柯对“规范”的认识是将其看作是一种真理机制，人的主体化过程就是不断被纳入真理游戏的过程。对于这种规范的权力控制，实用主义和法兰克福学派的批判理论则是通过解构这种规范的真理性和普遍性，基于后形而上学的思维，提出了主体间性的规范。他们并没有否定和放弃规范的价值和意义，只是转变了对规范的认识视角。这种认识视角体现着关系中“斗争性”转化的方式，即将关系斗争性看作是自我与他者之间的对立、压制，人的主体化就是人不断被异化的结果。福

① ［法］福柯著，佘碧平译：《主体解释学》，上海：上海人民出版社，2010年，第143页。

柯不认为这两者之间存在可以转化的可能，故而将斗争性转向自己的角度来理解，但是实用主义和批判理论则看到了规范中斗争性的可转化性。将“普遍性和真理性”的规范转化为“主体间性”的规范，这使得自我与他者之间的关系发生了改变。这主要表现为从“斗争性”转向了“主体间性”，即自我与他者之间的统一。但是不同的理论派别对于这种转化的理解和认识也有所不同，即使是批判理论内部，霍耐特与哈贝马斯也有所不同。这些理论的差异性根本在于他们对关系转化的逻辑起点的理解不同，即是否明确将关系斗争性作为实现主体间性规范转化的起点。正如罗蒂所说，“杜威与哈贝马斯所渴望的不是如实再现实在，而是要与我们的同胞自由地达成一致——也就是成为一个自由探索共同体的正式参与者”。[①] 哈贝马斯对自己交往理论的发展是基于解释学的知识论视角，与实用主义的知识论相近，这也是他们破除规范“真理性和普遍性”的认识论基础。

基于这种认识论，杜威与哈贝马斯都强调“互动”。杜威强调的“互动”是一种个体与外部环境的相互作用，个体从这一过程中获得了经验的不断改造和生长。这本身就是一种个体与他者不断实现主体间性的过程。哈贝马斯的“互动”则是“按照以符号为媒介的必须遵守的规范进行的交往行为，这些规范规定着相互行为的期待，并且必须得到至少两个行为主体的理解和认同”。[②] 哈贝马斯将主体间性的获得看作是主体间基

---

① Richard Rorty. *Philosophy and Social Hope*. London: Penguin Books, 1999: 119.

② 王风才：《承认 · 正义 · 伦理》，上海：上海人民出版社，2017 年，第 85 页。

于语言符号进行的一种交往行为，将普遍语用学作为批判理论从而奠定规范基础。在其后期的《交往行为理论》著作中，他将语言行为理论发展为社会行为理论，从而扩大了交往行为的理论范围。但是其交往行为的范式则依然是基于言语理论，即通过言语之间的交流，从而形成主体间性的统一。虽然二者提出了关系转化的路径，但是他们对转化的逻辑起点却不是明确从对关系斗争性的承认出发的，他们是基于各自的认识论或知识论，但在其进行主体间性形成的过程中，依然包含了对关系斗争性的认识和转化。

霍耐特的承认理论是从社会关系中的斗争性出发的。他在《为承认而斗争》的开篇便说，“任何一种力求把福柯历史著作的社会理论内涵整合到交往行为理论框架中的努力，都必须依赖于具有道德动机的斗争概念。其目的就是为了阐明一种具有规范内容的社会理论”。[①] 它对斗争性的强调，一方面是基于福柯以权力为基础范畴所形成的社会理论，一方面则是基于对哈贝马斯的交往行为理论的改造。他批判了哈贝马斯基于合理化的交往行为理论，而将社会冲突和斗争性作为交往的前提和基础。他进而提出“交往范式不能理解为语言理论，而只能理解为承认理论”。[②] 这种转变也就从语言符号媒介转向了个体承认关系的认识论。霍耐特基于社会关系的斗争性，将哈贝马斯的言语媒介交往范式转向了关系承认交往范式，其承认关系的获得就是对关系斗争性的转化。他的承认理论实现了对黑格尔

① ［德］阿克塞尔·霍耐特著，胡继华译：《为承认而斗争》，上海：上海人民出版社，2005 年，第 5 页。

② 王凤才：《承认·正义·伦理》，上海：上海人民出版社，2017 年，第 95 页。

“为承认而斗争”的“自然主义转向”，或者说与福柯的理论一样，它是对黑格尔观念论的经验化认识。

在霍耐特看来，关系中的斗争性则是一种“蔑视关系”，这也是他构建其承认结构的起点。这种“蔑视关系”意味着他者（集体）对个体的排斥和对抗，蔑视的形式包括“虐待、强奸；剥夺权利、排斥；诽谤、伤害”，那么承认方式则包括“情感上支持；认识上尊重；社会交往上重视”，这也就分别对应了三种承认形式“爱、友谊；权利；团结”。① 霍耐特基于个体与社会（集体）的交往互动，来获得集体对个体的承认，以及个体对集体的归属，霍耐特的这种交往互动是一种承认方式的互动。在个体与集体的交往互动中将集体中所包含的规范态度内化为自我的一部分，不断实现集体对个人价值的承认，以及在集体内部实现对等的对待。当集体承认了个体的价值，也自然形成了相应的实践自我关系，这种实践自我关系就是一种承认性的个体化。“实践自我关系也使主体能够进入变革过程。个体不再把他们与社会标准一致而取得的成就和因此而受到的尊重归因于整个集体。”② 霍耐特将自我与他者之间的斗争性，通过承认的交往互动来实现关系转化，即实现自我与他者的承认和关系的统一。这种统一性表现在集体对个体的承认和个体在集体中的承认形式的自由或者说个体化。

这也是霍耐特的理论不同于涂尔干的体现。涂尔干认为社会的团结有两种，一种是机械团结，一种是有机团结。前者是

---

① ［德］阿克塞尔·霍耐特著，胡继华译：《为承认而斗争》，上海：上海人民出版社，2005 年，第 135 页。

② ［德］阿克塞尔·霍耐特著，胡继华译：《为承认而斗争》，上海：上海人民出版社，2005 年，第 134 页。

“个体不带任何中介直接系属于社会，并建立在个人相似性的基础上，社会在某种程度上是由所有群体成员的共同感情和共同信仰组成，当这些共同观念和共同倾向在数量和强度上都超过了成员自身的观念和倾向，那么社会就越有活力。但个人人格则被集体人格完全吸纳”。① 这种基于共同观念和共同倾向的活力认识，也是日常学校活力认识中，将学校的共同愿景作为学校活力判断指标的理论根据。后者则是“个体依赖于社会，建立在个人的相互差别的基础上，社会是由一些特别而又不同的职能通过相互间的确定关系结合而成的系统。这种有机团结是由劳动分工导致的，劳动越加分化，个人就越贴近社会；个人的活动越专门化，他就越会成为个人。这种自由发展的空间越广，团结所产生的凝聚力就越强”。② 这种认识在社会形成和不发达阶段是合理的，但是在工业时代，这种分工导致了人被机器所异化，而不能得到全面的发展而失去自由。这种基于共同感情和共同信仰以及基于分工来阐述个体与集体、社会之间的关系，仅仅停留在对社会的构成层面来认识，不同于霍耐特所强调的基于交往互动所产生的主体间性承认关系的发展认识。

由此可以看出，他们将规范看作是一种主体间性的构建，或者是集体的态度，那么关系的斗争性则表现为外部规范对个体产生的异化或集体对个体产生的排斥、蔑视等。他们对关系斗争性的转化则是基于交往互动，实现彼此之间的主体间性。

---

① ［法］涂尔干著，渠东译：《社会分工论》，北京：生活 · 读书 · 新知三联书店，2017 年，第 89—91 页。

② 同上。

这种主体间性的形成包含着个体与他者之间规范要求的内化和整体的承认，并在此基础上实现个体化。这种个体化是内化了主体间性规范后的自主性，与福柯所说的个体化有所不同。主体间性是主体双方在彼此的斗争中，不断地相互认识、增进了解，从而彼此相互影响，并在这种关系中产生了不断孕育教育性的力量。所有主体在这种关系中都能获得不断发展的力量，主体的积极性、主动性由内而发。斗争性依然存在，但是彼此之间主要是对彼此双方的“承认”。在这一过程中学校教育意义的实现表现为社会化，以及关系上的统一性。学校的关系运动是从自我与他者关系断裂向自我与他者统一的变化过程。学校活力是实现从“断裂”向“统一”的关系转化的创造生成力。

综上所述，学校教育意义可以在学校关系中体现，教育的过程也就是教育性关系构建的过程，教育性在关系角度主要体现为关系的同一性和统一性。学校缺乏活力则表现在，主体双方的斗争性没有获得统一，而且没有通过斗争获得彼此的“承认”，从而使双方的关系因为斗争性而产生了“异化”。在这种关系中，所有的教育手段对学生而言都是一种“规训”，一种对自我发展的压抑和压制，而又无法反抗；教师对教育手段的实施则是基于对教育目标实现的考虑，而完全没有考虑关系中的斗争性如何进行转化，如何实现关系的统一性，只是关注手段与目的之间的有效性。教师在这种斗争关系中，也同样会受到来自被异化、被压制学生的斗争和控制，并在这种斗争和控制中产生异化，从而丧失能动性和主动性。教育手段在整个教育过程中只是一种桥梁和中介，要考虑教育手段对教育性关系的建构，只有这样，才能实现教育意义的产生。

主体化可以看作是贯穿学校活力生成关系中的“线”。学校活力生成蕴含在儿童主体化的过程中，也可以说，学校活力生成的结果也必然伴随着儿童个体主体性的形成。故而对学校活力的认识则也必定反映于主体在教育实践中的主体性内涵。因为学校教育过程就是培养主体性人的过程，即个体主体化的过程，这种主体化的实现在教育实践中的表现就是不同主体性内涵呈现。学校活力生成是个体主体化的结果，作为积极性、主动性的主体性内涵也就是学校活力生成过程的自然表现，而非仅仅通过一些外在的激励手段所达到的结果，且这种方式所得的积极性和主动性也会因刺激的撤除和目标的实现等原因而消失。

（三）关系“实践化”：学校活力状态的形成

学校活力存在于学校教育意义实现的关系运动之中，生成于关系的改造和关系的转化，实践化关系所反映的学校活力是基于学校教育意义的创造生成而言的。学校活力的生成或关系运动只能沿着或存在于一种路径，转化的方向也只能是一种。尽管从学校教育意义创造生成的角度而言，学校活力对教育意义实现可以是单方面的，但是我们知道教育的内涵或主体化的教育性内涵不仅包含着个体化还包含着社会化。在学校的现实生活中个体化与社会化是不可分割的，统一于教育或主体化的教育性内涵之中。此外，与“死”相对的活力就是一种使事物趋向运动和“活的状态”的力量。它的运动方式与无机物的运动方向正好相反，一个是趋向僵化、单一和机械，另一个是趋向灵活、多样和有机。活力的另一个概念内涵就是它是不断回到自身的闭合循环运动。学校活力的内涵核心是方向性规定，它不仅包含着关系转化的方向，而且还包含着学校实体关系状态的方向。这种关系状态也就是学校关系整体趋向有机化的状态。因此，学校活力的生成则必然还包含着学校活力状态的生成。

若将活力作为生命的力量，黑格尔则认为“生命的力量，就在于它本身设立矛盾，忍受矛盾，克服矛盾。在各部的观念性的统一和在实在界的互相外在的部分之间建立矛盾而又解决矛盾，这就形成了继续不断的生命过程，而生命就只是过程”。① 学校活力状态的生成就是对学校关系状态有机化形成的分析。即学校实体如何成为一个教育意义关系生成的循环过程；实现实践、意义和关系的有机统一以及关系转化两条路径的统一。其中这种循环过程近似于生命过程本质的“恒常性”，即“恒常性可以说是生命过程的真正本质。只有在一定条件下，蕴含生命的种种过程才能出现”。② 学校活力状态就是学校教育意义持续生成，学校关系有机统一的关系状态。其中所反映的活力内涵也接近于中国活力认识中的“生生不息”和“日新”的内涵。

1. 关系实践化的本质

学校活力状态的生成分析不是基于“实践化”关系所实现的关系改造和关系转化的研究，而是对学校关系状态如何趋向有机化的研究。即在实践化关系对学校关系的调适、改造和固化的基础上，研究学校关系的整体运动趋向。学校活力状态的

① ［德］黑格尔著，朱光潜译：《美学》，北京：商务印书馆，1979 年，第 154 页。

② ［法］拉尔夫·斯泰纳·利利：《生物学的哲学：生机论与机械论》，何克勇译：《杜威全集（第八卷）》，上海：华东师范大学出版社，2012 年，第 362 页。

生成，是学校如何形成一个教育性实体，即学校教育意义在学校实体关系中持续不断实现，关系的斗争性能够得到持续转化。研究的对象也就变成了学校关系如何影响学校教育实现，使得教育实践与教育意义从“分离”转向“统一”。主体化的教育性内涵，主要包含着两个方面，但这两个方面不是彼此分离的，而是统一于个体主体化过程之中的，这两个方面如何统一，其统一的基础是什么。这些都是学校活力状态生成研究所必须回答的问题。

虽然学校活力状态的生成研究以实践化关系为基础，但是其存在的基础已经发生了改变。即它是基于学校关系运动的认识，关系是其理论分析的核心。学校教育意义的实现是具有条件性的，一方面是由于关系中的斗争性，另一方面是由于关系本身就是意义生成的载体和条件。不同的关系性质和形式，其中所包含的意义也有所不同。如自我与自己的断裂关系，其中所包含的是一种规训和控制的意义。关系是意义的载体，且是实践的结果，但是关系也同样会影响实践的实施，并以关系“语境”的形式出现。实践对关系的改造是基于关系中所具有的技术、策略和知识话语来创造性的选择改造关系的技术和策略。当关系中所包含的意义本身就是教育性意义，那么教育实践就需要按照这种关系形式和性质进行实践化构建，即关系实践化。关系实践化和关系建构不同，其内涵丰富于关系构建，关系构建可以看作是实践化的结果。关系实践化的重点在于“实践”，在于实践对技术和策略的关系进行创造性的改造和斗争性的转化，而不仅仅只是建构关系。

关系实践化就是基于某种关系形式或性质，进行的实践化构建，不同的关系性质、形式也就自然形成不同的实践建构过程。权力关系也可以实现实践化，只是其关系中的意义是规训、压抑和主体客体化等内涵。学校教育实践在不断地进行关系改造，学校关系也在不断地被实践化关系调适、改造和固化。因而，关系总是在不断发生改变的，不存在永恒不变的关系实践化。关系实践化是建立在实践化关系之上的，基于实践化关系所构建的教育性关系，并通过关系实践化使得这种关系及其中的意义得到有效的固化和再现。它们共同统一于学校教育意义关系生成的过程之中，这一过程就是学校活力状态的生成过程。实践化关系和关系实践化二者是学校活力状态生成过程中相辅相成的两个方面，缺一不可。实践化关系实现对关系中“斗争性”的转化，关系实践化则实现对关系中活力的固化。关系中的斗争性是一直存在的，那么实践化关系和关系实践化则会处于持续不断的变化之中。因此，学校活力状态不存在永恒不变的状态，而是处于一种不断被生成的状态。

尽管关系实践化处于一种持续不断的变化之中，但其目的则是为了实现学校教育意义在关系中持续不断生成的恒常性，这也是学校活力状态得以存在的重要内涵。关系实践化的本质就是通过实践形式固化关系中的意义，使其能够持续不断地生成。这种固化的方式也处于不断变化的过程中。“固化”不是对关系中形式的再现和再生产，而是为了稳定关系中的意义。关系实践化不是为了形成某种关系系统或关系结构，而是为了实现和保持学校关系中教育意义的持续生成，它最有可能形成的是一个教育意义持续不断生成的闭合循环空间。

在布迪厄看来，意义都由早已确定的关系结构所决定，实践的作用和价值只是使得关系结构中所包含的意义得以再现和再生产。从这种意义上来说，关系实践化的目的就是为了形成某种关系结构，进而保证某种关系意义不断再现。这种认识忽视了关系的实践构建不是沿着已有结构路线发生的，即它们之间的关系不是线性的，而是多元的和创造性的。关系本身也处于不断解构-结构的过程，仅仅依靠关系位置来实现和确定差异性的意义是不足够的。一方面是因为关系位置不完全是阶层式的关系方式，也可能是分布式的关系方式。关系位置本身的差异性并不能说明不同主体之间的差异性，也不能保证基于关系位置所产生的意义的稳定性。福柯对权力关系的分析则不是基于关系位置，而将这种基于关系位置形成的权力关系看作是某种条件下的支配关系。另一方面，关系结构所能展现的意义也是有限的，关系结构所能为实践提供的关系“语境”也是有限的。我们的实践意义总是会超出关系结构所提供的意义语境。因此实践意义的产生是受行为发生所在的关系性质，以及这种实践中所包含的技术及其产生的导向作用的影响。

关系实践化不是基于某种关系结构来保证关系意义的再现，而是通过实践化关系的创造性来保证意义的持续产生。关系实践化所产生的作用就是保证学校关系中教育意义的持续不断生成，即学校关系中教育意义的“生生不息”；实践化关系所产生的作用就是保证学校教育性关系的不断改造，即学校关系形式的“日新”。只有通过不断地关系改造，才能实现学校关系形式的“日新”，并通过对关系的实践化使得学校教育意义的“生生不息”。如此不断的循环，使学校实体不断趋向活力状态。

2. 关系“语境”：实践与意义的“统一”

实践化关系与关系实践化二者之间不是彼此孤立的，而是相互促进，相互作用。实践化关系不断调适、改造和固化着学校关系，从而不断促使活力和教育意义的创造生成，关系实践化则基于已有的关系“语境”，不断地制约着实践改造，从而进一步固化已有的关系，使得学校关系不断有机化，实现教育意义持续生成。二者相辅相成则表现为实践与意义基于关系“语境”的“统一”。

实践中的技术、策略和知识话语构成学校教育实践的复杂性，表明了学校教育意义实现的条件性，实践与意义之间也是一种分离的关系。本研究对活力的认识不是基于传统的活力实体，而是机体关系中的运动来理解的。因而不存在基于活力实体推动而产生的实践与意义的统一，在这种认识中实践的多样性和复杂性是活力实体本质的外在表现。基于关系活力的认识则与之正好相反，即从实践的多样性和复杂性，以及由此形成的关系斗争性出发，寻找学校活力的生成逻辑。学校活力状态的生成也就必然是实践、关系与意义之间的统一，即学校教育实践的实施能够直接得到其所期望的学校教育意义。要实现基于三者一致的学校活力状态，则依然需要从实践与意义的“桥梁”——关系入手。

实践化关系不断地调适、改造和固化着学校关系，也在不断实现着学校关系的有机化。基于关系改造所得到的教育性关系，则需要通过实践来固化，以保证教育意义持续不断地产生，而这一过程本身就是关系实践化。也就是说，关系作为学校教育实践条件和学校教育意义生成的“语境”，使得实践与教育意义实现统一，这就是学校教育意义实现的条件性。只是这种关系是实践化的教育性关系，它一方面促使实践不断再生产此种教育性的关系形式，另一方面它作为教育意义产生的关系“语境”保证教育意义持续不断产生。也就是说，学校教育实践和教育意义的统一，是基于对某种教育性关系语境的再生产和创造。当学校中教育性关系越来越丰富，那么产生此种关系语境的教育实践与学校教育意义也就越统一。当学校关系完全处于一种教育性关系“语境”时，学校教育实践不断产生着教育意义，学校活力状态也就被持续不断地生成。

但是，这种状态中的教育性关系不是人为设定的，而是在学校教育实践对关系的持续改造中，在实践化关系不断的生成中实现的。因为关系中的本质性关联影响着学校教育意义的内涵，但这种本质性关联本身就是相对的，而不是绝对的。学校关系是在不断地被实践化改造着，那么这种本质性关联也在不断地发生改变，那么包含其中的意义也必然发生改变。如果忽视这一点，而盲目人为设定教育性关系，而忽视了关系的实践改造，则是本质主义和工具理性的表现。这也是为什么说学校活力状态的生成是实践化关系和关系实践化相辅相成的结果，以及学校活力的认识基础是关系运动而非是神秘实体。

故此，学校活力状态的生成是学校教育实践基于实践化的教育性关系，不断生成教育性关系“语境”，实现学校教育实践与学校教育意义的统一，从而保证学校教育实践持续不断生成学校教育意义。这种关系语境本身是实践化关系对学校关系改造的结果，这也就意味着每一个关系语境都处于一种不断变化的过程。实践对关系语境的构建，就是对实践化关系的关系“再生产”，而绝非对这种关系语境的结构化建构。从这种意义而言，关系的实践改造与关系的语境再造也是相辅相成的，学校教育实践与学校教育意义的统一便是在这一过程实现的，从而使得学校教育意义在这一关系改造和再造的过程中持续不断地生成，学校活力状态也就得以“显现”。

3. 关系有机化的理论生成

学校活力状态的生成是基于实践化关系所形成的学校关系整体有机化。前文已论述了学校活力生成的关系改造和转化，它们包含着关系斗争性转化的两种路径，一种是自我与自己关系的同一，另一种是自我与他者关系的统一。这两种路径都是学校活力的生成方式，但是这种学校活力的认识只是从学校教育意义的创造生成角度来分析的。学校教育意义的内涵包括彼此不同但又缺一不可的两个方面，对于学校教育意义来说是统一的两个方面，但是对于基于关系转化的学校活力生成则只能是某一个方面。所以，学校活力的生成还包含着学校活力状态的方面，只有如此，学校活力才得以真正实现。学校活力状态的生成，从学校关系角度而言，也必然要从学校活力生成的两个路径的统一性上来分析。也就是要从自我与自己同一关系与自我与他者统一关系的角度，来分析二者之间的统一，即学校活力关系状态的生成。

关于二者之间的统一，其实在分析学校活力生成路径时就已经有所体现，也就是说，这两种路径都包含着自我同一关系下的他者以及自我与他者统一关系下的自我实现。故此，学校活力状态的生成具有两种生成方式。

一种是从社会化到个体化来阐述人的发展过程，即个体通过以语言符号为中介的互动实现对外部主体间性规范的内化，并通过对这些主体间性规范的使用，从而实现自我。哈贝马斯通过对福柯的权力理论困境的批判，提出了克服意识哲学的新范式，即交往行为范式。他认为，福柯通过权力对主体的批判，彻底消灭了主体，但同时也陷入到了“主观主义”之中而无法自拔。福柯的“权力-知识”使得“具有决定意义的权力无需依靠具有行为能力和判断能力的主体——权力成了无主体的权力。然而，仅仅把主体哲学的基本概念颠倒过来，是无法摆脱主体哲学概念策略的强制的。福柯无法用从主体哲学自身获得的权力概念，来消除他所批判的主体哲学的种种困境”。① 面对福柯的权力困境，他首先提出了对其策略性权力的质问：“我们为何要全力以赴去反抗现代社会躯体的血液循环中的权力，而不干脆去适应它呢?”② 由此，他基于对意识哲学和主体哲学的批判，即对先验主体的否定，提出了一种新的主体，即具有言语能力和行为能力的主体，并基于普遍语用学提出了交往行为理论。他认为“客观认识的范式必须被具有言语能力和行为能力的主体的理解范式所取代”。③ 基于这种主体间性的认识，个体化的实现则也必定存在于主体间性实现的社会化过程中。

这种对主体的认识本身就是将其看作是一种社会性的个体。米德认为，“自我，作为可成为它自身的对象的自我，本质上是一种社会结构，并且产生于社会经验”。④ 这也是米德、哈贝马斯和霍耐特进行社会化和个体化之间关系统一认识的基础。米德对自我同一的实现建立在个体社会化过程之中，这一点他改变费希特的“自我意识的反思模式”。费希特在回答“为什么我是这个个体而不是别的个体”的问题时，如是回答，“从

---

① ［德］于尔根·哈贝马斯著，曹卫东译：《现代性的哲学话语》，南京：译林出版社，2014 年，第 323 页。

② 同上。

③ ［德］于尔根·哈贝马斯著，曹卫东译：《现代性的哲学话语》，南京：译林出版社，2014 年，第 347 页。

④ ［美］米德著，赵月瑟译：《心灵、自我与社会》，上海：上海译文出版社，2005 年，第 161 页。

我获得意识的那一刻起，我就是那个使自己具有自由的个体，因为我使我自己成为那个个体，所以我就是那个个体”。① 米德根据自我对象化主体的自我关系模式，来处理自我与他者的关系以及自我基于这种关系所形成的自我同一或自我结构。自我的形成在于对他者的规范期待的接受，并将其内化，但是这种规范期待不是一种客观的，强制性的规范，而是主体间性的共同规范期待。米德把这个他者的规范期待称为“普遍化他者”，个体只有对这些主体间性期待内化并深入人格内部，在不断地使用时，自我也就形成了。“个体只有在与他的社会群体的其他成员关系中才拥有一个自我。”② 正如哈贝马斯所说，“这种自我具有一个主体间性的内核，因为作为其源泉的个体化过程贯穿了整个以语言为中介的互动网络。这种作为社会产物的自我的主体模式，抛弃了自我意识的反思模式”。③

故此，“个体化被理解为个体的自我实现过程”，自我是社会化的产物。④ 自我的个体化统一于社会化的过程中，自我对他者的主体间性规范期待越被接受，并不断地深入到自我的人格内部，形成自我表达的一种方式，那么这种关系有机化的程度也就越高。这种认识方式的学校活力状态的形成是基于自我与他者的统一关系，进而实现自我与自己的同一，而这种同一

---

① ［德］费希特著，梁学志编译：《费希特选集（第二卷）》，北京：商务印书馆，2014 年，第 616 页。

② ［美］米德著，赵月瑟译：《心灵、自我与社会》，上海：上海译文出版社，2005 年，第 129 页。

③ ［德］于尔根·哈贝马斯著，曹卫东等译：《后形而上学思想》，南京：译林出版社，2012 年，第 191 页。

④ ［德］于尔根·哈贝马斯著，曹卫东等译：《后形而上学思想》，南京：译林出版社，2012 年，第 173 页。

本身就已经内含着自我与他者的统一性。即自我中具有了一个主体间性的内核。

但是，在福柯看来，这种自我实现的过程不是个体化，并认为这种缺乏个体化的社会化本身就是一种规训和控制，而之后的自我创造和个性化都是无从谈起的。这种对个体化和社会化关系的认识方法虽然具有独创性，但是它对基于交往行为创建的主体间性关系的性质的忽视，则导致他认为社会化优先于个体化，进而使得个体无个性可言。因此，对二者关系的统一还是要从斗争性出发。个体首先要进行的是个体自我同一的斗争，和对影响和偏离自我同一的斗争。他在这一过程中完成的是对自我同一的实现，而后完成与外部的统一，这是自我发展的正确路径。自我同一一定是首先与外部世界的断裂，但是他与外部世界的斗争性也始终存在，外部世界也在不断地以各种策略来对个体自我同一的实现产生影响。因此，这种自我同一的过程也必定是与外部世界斗争的过程，二者几乎是同时开展，最终实现与自我的同一和与外部他者的统一，但这种统一依然是以自我同一为基础。这种认识不同于上一种认识，它是从自我同一的角度出发，自我与自己的同一过程离不开他者，但是这种他者是为了更有效的实现自我与自己的同一，福柯将他者作为这一实现过程的“中介或媒介”。自我与自己的同一过程就是不断“转向自己”的自我实践，这种自我实践就是要克服自身的缺陷以及教育中的缺陷、问题。这种通过自我实践的“修身”方式，来不断地克服他者对自我与自己关系产生的断裂，本身就是一种基于自我与自己同一实现的对自我与他者之间斗争性的统一性转化。所以，福柯说不存在对自我的拯救和解放，而需要我们要不断探索自我与自己关系的不同新类型。

具体而言，学校活力的生成就是关系统一性和同一性。活力的本质含义就是事物自我本质的实现。学校活力就是在学校关系中本质的自我实现，即学校教育意义的实现。学校活力就体现在这些关系的同一性和统一性上。同一性体现在机体关系转向自己，即个体的发展不是通过否定自己，接受外部的影响而形成新的自我和主体性。以自我与自己的断裂来实现个体的发展转向由自己与外部的断裂，实现自我与自己的同一。这是自我的同一发展，也是自我的个体化过程。统一性体现在机体关系转向承认，主体间性，即个体的发展通过与他人的斗争性，最终实现与他者的统一。在斗争的过程中，主体与主体之间相互斗争，相互否定，但同时也在彼此影响，最终实现统一，获得承认。在彼此的承认中，主体不再是自我个体的独立发展而增加了外来的和他者的影响，这种变化就是社会化。

关系转向自我不意味着自我与他人的绝对隔离，而是能够自主的选择对自己发展延续的影响，从而实现同一性。同时，自我的同一过程本身也包含着自我与他人关系斗争性的统一转化。即彼此双方坚持自我的同一而展开的斗争，并在不断坚持和斗争中，相互理解和相互认识从而形成统一性。从某种意义上来说，这种统一性对于自己而言则是自我的同一，是在经历了非我的阶段之后形成的自我，这种自我是个体化与社会化的统一。因此，同一性是统一性的基础，只有先保持同一性才能具有统一性。盲目的追求统一性否定同一性，即试图通过消除斗争性和差异性来达到同一化，这违背了教育的本质。也就是说，消除个体自身的差异性从而实现主体的同一化生产，这是当前学校教育的认识路径，也是学校活力不足的原因。

学校活力也一定体现在其本质自我实现的同一性运动中。这种基于自我同一的关系统一性，从实践而言就是个体在自我实践的基础上不断实现自我的自主性发展。在自我与他者的关系，“他者”一方面是需要进行斗争性转化的对象，另一方面也是不断实现自我同一的中介。从学校关系角度而言，则是学校关系不断有机化，即自我同一的实现过程包含着对自我与他者之间斗争性的统一性转化，在自我同一性实现的基础上，学校关系逐渐实现统一和有机。这种关系状态本身就是差异性的有机统一，因为它是建立在自我同一性实现的基础之上的，但又不会因为个体的差异性而导致学校整体的混乱。这种自我同一性的过程中包含着自我与他者之间的主体间性的关系统一。这也就是学校活力在实践中表现为一种“活而不乱”现象的原因。

由此可以看出，学校活力不足现象从根本上而言是学校关系运动实现和学校活力生成上的不顺畅，也就是实践化关系与关系实践化的对立与分离；实践对关系语境的结构化构建；学校关系改造和关系转化的同一化追求。在处理这些问题时，不能仅仅从教师和学生的行为或主体方面来分析，而应该从学校教育意义实现的关系视角来入手。因为教师和学生的行为或主体方面仅仅是学校教育意义主体及主体性认识的一部分，其行为的真实意义是在关系中呈现的。如果只是从教育实践的不足及其对学生主体的忽视入手，并不能从根本上解决学校活力不足的情况。此外，即使实现了对学生主体的尊重，而不注意调适和改变学校关系形式、性质和状态，则依然不会使学校活力不足的现象有所改变。学校活力不足的表现不仅仅包括学校主体的精神面貌，还包括学校组织管理系统的有效性、学校关系结构的合理性、学校关系形式的适应性等。学校主体的活力不足只是学校活力不足的一种根本性表现形式，但不是唯一的表现形式。

对于由主体关系构成的有机体的活力问题，则出现了相对比较严重的缺陷，即作为生命个体的活力和机体的活力是何种关系？又当如何理解？机体论则从人的自主性和自组织等特性来论述，但是这些都是缺少机体本质规定的认识。对于一种具有本质规定的机体内如何处理个体的活力和机体活力的关系，则不能用机体论的思想进行简单套用。由于构成机体之间的关系是需要探索的，因此，首先什么样的关系可以确定那样的本质，和这种关系如何不断地产生和实现这种本质的意义，而非先天的认为这些关系存在某种一致性，所以活力也就由之前的本质推动转变为关系生成。以往对活力的运动理解，则倾向于对事物本质实现的理解，事物的本质是不断显现的，活力也就在不断生成，正是活力的不断生成，才使得事物的本质意义不断的实现。然而，活力不是研究事物的意义实现问题，而是研究在一个关系机体中事物的意义保持和不断生成的那个持续性力量。以往的教育研究都是在研究什么是事物的本质意义，而对事物本质意义的产生和持续实现则较少关注，学校活力的提出不仅是要讨论学校教育意义的产生，而且还要寻求学校教育意义不断维持的关系条件。

学校活力存在于学校教育意义实现的关系运动之中，当学校活力状态不断生成时，这种运动则表现为一种自足运动。从教育认识而言，学校自足运动的起点在于学生是有待发展的个体。这是因为学校的关系运动因教育而起，教育因个体的发展而起，个体的发展却是终身的，无终点的，所以学校的关系运动也是永不停息的。学校活力不是学校主体所表现出的积极性和主动性等，而是学校实体关系的同一性和统一性的彼此联结和交错。学校活力是良好机体关系网络的综合反映，不是对某一对关系或者某一类型关系的反映，突出表现在学校实体关系的和谐统一以及个体自主性发展上。

以上是学校活力及其学校活力状态生成的总体性概括和本质性认识。学校活力是实体关系中的运动，有着明确的运动方向。当个体自我的运动逐渐走向与自我分离的方向，个体的主体客体化过程便慢慢形成，个体自我与自己的分离意味着运动的方向逐渐走向否定自我的方向，个体主体化过程也便会慢慢失去活力，而变得死气沉沉。因此，自我关系的同一性是学校活力本质内涵之一。

从关系角度而言，学校活力的生成本质就是基于关系改造实现的斗争性关系转化，并使得学校关系不断朝向同一或统一的方向运动，从而实现学校关系的整体有机化。从实践角度而言，学校活力的生成本质就是实践化关系与关系实践化的统一，以及实践基于关系“语境”构建所实现的与教育意义的统一。学校活力是学校教育意义关系实现的创造生成力。学校教育意义的关系表现和实践表现是一致的，即自我与自己关系同一性的实践过程就是个体化；自我与他者关系统一性的实践过程就是社会化。前文已论述这两个方面统一于个体主体化的教育过程之中，共同构成主体化的教育内涵，并使得学校活力状态表现为学校教育意义持续不断的生成和学校关系有机化。因此，学校活力的生成本质就是基于关系改造实现的斗争性关系转化和关系语境构建所实现的学校教育实践与学校教育意义的统一，从而使学校关系趋向有机化和学校实体逐渐成为一个教育意义不断生成的闭合动态循环。

三、学校活力生成的实践路径

学校活力是关于学校教育意义实现的关系运动和关系状态研究，其生成的实践路径则是理论逻辑的实践反映。学校活力生成逻辑是基于关系改造和关系转化，实现学校教育性关系和关系有机化的形成。通过对关系形式的改造实现关系内在关联性的教育性转化，基于对这种教育性关系的“实践化”，不断促使学校活力不断生成。学校活力生成的核心要点在于关系形式、关系性质和关系“语境”。在教育实践中要保持和生成学校活力，需要不断完善有利于教育意义生成的关系“语境”，促使具有教育意义的关系性质不断形成，不断优化产生教育意义的关系形式。因此，学校活力生成的实践路径则表现为完善学校体制机制、创生学校文化、优化学校教育空间。

（一）完善学校体制机制

体制是指“国家机关，企事业单位在机构设置，领导隶属关系和管理权限划分等方面的体系、制度、方法、形式等的总称”。[①] 机制不同于体制，它强调“一个工作系统的组织或部分之间相互作用的过程和方式；也指有机体的构造、功能和相互

① 辞海编辑委员会：《辞海》（第七版），上海：上海辞书出版社，2020 年，第 2238 页。

关系”。[①] 学校体制机制是学校教育系统运行的基本组织规则及内在运作方式。它关注学校中的组织性关系、学校关系的整体框架和结构，这种关系结构是学校内部关系及与外部关系之间的整体。学校体制机制的完善则必定是不断改进现有的学校关系结构，以保证学校教育教学工作有效顺利开展，从而促进儿童个体的发展。学校关系结构是学校教育实践长期发展的结果。它所针对的问题是实现学校教育意义的关系形式的组织问题。从教育实践而言，它表现为如何能够形成一种办学质量高，充满活力的学校体制机制。

学校是教育建制的产物。随着学校的不断发展，人们对学校教育的追求越来越依赖于学校教育的制度化，即通过对学校教育实践实施的组织形式的规定来保证学校教育意义的实现。这种认识是基于结构化和模式化的学校教育实践来实现学校教育目的。这种教育实践的范围越来越广，主要表现为对各种不同关系的处理，如师生关系、家校关系、校政关系以及校长和教师之间的关系等。学校体制机制就是对这些不同关系及其结构的组织性规定。学校中存在多种体制、机制，如激励机制、职称评定机制、民主体制和权威体制等。不同的学校体制机制对学校教育教学工作的有效顺利开展、学校主体的积极性和主动性等有着较大的影响。学校体制机制是对学校关系结构的反映和组织性规定，这种关系结构规定着学校主体之间的关系状态，并构成学校教育意义实现的关系“语境”。从这种意义而言，学校体制机制与学校教育意义的实现也具有密切的关系，

① 辞海编辑委员会:《辞海》（第七版），上海：上海辞书出版社，2020 年，第 1000 页。

其本身则作为关系“语境”的实践性规定。

这是因为一方面学生的发展是过程性的，并且是在学校教育环境和学校主体之间的关系结构中获得发展的。另一方面是学校教育意义的实现不仅仅体现在师生之间的教育教学关系上，家长、校长等也是构建学校教育意义产生的重要主体。如果只是一味地强调学校教育关系结构中的师生关系这一维度，而忽视整个关系结构的平衡与和谐，那么学生所在的教育环境和关系结构必然是有缺陷的，也不利于学生的成长与发展。从这种意义而言，学校体制机制应是基于学校教育意义产生的内在性关系的实践性构造，以保证关系结构的平衡与和谐。在这样的关系语境中，学校教育实践与学校教育意义具体“统一性”，儿童个体的发展也能得到顺利的实现。

学校教育实践具有复杂性，在不同的关系“语境”中，同样的教育行为则会有不同意义和影响。学校活力的生成就是通过构建教育实践与教育意义“统一”的关系“语境”，从而保证学校教育实践对学校教育意义持续不断的实现。这种关系“语境”是学校关系实践化的结果，即学校对教育性关系的实践性构建。这种关系实践化的构建过程，就是对学校教育性关系的实践过程。若关系实践化的对象是一种非教育性关系，那么实践构建的结构也不能产生学校教育意义和促进儿童个体的发展。故关系实践化的实施必须优先保证关系的教育性，或者说是对已构建的教育性关系的再实践。如此才能保证学校关系不断构成一个具有教育性的关系“语境”，学校教育实践与学校教育意义才能实现统一。基于这种关系“语境”，学校教育意义持续不断的生成，学校关系处于一种有机状态，学校活力也在这一过程中不断生成。

学校体制机制是对学校关系整体结构和框架的组织性反映。学校体制机制所反映的关系结构已构成学校关系“语境”的主要部分，并制约着学校教育意义的实现。对学校体制机制的完善就是对学校关系“语境”的建构和完善，因为学校教育实践的实施也受到学校体制机制的制约。如果构建学校关系“语境”的实践不是基于教育性关系，便无法获得学校关系“语境”，学校体制机制的完善可以保证学校教育实践化关系和关系实践化的实现。学校教育实践是复杂的，学校体制机制规定和保证学校教育实践的目的性和方向性。学校体制机制的完善就是保证学校教育实践不断生成教育性关系，并促使学校教育实践对这种关系进行实践性构建，从而形成学校关系“语境”。但不合理的学校体制机制反而会使学校教育实践产生非教育性关系，这些关系的结构化也会进一步固化学校体制机制，从而形成一个非良性的实践循环。学校体制机制是对学校关系结构的组织性规定，它是学校关系实践化的基础。若学校体制机制体现的是一种非教育性的关系结构，那么关系实践化就是不断产生非教育意义的过程。因此，只有对学校体制机制进行完善，不断改进学校体制机制中不合理的关系形式和性质，才能保证关系实践化对关系“语境”的构建。不合理学校体制机制制约学校教育实践与学校教育意义之间一致性，学校体制机制的完善要以二者之间一致性为依据。只有不断地完善学校体制机制，改善学校教育意义产生的关系“语境”，才能促使学校活力的实践生成。这也是已有研究在增强学校活力的建议中，将学校体制机制改革作为重要措施的原因。

在增强学校活力的已有实践策略和建议中，关于完善学校体制机制的具体策略也很多。其中包括“扩大学校办学自主权”；“按教育规律办教育”；“加强学校民主体制建设”；“学校要具有开放性和包容性”等。学校教育实践是复杂的，对学校问题的处理需要学校根据自身特点来进行处理。儿童个体发展本身又具有特殊性，这也需要根据教育规律对其进行特别处理。这种复杂性和特殊性，要求学校能够依据自身特点和教育规律来处理。在学校体制机制的政校关系上，如果政府对学校管得过死、过严，学校没有任何自主权，这些问题的处理则只能按照学校体制机制已有的规定进行常规性的处理，那么学校教育实践与学校教育意义之间是不一致的。由此不断形成的关系是学校体制机制的规范性表现，基于此学校体制机制也就成为一种僵化、机械和缺乏灵活性的关系结构，学校变得死气沉沉、毫无活力可言。这不利于学校教育教学的开展和学校的发展，更无益于学校个体的发展。

无论学校内部还是学校与外部的关系上，学校必须要是开放的、民主的和具有包容性的。学校活力存在于学校教育实现的关系运动之中，僵化的、静止的关系无法生成学校活力。学校活力生成的关系“语境”不是一种僵化的、静止的而是开放的、民主的。只有这样的关系形式，学校关系才能不断得到改造和转化，从而实现关系的统一性和同一性。学校的开放性意味着学校的内部关系是接纳性和运动的，它们可以通过与外部环境的关系建构，从而使学校自身的关系不断得到改进和完善关系“语境”。基于开放性要求，在学校体制机制方面主要表现为家校关系，以往家长是被排除在学校关系结构之中，从而使得学校的教育性关系结构并不完善。但家长在儿童个体发展的过程中也是十分重要的“他者”，且他们对儿童的发展需要和特点也更为清楚。家校关系的建立对完善学校关系结构具有重要的价值，使得学校活力在这种多方互动的关系“语境”中不断生成。

在学校关系结构中，校长与教师之间的关系也是非常重要的关系，他们之间的关系形式主要体现在学校机制方面。常见的学校机制有职称评定机制、激励机制、备课机制、选举机制等，这些机制都是为了保障学校教育教学工作的有效开展而设计的。其中，校长和教师之间的关系形式也严重影响着学校关系“语境”的形成。如果他们之间是一种权威的关系，那么教师的意见和想法无法得到表达，教师只是校长命令的服从者。这种关系形式也必然会影响到师生、家校等不同方面的关系形式，从而影响整个学校关系“语境”的构建。只有民主的学校机制，无论是校长和教师之间还是师生之间等等，它都会使得大家敢于表达意见、勇于表达意见从而使得学校中的问题得到有效的解决，也使得学校主体之间的关系逐渐趋向统一性。因此，这些完善学校体制机制的不同策略从不同方面改进着学校关系，并不断促成学校关系“语境”的形成，进而不断生成学校活力。

总之，学校体制机制规定着学校教育实践的实施，从而影响了学校中的关系构成。这些关系构成则是学校关系实践化的关系前提，它们自身的关系性质则影响着学校活力生成的关系“语境”的形成。故此，完善学校体制机制则是学校活力生成的实践路径之一。

（二）创生学校文化

学校文化的内涵十分丰富，大体可以包括四个方面“学校文化是有关‘人’的；学校文化是有关人之‘关系’的；学校文化是学校外部适应与内部整合过程中形成的；学校文化是使学校生活可以理解的共享假设、价值和规范”。① 其中第四点是学校文化的内容认识，前三点是学校文化的过程认识。学校文化是在培养人的实践过程中，如何使外部环境逐渐适应学校内部并形成具有教育性的关系。这一过程性的认识具有可以理解性，并表现出某种共同的价值观念、假设和规范，就是学校文化的内容。梁漱溟在《东西文化及其哲学》中写道：“你且看文化是什么东西呢？不过是那一民族生活的样法罢了。生活又是什么呢？生活就是没尽的意欲……和那不断的满足与不满足罢了。”② 文化在他看来，不仅仅只是一种观念、价值和规范等，而更多地强调人在处理意欲的方式和方法，即“生活的样法”，且不同的方式和方法形成了不同的文化。

学校文化是学校在长期处理其教育意义实现和外部要求等不同问题的教育实践过程中，形成的一种相对比较稳定的教育生成方式。教育生成方式不是教育教学模式，它是在不断解决教育意义实现问题的过程中形成的。它包含着丰富的内容，主要表现为学校主体之间的交往方式、学校处理与外部环境关系的行为方式、学校内部的管理方式等等。学校文化是在人们处理如何有效实现学校教育意义，形成良好的教育性关系等问题的过程中形成的。它是关于学校主体在认识教育和实现教育的共同认识、行为方式，即使基于同样的教育观念也会形成不同的学校文化。这是因为人们在处理教育生成的问题时所采用的方式不同，造成这种差异性方式的原因很多，主要在于具有个

---

① 陈学军：《学校文化是什么》，《教育研究与实验》2015 年第 3 期。

② 梁漱溟：《东西文化及其哲学》，北京：商务印书馆，1999 年，第 32 页。

人色彩的思维特点、心理倾向等。这些个人色彩的处理方式经过教育实践的淘汰，逐渐形成了学校集体比较认可的教育生成方式，这种方式也就成为了该学校的文化特色。

“学校文化的核心特征应该是鲜明和强烈的教育性。”① 作为教育生成方式，它包含着对学校关系性质的规定。其中，关系性质就是关系中的内在关联性，这种关联性就是关系所包含的意义。学校文化的规定性则意味着其关系性质是一种教育性关系，内在的关联性表现为自我与自己的同一性以及自我与他者之间的统一性。离开了这种规定性，人们在教育实践中所形成的便不能被称作是教育生成方式，更无法叫做学校文化。从这种意义上而言，学校文化可以看作是基于对学校关系性质实践问题的创造性思考，并在教育实践过程中不断地形成相对稳定的行为解决方式。学校文化一旦形成，也会反过来约束和规定学校中主体之间的关系性质。

学校文化的形成则包含着对学校关系性质的转化，这其中也包含着学校活力的不断生成。学校文化本身就是关系转化的结果，是一种关系同一性和统一性的表现。也正是这种同一性和统一性才使学校文化表现为一种比较稳定的教育生成方式。始终处于斗争性的主体间关系，即自我与自己是一种“断裂”的关系，自我与他者是一种对立、异化的关系，也因违背学校的教育性本质而无法形成学校文化。这种关系性质的内在规定性既是学校本质的要求，也是学校主体在教育实践过程中处理学校各种关系的目标。缺少这种关系性质的内在规定性则无法形成学校文化。

---

① 石中英:《学校文化建设：三个基本概念》,《中小学校长》2009 年第 6 期。

故此，学校活力的实践路径就是要不断地创生属于自己学校的文化。在文化创生的过程中，学校主体不断地构建具有教育性的师生关系、生生关系、校长与教师的关系、校长与学生之间的关系以及家校关系等。在处理这些不同关系的过程中，学校主体都是为了同一个目标即儿童个体发展，不断改造和转化影响学校教育意义实现的关系形式和性质，如关系中的对立、断裂、排斥等。在处理这些关系的过程中，学校主体之间不断朝着形成同一性和统一性的教育性关系方向发展，并逐渐形成相对稳定的教育生成方式。只有如此，学校文化才能真正得以形成。在它的形成过程中，个体自我在与自己以及与他者之间的关系不断得到完善，学校中的教育性关系不断得到实现，学校活力便在这一过程中不断得到生成。

学校文化虽然是一种相对比较稳定的教育生成方式，它蕴涵着对关系性质的教育性规定。这只能说明学校文化本身的性质以及学校活力生成的基础。但是这不意味着学校文化是固化的、不变的，它是随着个体发展需要和学校关系中教育意义的丧失而不断被更新的。因为个体发展需要是在持续变化的，在不同的问题情境中，关系中的关联性也有所不同。在处理这些问题时，又会形成一种相对稳定的教育生成方式，故学校文化本身是在不断变化和形成的。正因为如此，学校活力才能得到持续不断的生成，个体也在这样的学校文化中充分展现和释放自己的个性、创造性、积极性和能动性，将学校主体之间的斗争性关系转为同一和统一的关系。

基于个体与文化角度的活力认识，杜威曾用一个民族的活力做过分析。他认为，一个民族的更新是老的成员死去，年轻、富有朝气的年轻人不断出生的结果。这不意味着这个民族不会衰老，它会因为其风俗陈旧而使得自身的制度僵化、社会动脉硬化。仅仅依靠不断增加新的年轻人来实现生命运动是更新文明的昂贵方法，是不可靠的，因为富有朝气的民族数量正在趋于用尽。杜威认为要从内部来使民族恢复活力，"在冲动被释放、习惯容易受到具有转变力量的冲动之影响时，一种正常的不朽就成为事实。当风俗是灵活易变的，而且，青年人被作为青年人而不是作为未成熟的成年人接受教育时，就没有任何民族会衰老"。① 这也就意味着，个体的冲动、本性的释放能够对风俗、文化产生影响和改变，而不是通过牺牲个体的冲动和本性来固化风俗和文化。在教育实践中，要尊重儿童个体发展的需求，并基于此不断改变学校关系中的关联性，使学校关系不断朝着教育意义实现的方向发展。如此，学校活力才能不断地生成，学校主体才能不断展现出积极性、主动性和能动性。

总之，学校文化的形成包含着学校关系性质的转化，学校文化本身包含着对学校关系性质的内在规定，这些是由学校的本质决定的。学校主体在处理不同学校关系问题实现学校教育意义的教育实践过程中，不断将斗争性关系转化为同一性和统一性关系。这一关系转化的过程本身也是学校主体之间关系在教育实践过程中不断重构的过程。学校文化就是在这一过程中所形成的相对比较稳定的生成规定性关系性质的教育生成方式。它促使学校关系不断从"断裂"转向"统一"，学校活力的内涵就是在学校教育实践改造过程中，学校教育意义实现的创造生成力，并体现为对学校关系中"斗争性"的转化。因此，学

---

① ［美］杜威著，罗跃军译：《杜威全集（第十四卷）》，上海：华东师范大学出版社，2012 年，第 65 页。

校活力生成的实践路径之二就是创生学校文化，不断促使学校关系走向统一，使学校文化处于一种持续的生成过程之中。个体发展的需要和冲动不断要求和影响学校文化的“改变”，如此，学校活力才能在教育实践中持续不断地生成。

(三) 优化学校教育空间

从物质空间而言，学校教育空间就是学校教育实践活动所发生的场所。它承载着学校教育所产生的所有关系，不同的关系形式呈现出不同的空间形式。在教育实践中，关系形式的空间构成需要借助于一定的技术媒介，从而形成了不同的空间形式。教育空间形式包括教育教学的班级空间，也包括所有主体在内的学校物理空间，还包括学生之间的交往空间等等。这些空间形式随着我们对教育的理解和技术媒介的不断进步，而变得日益丰富和多样。如当我们将教育理解为知识的传授，那么教育教学的空间形式则表现为“填鸭式”，学校的物理空间充斥着成绩和排名的信息和激励性话语，学生之间的交往空间则是竞争关系形式。所有的这些空间形式都是学校教育实践的结果。从这种意义而言，学校教育中的空间形式可以看作是学校关系形式的稳定性表现。

学校教育实践是复杂的，主要表现为学校教育实践中也充满了技术、策略和知识话语。在实施的过程中，也会形成不同的关系形式，其中这些技术和策略也在空间形式方面有所表现。如福柯在《规训与惩罚》中提到的“全景式”监视，这本身就是一个空间监视技术，但这种空间技术本身也反映出某种关系形式。也就是说，任何关系形式都可以看作是某种空间形式，这种形式中蕴涵着某种技术和策略。关系形式、空间形式和技术、策略之间存在内在的一致性。当学校教育实践中的技术、策略是为了实现对学校主体的控制性，由此形成的关系形式和空间形式都会有所体现。如课堂的空间布置，就是一种控制性的空间形式，直接反映出教师在空间中的主导和权威，以便于教师对学校的控制，师生之间的关系形式也就是控制性关系。

学校教育空间是对学校关系形式的表现，从而使得学校教育实践中的控制性、技术和权力等变得十分直观。不同的关系形式蕴涵着不同的内在关联性，一旦这些关系形式得到空间的表达，那么这些关系形式便具有了稳定性。这也就使得学校教育实践中的控制性技术、策略所包含的权力得以呈现。基于空间形式的权力技术，能够实现自身内部的空间循环。学校活力的生成根本在于对学校关系的改造，即对学校关系形式的调适、改造不断使学校关系不断趋向同一性和统一性。学校活力的生成就是基于关系改造实现斗争性关系的转化。改造后的学校关系也对应着具体的空间形式，这个空间形式就是学校活力生成的实践载体。

学校教育实践中的知识话语也有其自身的空间形式，表现为话语空间。它是由“生产行为、交往网络和权力关系”构成的，其根本还是反映在学校主体之间的关系形式上。但是不同话语空间的主体之间的关系形式是不同的，话语之间存在斗争性和排斥性，话语空间的主体之间也会存在相互排斥和斗争。如学校中的校园欺凌现象、教师体罚学生的现象等都是话语空间彼此斗争和排斥的结果。校园欺凌的发生有时未必是学生之间存在一些“深仇大恨”，而更多的是因为他们彼此之间归属于不同的话语空间，并表现不同的思想认识、行为方式以及对其他空间主体的排斥。学生之间的关系形式也就表现为一种斗争性和排斥性，在实践上表现为欺凌。学校教育空间中充满了各种不同的知识话语，也就会存在不同的话语空间，有些话语空间与学校教育话语空间在本质上是一致的，有些则是相冲突的。由此，学校教育空间中的关系形式也就是纷繁复杂、充满斗争性的。这样的学校教育空间很难会说是一种充满活力的学校。

学校教育空间不仅存在着多种类型的话语空间，也存在复杂的教育实践，自然也就表现出各种不同的关系形式，其中蕴涵着不同的意义。学校活力存在于学校教育意义实现的关系运动中，它的生成也表现为基于关系改造对学校教育意义实现“关系运动”的创造生成力。基于对权力批判和抵制入口以及教育实践自身的反思性，关系改造对于生成学校活力具有根本性的作用。关系改造是对学校教育实践中技术、策略和知识话语的反思和批判，是对关系权力的反抗，从而实现关系中斗争性的转化。尽管如此，关系改造最终表现为对关系形式的改变。故此，学校活力生成的实践路径之三就是优化学校教育空间，通过关系改造，使得学校越来越成为一个教育意义持续不断生成的教育空间。在这个空间中，实践、意义和关系是统一的；学校关系是趋向同一性和统一性的；学校教育意义实现的关系运动持续不断的实现。

在优化学校教育空间的具体实践策略表现为学校教育空间的治理。治理是“去对他人的行为可能性领域进行组织”和“权力关系逐渐被治理化”。① 教育治理是教育工作者要能够理

① ［法］福柯著：《主体与权力》，汪民安编：《福柯文选Ⅲ · 自我技术》，北京：北京大学出版社，2016 年，第 129、135 页。

性处理教育中的“生产行为”“交往网络”和“权力关系”，使三者能够符合学校教育自身的“理”（“法理”“公理”“情理”①），即教育治理的合理化。教育治理需要重新构建和反思教育空间中的话语、技术和策略，从而优化教育空间中的生产行为。当空间话语的性质发生改变时，生产的主体之间的交往网络也会随之改变。学校教育空间治理的最终目的就是要形成一种教育意义不断生成的关系空间。其中所有的关系形式蕴涵着教育性；关系性质表现为一种同一性和统一性；关系状态趋向于有机化；关系运动持续不断的实现。学校主体在这种教育空间中不仅自身能够获得自由的发展，而且彼此之间的交往也具有教育性的内涵。在这样的学校教育空间中，学校活力源源不断地生成。

总之，学校教育空间是学校教育实践实施的场所。学校教育实践的复杂性，形成了多种不同的关系形式。学校教育实践中的技术和策略，使学校关系形式充满斗争性，其权力关系通过空间形式来呈现。学校教育实践中的知识话语，使学校教育空间中存在着各种不同的话语空间，从而割裂了教育空间的整体性，且话语空间之间存在排斥和斗争，并表现在话语空间主体的关系形式上。在这样的学校教育空间中，学校关系形式主要表现为斗争和排斥，个体不仅无法得到自由的发展，甚至会成为被排斥和斗争的对象。故此，学校活力的实践生成就是要不断优化和治理学校教育空间。质言之，学校活力生成的实践路径是基于学校活力的生成逻辑进行的实践性探索分析。它们

---

① 石中英：《教育治理，重点在“理”》，《北京教育（普教版）》2017 年第 2 期。

分别从组织、文化和空间等不同的实践层面来描述学校活力的生成。三者之间不是彼此孤立的，而是相互联系的，其根本则在于对学校教育性关系的生成和优化。生成的理论逻辑与实践路径具有紧密的联系，二者之间的彼此转化和制约构成了学校活力生成的一般认识框架。

综上所述，学校活力不是对学校教育的规范性研究，而是关于学校教育意义实现的关系研究。学校活力的生成研究是基于学校教育意义实现的关系运动以及教育实践与教育意义统一的关系“语境”的建构来认识的，它是教育意义生成的过程性和条件性研究的一部分。本研究并没有从社会因素、心理学角度来去分析学校教育意义不断丧失的原因，而是从关系角度理解和认识学校教育意义的产生。学校活力不是对实体活力的描述，而是学校教育意义生成的关系状态的综合反映。它是学校教育质量的保证，但其强弱不意味着学校教育质量的高低，而是意味着教育意义实现的内部关系状态的统一性和同一性以及关系条件的合理性。不同的学校其活力产生条件具有巨大的差异性，不可对学校活力实现的条件问题一概而论，更不可用学校活力作为比较不同学校之间教育质量水平高低的标准。由此，无论学校教育质量高低，都会存在学校活力，且不可以质量高低来评判学校活力的强弱。这是因为不同的教育教学组织形式、课程内容设置等都会产生各种不同的学校关系，这些关系在形成教育意义和有机化过程中，则也必然有难易之别。

学校活力的强弱与学校教育意义实现关系的复杂程度以及学校关系与儿童自我同一实现的直接性有关。学校关系越复杂、直接性越弱，那么学校活力也就越难实现；学校关系越简单、直接性越强，那么学校活力也就越容易实现。但这并不意味着学校关系越简单越好，因为简单的学校关系，必定对儿童发展的不同方面顾及不周。即使有较强的学校活力，也很难说有较高的学校教育质量。学校活力和质量是彼此相互制约，而又相互联结的关系，对于处理二者之间的关系则需要立足儿童个体的发展，这是二者之间的交汇点，也是完善处理二者关系的出发点和归宿。然而，对于二者之间具体关系是什么，它们之间又是如何相互影响和制约，并不断促进学校发展，则需要进一步的探索和研究。

此外，本研究是基于学校教育意义实现的过程性和条件性来展开的，将学校教育研究分为两个部分，即学校教育的规范研究和学校教育的过程性、条件性研究。前者是研究教育的本质是什么，教育应该是什么，从而对学校教育实践进行规范和指导；后者是研究学校教育实现的过程性和条件性，从而反思和改进学校教育实践过程中的“不合理性”。任何一个学校教育过程都体现学校教育规范研究的影响，尽管在文中有所分析，但是对二者之间的关系对学校活力生成的影响还有待进一步的深入探索。在某种具体学校教育规范认识下学校活力关系的实践构建，学校活力评价指标体系的构建等研究都有待今后研究做出进一步的探索。

参考文献

中文著作

［1］［瑞］爱伦·凯：《儿童的教育》，沈泽民译，上海：商务印书馆，1923 年。

［2］［美］华虚朋、斯端氏：《欧洲新学校》，唐现之译，上海：中华书局，1931 年。

［3］［英］罗素：《社会改造原理》，张师竹译，上海：上海人民出版社，1959 年。

［4］［德］黑格尔：《美学》，朱光潜译，北京：商务印书馆，1979 年。

［5］中央教育科学研究所：《陶行知教育文选》，北京：教育科学出版社，1981 年。

［6］［俄］普利高津：《结构、耗散和生命》，湛垦华、沈小峰等编：《普利高津与耗散结构理论》，西安：陕西科学技术出版社，1982 年。

［7］高时良编著：《学记评注》，北京：人民教育出版社，

1982 年。

[8] 张述祖等审校:《西方心理学家文选》，北京：人民教育出版社，1983 年。

[9] [日] 大河内一男、海后宗臣等:《教育学的理论问题》，曲程等译，北京：教育科学出版社，1984 年。

[10] [捷] 夸美纽斯:《大教学论》，傅任敢译，北京：人民教育出版社，1984 年。

[11] 陈鹤琴:《活教育的教学原则》，北京市教育科学研究所主编:《陈鹤琴教育文集（下卷)》，北京：北京出版社，1985 年。

[12] 颜泽贤:《耗散结构与系统演化》，福州：福建人民出版社，1987 年。

[13] [美] 杰里米·里夫金、特德·霍华德:《熵：一种新的世界观》，吕明等译，上海：上海译文出版社，1987 年。

[14] [美] 冯·贝塔朗菲:《一般系统论：基础、发展和应用》，秋同等译，北京：社会科学文献出版社，1987 年。

[15] 苗力田主编:《古希腊哲学》，北京：中国人民大学出版社，1989 年。

[16] 戴本博:《外国教育史（下册)》，北京：人民教育出版社，1990 年。

[17] [英] 沛西·能:《教育原理》，王承绪等译，北京：人民教育出版社，1992 年。

[18] [英] 伊丽莎白·劳伦斯:《现代教育的起源和发展》，纪晓林译，北京：北京语言学院出版社，1992 年。

[19] [波] 拉·科拉柯夫斯基:《柏格森》，牟斌译，北京：中国社会科学出版社，1992 年。

[20] 毛礼锐：《我国学校是怎样产生的》，瞿葆奎主编：《教育学文集 · 教育与教育学》，北京：人民教育出版社，1993 年。

[21] [美] 沃尔什：《教育：一个概念，多种用法》，李六珍译，瞿葆奎主编：《教育学文集 · 教育与教育学》，北京：人民教育出版社，1993 年。

[22] [美] 索尔蒂斯：《教育的定义》，瞿葆奎主编：《教育学文集 · 教育与教育学》，北京：人民教育出版社，1993 年。

[23] 吕静、周谷平：《陈鹤琴教育论著选》，北京：人民教育出版社，1994 年。

[24] [英] 约翰 · 贝勒斯：《关于创办一所一切有用的手工业和农业的劳动学院的建议》，任钟印主编：《世界教育名著通览》，武汉：湖北教育出版社，1994 年。

[25] [瑞] 爱伦 · 凯：《儿童的世纪》，任钟印主编：《世界教育名著通览》，武汉：湖北教育出版社，1994 年。

[26] [英] 怀特海：《教育的目的》，任钟印主编：《世界教育名著通览》，武汉：湖北教育出版社，1994 年。

[27] 王兆强：《两大科学疑案：序和熵》，广州：广东教育出版社，1995 年。

[28] [法] 蒙田：《蒙田随笔全集》，潘丽珍等译，南京：译林出版社，1996 年。

[29] [英] 罗素：《自由之路》，李国山等译，北京：文化艺术出版社，1998 年。

[30] [奥] 冯 · 贝塔朗菲：《生命问题——现代生物学思想评价》，吴晓江译，北京：商务印书馆，1999 年。

[31] 石中英：《教育学的文化性格》，太原：山西教育出版

社，1999 年。

［32］梁漱溟：《东西文化及其哲学》，北京：商务印书馆，1999 年。

［33］周浩波：《教育哲学》，北京：人民教育出版社，2000 年。

［34］［法］德勒兹：《哲学与权力的谈判：德勒兹访谈录》，刘汉全译，北京：商务印书馆，2001 年。

［35］［法］德勒兹：《福柯·褶子》，于奇智等译，长沙：湖南文艺出版社，2001 年。

［36］［德］格奥尔塔·西美尔：《生命直观》，刁承俊译，北京：生活·读书·新知三联书店，2003 年。

［37］［美］彼得·赖尔、艾伦·威尔逊：《启蒙运动百科全书》，刘北成等编译，上海：上海人民出版社，2004 年。

［38］［法］保罗·利科：《活的隐喻》，汪堂家译，上海：上海译文出版社，2004 年。

［39］［英］培根：《新工具》，许宝骙译，北京：商务印书馆，2005 年。

［40］吴式颖、任钟印主编：《外国教育思想通史》，长沙：湖南教育出版社，2005 年。

［41］毛礼锐、沈灌群主编：《中国教育通史》，济南：山东教育出版社，2005 年。

［42］［美］米德：《心灵、自我与社会》，赵月瑟译，上海：上海译文出版社，2005 年。

［43］［美］劳伦斯·阿瑟·克雷明：《学校的变革》，单中惠等译，济南：山东教育出版社，2005 年。

［44］［德］霍耐特：《为承认而斗争》，胡继华译，上海：

上海人民出版社，2005 年。

[45] 陶行知：《陶行知全集》，成都：四川教育出版社，2005 年。

[46] [美] 古德莱德：《学校的职能》，赵晓燕编译，兰州：甘肃文化出版社，2005 年。

[47] [法] 福柯：《何为启蒙》，顾嘉琛译，汪民安等主编：《现代性基本读本》，开封：河南大学出版社，2005 年。

[48] 王道俊、郭文安主编：《主体教育论》，北京：人民教育出版社，2005 年。

[49] 叶澜：《教育概论》，北京：人民教育出版社，2006 年。

[50] [英] 柯林武德：《自然的观念》，吴国盛译，北京：北京大学出版社，2006 年。

[51] [捷] 夸美纽斯：《大教学论·教学法解析》，任钟印译，北京：人民教育出版社，2006 年。

[52] 苏永明：《主体的争议与教育——以现代和后现代哲学为范围》，台北：心理出版股份有限公司，2006 年。

[53] [法] 皮埃尔·布迪厄：《实践理性：关于行为理论》，谭立德译，北京：生活·读书·新知三联书店，2007 年。

[54] 陈嘉映：《哲学、科学、常识》，北京：东方出版社，2007 年。

[55] [法] 德勒兹、加塔利：《什么是哲学》，张祖建译，长沙：湖南文艺出版社，2007 年。

[56] 王理平：《差异与绵延——柏格森哲学及其当代命运》，北京：人民出版社，2007 年。

[57] 陈鹤琴：《活教育要怎样实施的》，陈秀云等编：《陈

鹤琴全集》，南京：江苏教育出版社，2008 年。

[58] 石中英主编：《公共教育学》，北京：北京师范大学出版社，2008 年。

[59] [法] 埃德加·莫兰：《复杂性思想导论》，陈一壮译，上海：华东师范大学出版社，2008 年。

[60] 孙向晨：《面对他者——莱维纳斯哲学思想研究》，上海：上海三联书店，2008 年。

[61] 李猛：《福柯与权力分析的新尝试》，黄瑞琪主编：《再见福柯：福柯晚期思想研究》，杭州：浙江大学出版社，2008 年。

[62] [美] 洛伊斯·N. 玛格纳：《生命科学史》，刘学礼等译，上海：上海人民出版社，2009 年。

[63] [德] 文德尔班：《古代哲学史》，詹文杰译，上海：上海三联书店，2009 年。

[64] [法] 福柯：《规训与惩罚》，刘北成等译，北京：生活·读书·新知三联书店，2010 年。

[65] [法] 福柯：《知识考古学》，谢强等译，北京：生活·读书·新知三联书店，2010 年。

[66] [法] 福柯：《主体与权力》，汪民安编译：《福柯读本》，北京：北京大学出版社，2010 年。

[67] [法] 福柯：《主体解释学》，佘碧平译，上海：上海人民出版社，2010 年。

[68] [瑞] 菲利普·萨拉森：《福柯》，李红艳译，北京：中国人民大学出版社，2010 年。

[69]《普通逻辑》编写组编：《普通逻辑》，上海：上海人民出版社，2010 年。

［70］［法］德勒兹·加塔利:《资本主义与精神分裂：千高原》，姜宇辉译，上海：上海书店出版社，2011 年。

［71］黄钟仪、夏忠:《中国各地人才活力评价：理论、数据及实证》，重庆：重庆大学出版社，2011 年。

［72］高宣扬:《福柯的权力观》，高宣扬主编:《法兰西思想评论·2011》，北京：人民出版社，2011 年。

［73］［美］理查德·塔纳斯:《西方思想史》，吴象婴等译，上海：上海社会科学院出版社，2011 年。

［74］王阳明:《传习录注疏》，邓艾民注，上海：上海古籍出版社，2012 年。

［75］［美］杜威:《杜威全集（第九卷）》，俞吾金等译，上海：华东师范大学出版社，2012 年。

［76］［法］拉尔夫·斯泰纳·利利:《生物学的哲学：生机论与机械论》，何克勇译:《杜威全集（第八卷）》，上海：华东师范大学出版社，2012 年。

［77］陈桂生:《学校教育原理（增订版）》，上海：华东师范大学出版社，2012 年。

［78］［法］皮埃尔·布迪厄:《实践感》，蒋梓骅译，南京：译林出版社，2012 年。

［79］［德］阿克塞尔·霍耐特:《权力的批判》，童建挺译，上海：上海人民出版社，2012 年。

［80］［奥］阿尔弗雷德·舒茨:《社会世界的意义构成》，游淙祺译，北京：商务印书馆，2012 年。

［81］［德］于尔根·哈贝马斯:《后形而上学思想》，曹卫东等译，南京：译林出版社，2012 年。

［82］［德］拉伊:《实验教育学》，沈剑平等译，北京：人

民教育出版社，2013 年。

[83] 刘中起：《理性主义的范式转换及其当代价值》，上海：上海人民出版社，2013 年。

[84] [荷] 约斯·德·穆尔：《有限性的悲剧：狄尔泰的生命释义学》，吕和应译，上海：上海三联书店，2013 年。

[85] [美] 杜威：《我的教育信条——杜威论教育》，彭正梅译，上海：上海人民出版社，2013 年。

[86] [美] 弗莱德·R. 多迈尔：《主体性的黄昏》，万俊人译，桂林：广西师范大学出版社，2013 年。

[87] [法] 巴迪欧：《小万神殿》，蓝江译，南京：南京大学出版社，2014 年。

[88] 陈露茜：《学校大辩论——20 世纪 80 年代美国公共教育政策中的意识形态冲突》，北京：教育科学出版社，2014 年。

[89] [法] 扎尔卡：《权力的形式——从马基雅维利到福柯的政治哲学研究》，赵靓等译，福州：福建教育出版社，2014 年。

[90] 安靖：《经验的生与先验的死——论德勒兹的时间综合理论》，高宣扬《法兰西思想评论·2014（秋）》，北京：人民出版社，2014 年。

[91] [奥] 埃尔温·薛定谔：《生命是什么——活细胞的物理观》，张卜天译，北京：商务印书馆，2014 年。

[92] 王树生：《权力的迷宫——埃利亚斯、布迪厄与福柯的比较研究》，北京：中国社会科学出版社，2014 年。

[93] [美] 古德莱德：《一个称作学校的地方》，苏智欣等译，上海：华东师范大学出版社，2014 年。

[94] [德] 于尔根·哈贝马斯:《现代性的哲学话语》,曹卫东译,南京:译林出版社,2014 年。

[95] [德] 费希特:《费希特选集(第二卷)》,梁学志编译,北京:商务印书馆,2014 年。

[96] 王向清:《逻辑学导论》,湘潭:湘潭大学出版社,2015 年。

[97] [法] 皮埃尔·布迪厄:《反思社会学导引》,李猛等译,北京:商务印书馆,2015 年。

[98] 高宣扬:《福柯的生存美学》,北京:中国人民大学出版社,2015 年。

[99] [德] 赫尔巴特:《教育学讲授纲要》,李其龙译,北京:人民教育出版社,2015 年。

[100] [美] 杜威:《民主主义与教育》,王承绪译,北京:人民教育出版社,2015 年。

[101] [英] 戴维·卡尔:《教育的意义》,徐悟译,北京:中国人民大学出版社,2015 年。

[102] 叶澜:《回归突破:"生命·实践"教育学论纲》,上海:华东师范大学出版社,2015 年。

[103] [巴西] 保罗·弗莱雷:《被压迫者教育学》,顾建新等译,上海:华东师范大学出版社,2015 年。

[104] [德] 赫尔巴特:《普通教育学》,李其龙译,北京:人民教育出版社,2015 年。

[105] [美] 杜威:《学校与社会·明日之学校》,赵祥麟等译,北京:人民教育出版社,2016 年。

[106] [德] 康德:《康德自然哲学文集》,李秋零译注,北京:中国人民大学出版社,2016 年。

［107］李金亭、段红英主编：《现代生命科学基础》，北京：科学出版社，2016 年。

［108］［法］涂尔干：《教育思想的演进》，李康译，北京：商务印书馆，2016 年。

［109］范国睿等：《教育政策与教育改革》，北京：教育科学出版社，2016 年。

［110］［法］福柯著，汪民安编：《福柯文选Ⅲ·自我技术》，北京：北京大学出版社，2016 年。

［111］王风才：《承认·正义·伦理》，上海：上海人民出版社，2017 年。

［112］［法］皮埃尔·布迪厄：《实践理论大纲》，高振华等译，北京：中国人民大学出版社，2017 年。

［113］［法］涂尔干：《社会分工论》，渠东译，北京：生活·读书·新知三联书店，2017 年。

［114］渠敬东：《缺席与断裂——有关失范的社会学研究》，北京：商务印书馆，2017 年。

［115］［法］福柯：《什么是批判？/自我的文化》，潘培庆译，重庆：重庆大学出版社，2017 年。

［116］赵灿：《诚言与关心自己——福柯对古代哲学的解释》，上海：上海人民出版社，2017 年。

［117］［美］伊利奇：《去学校化社会》，吴康宁译，北京：中国轻工业出版社，2017 年。

［118］［荷］格特·比斯塔：《教育的美丽风险》，赵康译，北京：北京师范大学出版社，2018 年。

［119］莫伟民：《从解剖政治到生命政治——福柯政治哲学研究》，上海：上海人民出版社，2018 年。

英文著作

[1] Emmanuel Levinas. *Totality and Infinity*. Translated by Alphonso Lingis. Pittsburgh: Duquesne University Press, 1969.

[2] Michel Foucault. "The Subject and Power", "Two Lectures" in *Power – Knowledge: Selected Interviews and Other Writings 1972—1977*. ed. Colin Gordon. New York: Pantheon, 1980.

[3] Michel Foucault. "Power and Strategies", in *Power – Knowledge: Selected Interviews and Other Writings 1972—1977*. ed. Colin Gordon. New York: Pantheon, 1980.

[4] Emmanuel Levinas. *Otherwise than Being or Beyond Essence*. Translated by A. Lingis. The Hague: Martinus Nijhoff, 1981.

[5] Michel Foucault. "The Subject and Power", afterword to *Michel Foucault: Beyond Structuralism and Hremeneutics*. Hubert L. Dreyfus and Paul Rabinow. London: Harvester Press, 1982.

[6] Michel Foucault. "The Ethics of Care for the Self as a Prictice of Freedom", *The Final Foucault*. eds. James Bernauer and David Rasmusen. Cambridge, Mass: The MIT Press, 1988.

[7] Turek, Hamilton C V. *Black Power: The Politics of Liberation in America*. New York: Vintage Books, 1992.

[8] Chubb J E, Moe T M. *Profit Over People: Neoliberalism and Global Order*. New York: Seven Stories Press, 1999.

[9] Richard Rorty. *Philosophy and Social Hope*. London: Penguin Books, 1999.

[10] Ivana Markova. *Dialogicality and Social Representation: The*

Dynamics of Mind. Cambridge, Eng: Cambridge University Press, 2003.

期刊论文

[1] 李冀:《建立充满活力的高等学校管理体制》,《辽宁教育研究》1985 年第 1 期。

[2] 曹炳坤:《大学收费走读是一种有活力的办学形式》,《上海高教研究》1985 年第 2 期。

[3] 朱佳生:《论高等学校的活力》,《上海高教研究》1985 年第 3 期。

[4] 许昕:《增强高等学校活力的几个问题》,《江西财经学院学报》1985 年第 6 期。

[5] 雷克昌:《对增强高校“活力”的几点议论》,《江西水专学报》1986 年第 1 期。

[6] 卫兴华、洪银兴等:《论企业活力与企业行为约束》,《学术月刊》1986 年第 4 期。

[7] 同济大学:《校长负责制给我校带来了活力》,《高等工程教育研究》1987 年第 1 期。

[8] 南京化工学院:《面向经济建设,在服务中增强学校自身的活力》,《化工高等教育》1987 年第 4 期。

[9] 王仲才:《深化教育改革,增强学校活力》,《江西大学学报(哲学社会科学版)》1987 年第 4 期。

[10] 许一铭:《增强高等学校的活力》,《化工高等教育》1988 年第 1 期。

[11] 陈西洛:《坚实基础,增强活力》,《现代远距离教

育》1988 年第 2 期。

［12］孙开学：《引进竞争机制，增强学校活力》，《湖北农机化》1988 年第 3 期。

［13］章纪善、钱晓敏：《在为社会服务中增强学校活力》，《中国高等教育》1989 年第 2 期。

［14］王道俊、郭文安：《试论教育的主体性——兼谈教育、社会与人》，《华东师范大学学报（教育科学版）》1990 年第 4 期。

［15］汪健：《社会活力论》，《文史哲》1993 年第 4 期。

［16］齐向军、沈有昌：《深化学校内部管理体制改革，增强办学活力》，《电力高等教育》1994 年第 1 期。

［17］吕向东：《改革办学模式　增强学校活力——武汉市青山石化中学联合办学的探索》，《武汉教育学院学报》1996 年第 1 期。

［18］陈树勇：《按市场需要办学增强学校活力》，《石油大学学报（社会科学版）》1996 年 S1。

［19］石中英：《主体教育的文化透视》，《教育研究与实验》1997 年第 1 期。

［20］邓建国：《职业学校应如何增强其活力》，《南昌职业技术师范学院学报》1997 年第 1 期。

［21］叶澜：《让课堂焕发出生命的活力——论中小学教学改革的深化》，《教育研究》1997 年第 9 期。

［22］张瑞莲：《建立激励机制　增强学校活力》，《无锡教育学院学报》1997 年第 4 期。

［23］陈松苗：《探索生源规律，增强学校活力——县级电大生源组织的探讨》，《南京广播电视大学学报》1998 年第

2 期。

[24] 陈式利、李肇锋:《浅谈调动教职工积极性，增强学校活力的途径》,《中等林业教育》1998 年第 1 期。

[25] 石中英:《“主体教育是什么?”: 一种批判性话语》,《辽宁师范大学学报（社科版）》1999 年第 2 期。

[26] 冯建军:《主体的历史生成与教育的三种形态》,《南京师大学报（社会科学版）》2000 年第 5 期。

[27] 王挺之:《欧洲中世纪的教育》,《四川大学学报（哲学社会科学版）》2001 年第 3 期。

[28] 汪堂家:《隐喻诠释学: 修辞学与哲学的联姻——从利科的隐喻理论谈起》,《哲学研究》2004 年第 9 期。

[29] 沈有禄:《教育券制度评析》,《教育与经济》2004 年第 1 期。

[30] 冯建军:《主体教育的历史透视》,《南通大学学报（教育科学版）》2005 年第 4 期。

[31] 石中英:《论教育实践的逻辑》,《教育研究》2006 年第 1 期。

[32] 刘军:《城市人才活力评价与实证研究——以深圳为例》,《中国人力资源开发》2006 年第 1 期。

[33] 陈嘉映:《日常概念与科学概念》,《江苏社会科学》2006 年第 1 期。

[34] 陈嘉映:《维特根斯坦的哲学观》,《现代哲学杂志》2006 年第 5 期。

[35] 金延杰:《中国城市经济活力评价》,《地理科学》2007 年第 1 期。

[36] 熊川武:《论反思性教育实践》,《教师教育研究》

2007 年第 3 期。

［37］陆晓丽、郭万山：《城市经济活力的综合评价指标体系》，《统计与决策》2007 年第 11 期。

［38］黄钟仪、夏忠：《“人才活力”概念提出和理论构想》，《重庆工商大学学报（社会科学版）》2008 年第 1 期。

［39］贾保方：《困境与回归：让学校焕发出学习的活力——基于学习共同体理论的启示》，《和田师范专科学校学报（汉文综合版）》2008 年第 4 期。

［40］石中英：《教育学研究中的概念分析》，《北京师范大学学报（社会科学版）》2009 年第 3 期。

［41］石中英：《学校文化建设：三个基本概念》，《中小学校长》2009 年第 6 期。

［42］沈幼生、杨七平：《文化构建：学校活力的源泉所在》，《现代特殊教育》2010 年第 1 期。

［43］王天文、王瑾：《让风范教育成为特色高中建设的活力源泉》，《上海教育科研》2010 年第 3 期。

［44］江怡：《语言分析与概念分析》，《外国语文》2011 年第 1 期。

［45］郑佩瑛、俞小珍：《中职学校“活力校园”的实践探索》，《中等职业教育》2012 年第 24 期。

［46］麦永雄：《论德勒兹生态美学思想：地理哲学、生机论与机器论》，《清华大学学报（哲学社会科学版）》2013 年第 6 期。

［47］朱宏任：《减轻企业负担，激发企业活力》，《中国经济和信息化》2013 年第 19 期。

［48］戎庭伟：《福柯、主体性与权力批判——兼论批判教

育学的批判理论》,《全球教育展望》2014 年第 5 期。

［49］陶西平:《让学校充满活力》,《中小学管理》2014 年第 8 期。

［50］刘要悟、柴楠:《从主体性、主体间性到他者性——教学交往的范式转型》,《教育研究》2015 年第 2 期。

［51］陈学军:《学校文化是什么》,《教育研究与实验》2015 年第 3 期。

［52］钟亚利、孙金鑫、孙雪莲:《以民主的方式焕发学校的整体活力（一）——褚宏启教授与中小学校长对话教育治理》,《中小学管理》2015 年第 6 期。

［53］张菊荣:《学校活力的源泉：对分布式课程领导的认识与实践》,《当代教育科学》2015 年第 24 期。

［54］范国睿:《如何营造有活力的学校》,《中国民族教育》2016 年第 2 期。

［55］高宣扬:《论布迪厄关于“象征性实践”的概念》,《哲学研究》2016 年第 3 期。

［56］赖配根:《教育治理水平越高，学校越有活力》,《人民教育》2016 年第 6 期。

［57］苏航:《构建开放式活力学校的策略思考》,《长春教育学院学报》2016 年第 11 期。

［58］侯俊东:《营造和谐氛围，增强学校活力》,《教育观察》2016 年第 22 期。

［59］黄晓磊、邓友超:《学校活力评价指标体系构建——基于德尔菲法的调查分析》,《教育学报》2017 年第 1 期。

［60］张爽:《学校活力的表现和提升策略——基于两个案例的分析》,《教育学报》2017 年第 1 期。

[61] 王熙、王怀秀:《教师视域中的“学校活力”——基于教师访谈资料的文本分析》,《教育学报》2017 年第 1 期。

[62] 石中英:《教育治理,重点在“理”》,《北京教育(普教版)》2017 年第 2 期。

[63] 石中英:《学校活力的内涵和源泉》,《河北师范大学学报(教育科学版)》2017 年第 2 期。

[64] 娄雨:《从 παιδε(ι)α 到 education:西方“教育”概念的词源学分析》,《教育学报》2017 第 3 期。

[65] 山东省编办:《山东省全面取消中小学行政级别,构建充满活力现代学校制度》,《中国机构改革与管理》2017 年第 4 期。

[66] 汤明洁:《福柯知识考古学的认知和主体变革——以中西文化差异问题为例》,《哲学动态》2017 年第 5 期。

[67] 王兆璟、戴莹莹:《论教育活力》,《教育研究》2017 年第 9 期。

[68] 刘泉红:《以企业家精神提升市场活力》,《中国物价》2017 年第 12 期。

[69] Pinar, William F. The Unaddressed ‘I’ of Ideology Critique. *Power and Education*, 2009, 1 (2).

学位论文

[1] 马维娜:《局外生存:相遇在学校场域》,南京师范大学博士论文,2002 年。

[2] 辛星:《上海市小学教师职业倦怠现状调查及思考——以对上海市 365 名小学教师的调查研究为例》,华东师范大学硕

士论文，2005 年。

［3］蒲蕊：《学校的自主性问题研究》，华中师范大学博士论文，2003 年。

［4］公秀丽：《“社会活力”刍议》，清华大学硕士论文，2006 年。

［5］董慧：《社会活力论》，华中科技大学博士论文，2008 年。

［6］赵琳：《小学高年级学生厌学成因及教育对策研究——以辽宁省某市某区为例》，辽宁师范大学硕士论文，2016 年。

［7］Marian Hobbie. *The Impact of Catholic School Identity and Organizational Leadership on the Vitality of Catiolic Elementary Schools*. Catholic University of America，2009.

［8］Delta Cavner. *Teacher Vitality: A Two - Country Multiple Case Study*. Boise State University，2002.

报　纸

［1］吴学霆：《开放是学校活力之源》，《文汇报》2002 年 7 月 9 日第 1 版。

［2］蒋建华：《让学校组织焕发生机与活力》，《中国教育报》2005 年 2 月 5 日第 3 版。

［3］叶莎莎：《效能评估：释放学校办学活力》，《中国教育报》2008 年 4 月 22 日第 3 版。

［4］陈勃杭：《生物学中的“活力论”为何消失了?》，《中国社会科学报》2015 年 9 月 22 日第 7 版。

［5］张永梅：《学校的活力从哪里来》，《中国教师报》2015 年 12 月 23 日第 13 版。

[6] 石中英:《守住规律才能找到教育活力的密码——访北京师范大学教育学部教授石中英》,《中国教育报》2017 年 5 月 2 日第 4 版。

[7] 邓友超:《提升教育内涵式发展的量级》,《中国教育报》2017 年 5 月 11 日第 7 版。

[8] 石中英:《如何建设富有活力的学校》,《现代教育报》2018 年 1 月 10 日第 1 版。

工具书

[1] 中华书局编辑部:《中华大字典》,北京:中华书局,1978 年。

[2] 金炳华等:《哲学大辞典(修订本)》,上海:上海辞书出版社,2001 年。

[3] 皮尔素:《新牛津英语词典》,上海:上海外语教育出版社,2001 年。

[4] 孙复初:《汉英科学技术辞海》,北京:国防工业出版社,2003 年。

[5] 中国社会科学院语言研究所词典编辑室:《现代汉语词典》(第七版),北京:商务印书馆,2016 年。

[6] 陆谷孙:《英汉大词典》,上海:上海译文出版社,2007 年。

[7] 辞海编辑委员会:《辞海》(第七版),上海:上海辞书出版社,2020 年。

[8] [美] 兰登书屋辞书编辑室:《兰登书屋韦氏大学英语词典》,北京:商务印书馆国际有限公司,2016 年。